精神的力量

主编 姜波

● 哈尔滨工业大学迎来了90华诞。在这90年的历程中,一代又一代哈工大人坚持信念、坚持追求、坚持操守、坚持责任,用自己的学养和品德弘扬了哈工大精神。

哈尔滨工业大学出版社

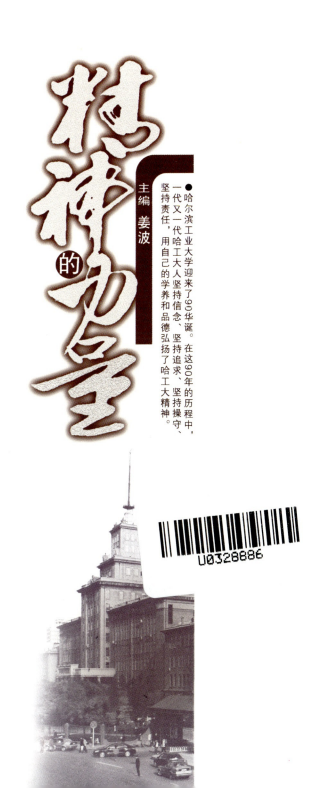

图书在版编目(CIP)数据

精神的力量/姜波主编. —哈尔滨:哈尔滨工业大学出版社,2010.6(2015.5 重印)
ISBN 978-7-5603-3009-9

Ⅰ.①精… Ⅱ.①姜… Ⅲ.①哈尔滨工业大学-优秀教师-生平事迹②哈尔滨工业大学-模范学生-生平事迹 Ⅳ.①K825.46②K828.4

中国版本图书馆 CIP 数据核字(2010)第 073081 号

主　编	姜　波
副主编	吴建琪　李新美　孟宏震　孟　庄　张国宏　陈　苏
参　编	刘培香　闫明星　刘忠奎　商艳凯　吉　星
	张　妍　曹云峰　樊志新　邹　波　黄　超
主　审	王福平　崔国兰

责任编辑	田新华
封面设计	王　绘
出版发行	哈尔滨工业大学出版社
社　　址	哈尔滨市南岗区复华四道街10号　邮编150006
传　　真	0451-86414749
网　　址	http://hitpress.hit.edu.cn
印　　刷	哈尔滨市石桥印务有限公司
开　　本	787mm×960mm　1/16　印张17.75　插页2　字数300千字
版　　次	2010年6月第1版　2015年5月第3次印刷
书　　号	ISBN 978-7-5603-3009-9
定　　价	48.00元

(如因印装质量问题影响阅读,我社负责调换)

哈工大精神

铭记责任，竭诚奉献的爱国精神；
求真务实，崇尚科学的求是精神；
海纳百川，协作攻关的团结精神；
自强不息，开拓创新的奋进精神。

哈/工/大/校/训

规格严格　功夫到家

序

何谓精神？集生命力、创造力、凝聚力于一身的就是精神。何谓传统？被每个人认同且身体力行的就是传统。何谓氛围？潜移默化感同身受的就是氛围。大学，知识分子的群体，知识分子的家园，如何传承大学精神，如何弘扬民族精神，责任在肩，任重道远。

大学精神，是一所大学存在和发展中形成的独具气质的文明成果，是一所大学经过历史文化积淀而生的精神特征，是一所大学办学理念、价值追求演化成的群体意识，是激励大学发展、提升大学办学水平的精神动力；大学精神，同大学产生发展的时代，独特的历史、地理环境和文化特色以及师生的共同心理状态密切关联，是民族精神、国家意志、社会发展趋势与学人精神相互融洽的结晶；大学精神，一经形成，就具有相对的稳定性、较强的融合性和强烈的渗透性，是大学生命力、创造力和凝聚力的标志，是大学发展的底蕴所在。一句话：大学精神，是大学之魂。

王国维在《人间词话》里这样开篇："词以境界为最上。有境界，则自成高格，自有名句。"而大学，则以精神为最上。有精神，则自成气象；有精神，则自有人才。在20世纪50年代哈尔滨工业大学扩建初期，学校汇聚了立志为共和国工业化献身的大批青年才俊，培养出了平均年龄只有27.5岁的800多位年轻教师。这支队伍艰苦创业，硕果累累，形成了哈工大人坚持理想信念的不懈追求，坚持科学精神的高标准严要求，坚持对国家、对事业的高度责任心，这是大学精神的深厚底蕴。这支年轻的教师队伍被老校长李昌昵称为"八百壮士"。

"八百壮士"在创造一个又一个有形业绩的同时，还逐渐积淀形成了宝贵的哈工大精神，这就是铭记责任，竭诚奉献的爱国精神；求真务实，崇尚科学的求是精神；海纳百川，协作攻关的团结精神；自强不息，开拓创新的奋进精神。这精神是哈工大的灵魂和精神支柱，是哈工大持续发展的内在动力，是哈工大师生员工在重重困难中坚持奋斗的力量源泉。正是在这充满爱国情操和社会责任的校园中，一代又一代哈工大青年学生增长知识、了解社会、认识国情，明确了社会责任和历史使命。

近年来，在哈工大精神的熏陶下，在马祖光精神的感召下，学校涌现了一大批让我们为之骄傲和自豪的优秀个人。本书会让你通过这些榜样的点滴事迹，领悟哈工大精神的真谛，感受一种涌入生命的感动，还有前进的力量。

岁月沧桑，时光飞逝。经历90载风雨，哈工大已经从一个中俄共建的专门技术学校成长为国内外知名的全国重点大学。如今，哈工大群贤毕集，人才济济，师资力量雄厚，科研硕果累累，学科基础坚实。在哈工大建校90周年之时，总结学校发展的历程，展望未来的美好前景，我们更要与时代同行，与群彦共济。

学习哈工大精神，永远都学不完。

王树权
2010年5月

目 录

- 当代知识分子的楷模　　　　　　　　陶丹梅 任晓萍 黄峰 邹波 /3
  ——追记全国优秀共产党员、中国科学院院士马祖光

- 清溪润泽悦百花　　　　　　　　　　曹云峰 /23
  ——记全国师德标兵、中国工程院院士秦裕琨

- 科学人生　复合之才　　　　　　　　吉星 /43
  ——走近全国模范教师、中国工程院院士杜善义

- "我"眼中的全国模范教师何钟怡　　　张妍 /65

- 一生钟情育桃李　　　　　　　　　　刘培香 /79
  ——记全国模范教师、国家级教学名师唐朔飞教授

- 平凡而又不平凡的人生　　　　　　　闫明星 /95
  ——记全国"十行百佳"妇女叶以正教授

- 今生与"星"共相伴　　　　　　　　刘培香 吉星 /111
  ——记全国模范教师、哈工大小卫星总设计师曹喜滨

- 在"超精密"世界中潜心攻关　　　　刘培香 余冠仕 郭萍 /129
  ——记全国五一劳动奖章获得者谭久彬教授

- 一江清水心中流　　　　　　　　　　商艳凯 /149
  ——记第六届中国青年科学家奖获得者马军教授

CONTENTS

- 做学生成长的奠基石 　　　　　　　　　　　　　　　吉星 /163
  ——记全国高校优秀辅导员李飞

- 跨越生命的奉献　　　　　　　　　　　邹波 黄超 闫明星 /175
  ——记全国三好学生标兵杨振岭

- 支教博士生的幸福人生　　　　　　　　　　　　　商艳凯 /187
  ——记我国首位支教博士生、全国三好学生陈苏

- 用爱与责任谱写青春之歌　　　　　　　闫明星 黄超 邹波 /203
  ——记全国见义勇为大学生何晓波、刘峰

- 丁香花因青春而绽放　　　　　　　　　　　　　　商艳凯 /219
  ——记"中国大学生自强之星标兵"张健

- 青春的梦想在雪域绽放　　　　　　　　　　　　　　吉星 /237
  ——记"中国大学生自强之星"刘佳

- 为理想执著前行　　　　　　　　　　　　　　　　闫明星 /251
  ——记"中国大学生自强之星"周定江

- 牵　手　　　　　　　　　　　　　　　　　　　　刘忠奎 /265
  ——记"感动哈尔滨十大人物"博士研究生孙亮

后　记　　　　　　　　　　　　　　　　　　　　　　　　/277

马祖光院士

　　马祖光教授，为祖国的科学事业奋斗了一生。他一生攀登了两个高峰，一个是科学高峰，一个是共产党员崇高思想境界的高峰。在采写过程中，我们有一种强烈的感觉，就是作为一名德高望重的科学家和德才兼备的教育家，马祖光一生的卓越贡献、他的敬业和献身精神、他不懈的探索精神和高尚的学术道德、他的大公无私和忠厚谦逊的品格、他那灵魂深处对祖国和党的深厚感情、他留给我们的精神财富，我们用文字难达其万一。

全国优秀共产党员马祖光院士

当代知识分子的楷模

——追记全国优秀共产党员、中国科学院院士马祖光

□ 陶丹梅 任晓萍 黄峰 邹波

一位75岁的老人,当他生命的蜡烛燃烧时,照亮了别人;当这支蜡烛燃尽时,就悄悄地离去。

先生厚德博学,一生坦坦荡荡,清清白白,吃的是草,挤出来的是奶,生命不息,工作不止。而2003年7月15日这天,他放下了正在做的光电子学科30年内的学科规划,放下了看不完的书、做不完的事,也撇下了瘫痪在床、相濡以沫50载的妻子,永远地走了……

这之后的连续几天里,哈尔滨工业大学BBS上每天都有100多人发帖子,自发地悼念先生,有的发纪念文章,有的留下三言两语:"向先生三鞠躬","以后若当教师,一定像他那样","先生是平凡而伟大的人","如果不是生活和工作在先生身边,很难相信现在还有像他这样的人","他是一个真正的科学家,是做人的楷模、做事的榜样,是共产党员的一面镜子","他是一个值得信赖的难得的导师"。

熟悉他的人、认识他的人、知道他的人无不痛心、难过、扼腕惋惜。

一些人自发地向校党委表示沉痛、惋惜心情的同时,都力荐弘扬他的精神。一个普通人走了,为什么能牵动那么多人的心?

他,就是我国光学界著名专家、国际激光领域知名学者、中国科学院院士、哈尔滨工业大学航天学院光电子信息科学与技术系首席教授马祖光。

我国光学界泰斗王大珩院士这样评价他:"祖光院士是我国从事激光研究从基础理论导出现实激光成果的少数先驱者之一。他为人谦虚敬业,作为学术带头人组建并培植了哈工大重点激光专业实验室,为现代光学事业做出了突出贡献,他的逝世是我国现代光学界的一大损失。"

在马祖光逝世一年后,曾庆红、吴官正和李长春等时任中央领导先后做出重要批示。2004年9月13日,中央纪委、中央组织部、中央宣传部、教育部党组、国防科工委党组和黑龙江省委在人民大会堂共同主办了"国防科技工业战线楷模、新时期高级知识分子楷模——马祖光同志先进事迹报告会"。

2004年教师节,人事部、教育部追授马祖光院士"全国模范教师"光荣称号。

他坚信共产党能救中国。"一定要为新中国做点儿事!"他一腔热血赴东北,以强烈的事业心和紧迫的使命感为动力,艰难创办了国家首批激光专业

1928年春,马祖光生于北京。

1946年,他开始了在山东大学的求学历程。1950年,马祖光怀着一腔热血,来哈工大当物理教师,同时在研究生班学习。他是新中国成立后哈工大党组织在研究生里发展的第一个党员。

他听从党组织的安排,边读研、边工作,并协助教研室主任洪晶共同组建"物理教研室"。1958年,根据国家需要,马祖光创办了核物理专业。1960年困难时期,学校树了两个典型,一位是工人,另一位就是教师马祖光,他被树为"又红又专"的典型,是红旗手。

马祖光怀着强烈的事业心和紧迫的使命感创办了激光专业。这是马祖光创办的第三个专业,他从此为之奋斗了一生。

哈工大激光专业的创建有几大特点:起步晚,比国际上整整晚10年;起点低,教研室的人都是从物理、核物理等专业抽调来的;物质条

20世纪70年代的马祖光在激光实验室做实验

件差,什么设备也没有。在建专业10多年后的一次回忆中,马祖光很激动地说:"难哪,真难啊,我们是在没资金、没设备、没资料,甚至没有一颗螺丝钉,连桌椅板凳也没有的条件下开始干起来的……"

创业初,为尽快把激光技术推广出去,马祖光带领大家完成的许多激光民用项目,都获得了成功。1976年,他们接受了第一个国防重大项目。1981年,他们研制的激光器得到了当时国防科工委的好评并获了奖。

  苦心孤诣,赤心报国。"这是中国人的发明,
  荣誉应属于中国。"科学家爱国情深:"共产党员
  对党和祖国的爱都是具体的。"

马祖光带着明确的为国防服务的目的于1980年到德国汉诺威大学做访问学者。

他选定了"钠双原子分子第一三重态跃迁"这个被预言为近红外激光发展中的一个难题。当德国的科学家听说马祖光要搞这项研究时,摇着头说:"美国、苏联、法国、德国等国家对这个难题已探讨多年,都没有成功,你就不要做了吧"。出于一种强烈的民族自尊感,马祖光暗下决心:

"这口气一定要争!"他平静地对德国人说:"请允许我试一试"。

别人白天用的实验设备,他只能在人们休息的时间:早9点上班以前,晚6点下班以后才能用。

52岁的他,拼命地干着。半夜,他常常赶不上12点的末班车,只能步行数里回到住处。

3个月过去了,只有失败。实验室的负责人要求他改课题,马祖光坚决而礼貌地说:"希望再有10天时间。"德方同意了。

10天,只有最后10天的早晨和夜晚属于他!苦战了7个晚上的马祖光,终于发现了科学家们梦寐以求的Na_2的新的近红外连续谱区!在国际上首次观察到了这一谱区的荧光辐射。

夜色茫茫,整个汉诺威城在沉睡。午夜12点,这正是北京时间早7点。他赶紧打开带在身边的收音机:"中央人民广播电台,各位听众,早晨好!今天是7月13日……"此时,马祖光兴奋地流下热泪。他激动地面向东方:"祖国啊,您的儿子向您汇报……"

德方认为马祖光的成果用的是德国的实验设备,所以他在马祖光写出的论文中,把马祖光的名字排在了第三位。在国内从不争名利的马祖光跟主任却争得很厉害:"这个发现,是中国人做出来的,这

马祖光在德国汉诺威大学实验室里

个荣誉应该属于中国。"最后,汉诺威大学研究所所长写了这样的证明:"发现新光谱,这完全是中国的马祖光一人独立做出来的。"

后来马祖光对同事说:"在国外我争的是国家的声誉、中国人的尊

严,在国内我可以不要名,但在国外,国家的声誉、民族的利益是一定要争的。"

在德国,他为节省时间,也为节省外汇,两年竟吃了150斤挂面,而节约的外汇1万多马克,这些本属于自己的钱,归国后他全部上交给国家了。这些钱相当于当时一个大学教师20年的工资。

有人替他惋惜:"老马啊,你在国外待一回,干熬身体,什么西洋景没看着,什么洋货也没给家带回来,是不是太亏了!"他认真地说:"出国的机会和钱也是国家给的,我不能用它买自己家的东西,能节省的就要节省啊!"

这就是马祖光对祖国发自内心的爱!他在一份思想汇报中写到:"一个共产党员对党、对祖国的爱,都是很具体的。"一位曾跟马祖光打过交道的市委书记说:"马老师是一个真正的科学家和马列结合起来的人。"

高瞻远瞩,建实验基地。"我们一定要在自己的实验室里做国际前沿工作。""要与世界科技界有同等对话的权利。"他开拓、凝练学科方向,引领创新潮流

激光专业成立之初,马祖光就高瞻远瞩,把专业的发展定位在国际前沿水平上。他提出一个口号:"我们要建一个有特色的专业,要在国际上占有一席之地,与世界科技界有同等对话的权利。"

20世纪80年代初,我国"激光"专业改名为"光电子技术"专业。1994年,哈工大建立了国家级重点实验室(可调谐激光技术国家级重点实验室)。马祖光为这个具有国际一流水平的实验基地建设鞠躬尽瘁,贡献了自己毕生的心血。

在实验室建设上,他精打细算,到1996年,他们的仪器设备固定资产达1 600多万元,科研经费固化率达50%以上,占当时全校70个实验室的十分之一。目前,哈工大这个国家级重点实验室已成为在国内有相

创业时期的马祖光

当影响的、为国防光电子武器装备服务的研究基地之一。

国家的几个专家组都给了实验室这样的评价:这是一个发展高技术课题研究、培养高技术人才的很好的场所。设备是一流的,水平是领先的,培养的研究生是与国际水平相当的。

在实验室,马祖光拖着病身子超负荷"运转",从没有抱怨。他的同事,每时每刻都被他这位学术带头人和引路人那种高瞻远瞩的科学思想和不断追求真理的坚韧不拔的毅力所感染。

马祖光根据国家发展需要,不断调整自己的研究方向,先后提出和凝练了激光介质光谱、新型可调谐激光、X 光激光、非线性光学技术、红外激光技术和激光空间信息技术等多个具有创新性的世界前沿科研方向,带领学科组以多项创新工作和引人注目的一流成果,奠定了这个学科在国内外同领域的地位。

王骐老师回忆说:"在学科建设上,马老师做了一系列的策划,他是我们学科建设的魂。"他领导的光电子学科取得了一批处于国际前沿水平或国内开创性的成果。在国际上首先实现激光振荡 10 项,发现新荧光谱区 17 个;他们首先观察到非线性光学过程 7 种,开展了 Na_2、Li_2、K_2 光谱研究,并首先观察到了 13 个新谱区。这些光谱的研究工作都受到了国际瞩目。

光电子技术学科的建设和发展速度是有目共睹的:先后建立硕士点、博士点、光电子技术研究所。哈工大光电子技术专业建设在激光介质光谱与可调谐激光、X 光激光、非线性光学技术的研究方面在国内同类学科中是有代表性的,在方向上形成了自己的特色。马祖光开拓了四原子准分子激光研究新领域,填补了国际空白。

1986年,马祖光提出开展"小型化X光激光"研究,这是当时国内最早提出该研究方向的单位之一,这个研究方向被列入国家"863"计划。2004年6月,在马祖光逝世近一周年的日子里,经过8年的努力,他的学生们获得了毛细管放电X光激光。X光激光是目前激光领域公认的最难获得的激光之一,中国是世界上第五个获得毛细管放电X光激光的国家。

马祖光作为学科带头人,带领一支队伍在他们亲手建立的实验室里,干出了一个个国际首次的研究成果。

甘为人梯,提携后人。"让年轻人在高起点上工作,前沿学科要有过硬队伍。"他培养的一支光电子学科队伍星光灿烂

"一马当先,万马奔腾。"马祖光的大师风范,时时刻刻影响着他周围的人。他给光电子学科打下了严谨治学、奋发进取的好传统。

培养队伍,马祖光坚持以国内培养为重点,国内外联合培养并举。他分别把青年教师安排到不同的重要科研方向上,根据每个人的特点,让他们在不同的科研方向上发展,给他们压重担。一些老教师忘不了:建专业初,为培养我们,马老师给我们翻译资料、讲解,几乎是手把手地带我们。他们说:马老师在队伍建设中,想的是团队,他推荐了相当一批人进入"863"领域和有关专业委员会中担任要职。我们一个专业能有这么多"863"专家这是不多见的。无论做什么,马老师首先想到的就是专业和集体。

"尽管马祖光在激光教研室德高望重,但他从没以此自居来教训别人。他谦虚、民主,没有一点儿学霸作风。"很多年轻教师忘不了:"我们做的许多科研课题,是马老师争取来,并在他指导下立项的,但他却让我们当课题组组长,给我们创造了成长的条件。"在教师中,马祖光提携后辈的高风亮节是有口皆碑的。

马祖光认为:"有较好的设备条件,可以使青年教师们一开始就能在较高的起点上工作,让他们看到学科发展的前途。"先进的实验设备,在培养教师和研究生的动手能力方面起了关键的作用。马祖光的学生、青年教师陈德应在复旦大学做博士后期间,仅用两周时间就完成了来自美国一所名校的一位博士后用一年半都没有完成的课题。

有好的学术带头人,有一个好的学术研究环境,就引来了好的人才。陈德应、吕志伟、马晶等一大批年轻人都曾是马祖光吸引来的,现在他们都已在这里扎根,并成为学科带头人。陈德应从复旦大学博士后流动站出站后,又返回哈工大原专业;海王奖获得者掌蕴东在哈工大毕业时,本没打算留下,但最终还是被这里吸引了,在专业上做出了成绩。

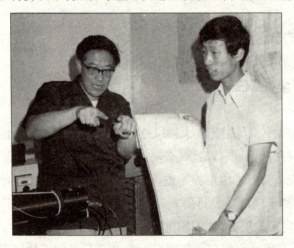

马祖光(左一)在指导他的学生,后成为长江学者的吕志伟

马祖光领导的这支队伍很有战斗力。教师们在学术会议上,总能自信、从容地回答各种提问。而在这背后,有谁知道马祖光付出的心血呢?"有一次在国内召开国际光学会议,会议要求用英语发言。当时哈工大有近20人参加,参加者的外语水平又参差不齐。马老师认为我们的外语水平不过关,就把大家召集起来训练,大到论文结构,小到每个单词发音,他都不容有半点含糊。他让大家一遍一遍地练习,直至大家已达到纯熟的地步,才放行。大家都戏称这叫'过筛子'"。

曾是马祖光的博士研究生、实验设备处处长张中华回忆马老师对他的严格培养时说:"我第一次讲课,讲激光原理。马老师说一定要听我试讲,通过了才能上讲台。马老师听完我试讲,给我列出12本国外的教材,其中有 9 本是英文的。这些书他要求我必须看完,并评价出哪本有特色,哪本有问题。我看了几个月,这些书开阔了我的视野,对我的帮助很大。我把讲稿写出来,马老师才允许我讲课。"

在"985"一期建设中,马祖光指导的这支队伍在学科建设中取得了长足的进步。2000 年在实验室评估中,"国家级重点实验室"被评为"A",在电子元器件与技术类中名列全国第二;2001 年,物理电子学学科被评为国家重点学科,光电子的师资队伍博士化率已达 70%。

马祖光为学科发展和队伍建设倾注了毕生的心血。晚年,他主持了"985 工程"二期和"211 工程"二期建设的论证工作,对学科的调整、整合、提高提出了许多新的设想。

治学严谨,殷殷教诲。"教师不能辜负学生,千万不能误人子弟。"他一片冰心,精心育人,春雨润物细无声……

"马老师教书育人就像春雨落地,我们听不到一丝声音,但它却能滋润我们的心田……"马祖光的学生这样说。

马祖光常跟学生说:"做学问也好,做事情也罢,首先一定要做一个高尚的人。顾大局,让荣誉,要具有无私、无畏的精神。"马祖光要求学生做到的,正是他有口皆碑的人格魅力所在。

马祖光坚持"博士生要德才兼备和创新并重"的培养方法。他说:"'献身、创新、求实、协作'是'863'精神,这种精神也同样适合指导研究生的科研工作。'创新'要紧紧跟在'献身'之后。"

在学术研究上,马祖光对虚假、腐败的现象深恶痛绝。学生们都知道,要想在马老师那里搞歪门邪道,是绝不可能的。

他经常亲自参加博士生的实验,有时从半夜做到早晨 6 点。2002 年,马老师已 74 岁,他和一个博士生连续做了 6 个小时的实验,那位学生被导师严谨治学的科学态度所感动:"马老师一刻也没有离开过实验室,眼睛时刻盯着测试仪器,数据出来的时候已是晚上 10 点多了。天下着雨,我搀着马老师,他深一脚浅一脚地走着……到他家门口时,我看着他的背影,心里一阵发酸:导师啊,多像我的父亲……"

当时,原电子工业部委托马祖光主编一本激光统编教材。他多次召开编者会,要求取材一定是当今最新成果,每个定义、概念要准确恰当。他再三嘱咐:"千万不能误人子弟。"25万字的书,几易其稿,他对每一章、每一节,甚至包括标点符号,都仔细推敲。他说:"严谨是做学问最起码的态度,可不能在知识界里当奸商啊!"

马老师治学严谨,对学生要求严格,在学校是出了名的。他有时精益求精已到了"过分"的地步。每位博士生开题,马老师必须参与。学生们常说:我们要做的课题所掌握的材料,还不如马老师掌握得多。

马祖光(左一)与他的博士生张中华
在国际会议上与俄罗斯专家交流问题

马祖光妻子说:"老马常常在夜里一两点钟的时候,还坐在床上看学生的论文。每个不准确的数据、不准确的英文翻译,从遣词造句到标点符号,他都用红笔圈出来。第二天让学生去修改,一遍不行两遍,直至再也找不出一点毛病为止。有好多次改论文,他夜里都犯了病。唉,他太累了……"

在哈工大,马祖光是呼吁博导、教授上讲台给本科生讲课的倡导人之一。就在他去世前一个月,他还应邀到二校区为学生作题为"做人与做事"的讲座。那天马老师很不舒服,讲座结束后,学生们围着这位平易近人的院士问这问那,他到家时已是晚上11点多了。

凡是和马祖光接触过的人都说:马老师是个真正的好人,心里总是装着别人,唯独没有自己。他一生都在办专业,一生都在培养人。

淡泊名利,高风亮节。"事业重要,我的名誉不算什么。"他功成不居,坦坦荡荡,人格魅力凝聚人心

评院士,中科院在审阅马祖光的推荐材料时,却有这样一个疑问:马祖光作为光学领域的知名专家,他的贡献是有目共睹的,可在他的许多论文中他的署名却在最后。在航天学院关于马祖光的论文署名一事,早已成为美谈。

马祖光的同事说:"教研室的许多教师和研究生的课题方向都是马老师提出来的。这些课题他都亲自订方案,亲自指导,定期检查,按理说,马老师的名字署在第一位,这是很正常的。但马老师坚决不同意,他总是说:'事业重要,我的名不算什么。'"

老教师胡孝勇、尚铁梁都深有感触地说:大公无私,是马老师突出的美德之一。他为别人的课题做了大量的准备工作,花了大量的心血,这和有的人在学术研究中的种种自私自利的做法,形成了鲜明的对比。他做了别人能做而没有做的事,这就是他的平凡和伟大。他做人真实、坦荡,从来不为自己的前途设计。

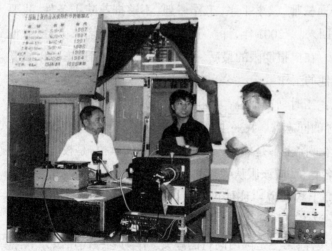

马祖光(右)、中科院上光所王之江院士(左)、马祖光的博士生陈德应(中)在光电子实验室

20世纪80年代和90年代,哈工大激光教研室的绝大多数课题都是在马祖光的指导下争取来的。他把争取来的课题分出去,并让别人当课题组组长,且帮助解决课题的关

精神的力量

马祖光院士在书房

键问题。跟他工作多年的一位老教师说到这样的事很感慨："老马呵,一点儿私心都没有,是真正为事业着想的人。他高尚的学术道德不是现在的学术带头人都具备的。"

他把自己的成果和经验看做是集体的财富。50多年来,他把归纳、整理、翻译的资料装订成册,谁需要他就给谁看,教研室每一个同事都有马老师的文献卡。

知道马祖光评院士过程的人,都为他淡泊名利的高风亮节所感动。从1997年开始,哈工大为马祖光申报院士。他不但不同意申报,还让人把申报材料从校人事处追回来。1999年,推荐院士不需本人签字,学校将材料寄出。马祖光知道后,竟十万火急地用特快专递给中科院发了一封信:"我是一个普通教师,教学平平,工作一般,不够推荐院士条件,我要求把申报材料退回来。"2001年,评院士要求必须有申请者本人签字,他坚决不同意签字。在申报期限的最后一天,时任校党委书记李生以校党委的名义出面做他的工作。

李生回忆说:"当时马老师说:'我年纪大了,评院士已经没有什么意义了,应该让年轻的同志评。我一生只求无愧于党就行了。'我跟他谈了很多。告诉他,你评院士不是你个人的事,这关系到学校,是校党委做出的决定。你是一名党员,应该服从党委的安排。马老师说:'我一生都听从党的安排。'我马上接着说:'那你再听从一次。'就这样他不得不签了字。"马祖光评上院士后,他总结了3个原因:第一是党的教育和培养;第二是依靠优秀的集体;第三是国内同行的厚爱。作为老一代知识分子,他特别谈到了党对自己多年的教育。

全国优秀共产党员马祖光院士

克己奉公,俭以养德,一生奉献,不求索取。
"党员不需要照顾。""党员在利益面前不能伸手,在奉献上要走在前面。"

房子、票子、车子,这是一些人放不下的,而马祖光全放得下。

"文化大革命"初,马祖光全家三代人被撵到一间仓库里,只有一个炕,书架还放在炕上。落实政策后,学校分给马祖光两间房,这两间是分别在两个单元与人合厨的房子。住房条件虽不好,但他已经很满足了。

后来,学校又盖了一批新房,这时马祖光正在帮同事跑房子。学校照顾有影响有贡献的教授,要给马祖光调房子。他摆摆手说:"我是党员,不用照顾。"

一心为公,始终贯穿马祖光的一生。1981年11月30日,马祖光回国。因要向部里领导汇报,航天部就把他安排在友谊宾馆休息。第二天早晨,他就跑到航天部招待所,一换再换,最后住了一个只收5元的房间。

那些年他需赡养长年瘫痪在床的母亲和岳母,还要给患病的爱人、儿子看病。虽然生活并不宽裕,但马祖光却把钱看得很轻。回国的马克全部上交,而他作为"863"第一批领域专家,却把第一次得到的4 000元津贴作为奖金分给大家,当时很多人并不知道这是马老师自己的钱。

1986年,马祖光应邀出席国际会议作特邀报告,大会发给他500美元奖金,他当即用这笔钱给实验室买了一套"中性衰减片"带回国。还有一次他开国际会议回来,应得的200多美元补贴他坚决不要。

王雨三回忆:"1988年,马老师带着王骐和我去前南斯拉夫克罗地亚共和国首府萨格勒布大学物理研究所访问期间,我们吃的是方便面,省下的306美元回国后全交给了航天部。"

马祖光的妻子说:"那年,我儿子突然决定考托福,当时我拿不出30美元的报名费,家里没有,我为难地到处去借,人家都不相信,说老马经常出国连这点儿美元都没有?"

有一年,马祖光请上海的一位学者来讲学,招待费超过了他规定的30元,系里要给他核销,马祖光立即拿出60元钱说:"人是我请来的,超

精神的力量 ★

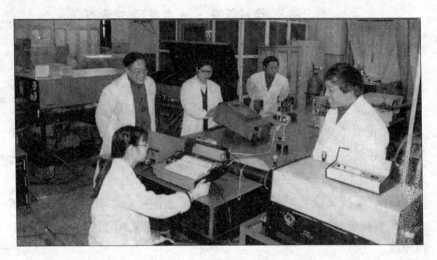

马祖光(左二)与他的学术团队在一起

出的钱由我自己补。"

作为一名共产党员,马祖光处处以党员的标准严格要求自己。他曾在一份总结中写到:"共产党员在贡献上是要区别于普通人的,要处处走在前面。在利益面前,更不能伸手。"

他把生命完全交给了专业,交给了党的事业。他妻子说:"早晨,只要看到老马坐着睡着了,书散在被子上,就知道他夜里犯病了。他是个工作狂。1991年秋,他天天夜里犯病,呼吸困难,第二天缓解了还照常上班。1996年,他住院治心衰期间,还起草了《中俄校际合作》英文文件……"

马祖光评上院士后,按院士的待遇,学院给他配办公室,配车,他坚决不同意。

从1982年至1988年,他连续被评为校优秀共产党员。1984年他荣立航天部一等功,1984年和1986年,两次获黑龙江省特等劳模,1986年获全国优秀教育工作者和五一劳动奖章,同年被评为航天部预研先进工作者,1985年9月15日,他作为党代表出席了中国共产党全国代表会议,1987年10月25日,他又作为代表出席了党的十三次代表大会。

鞠躬尽瘁,死得其所。"我这个蜡头不高了,要尽量燃烧……"先生最后的日子,几多牵挂,工作多得惊人……

"从物理、核物理到激光专业,他一生都在根据国家需要办专业,他是累死的。"

75岁的马祖光是2003年7月15日去世的。在去世前的几个月里,他做的事太多了!在他的单位有这样一组记录:

3月28日,马祖光组织有关人员研究学科发展规划。

4月13日,研讨国内外激光发展状况及本专业规划。

4月15日至17日,他带领大家两次讨论了本学科进入哈工大科学园的二期规划。

4月18日,马祖光汇报"2003年中国科学院技术科学论坛"情况,向大家介绍了国际激光物理与激光技术的前沿方向。

5月7日,马祖光组织本学科进行"高等学校中长期科技发展规划"讨论。

5月22日,修订光电子技术专业本科生教学计划。

5月23日,马祖光主持修订光电子技术专业博士生、硕士生招生简章。

5月25日,他参加学校"凝练重大科研方向"会议。

5月27日,他组织本学科讨论"凝练重大科研方向"问题。

5月30日,他组织学科进行关于"激光推进技术"课题协调会。马祖光认为,激光推进是激光领域出现的新研究方向。

6月10日,他组织讨论"激光推进技术"研究进展。

6月11日,他参加本单位学科岗位聘任讨论。

6月13日,他主持学科论证"激光推进技术"。

6月16日,他参加学院召开的由专业教师参加的关于物理电子学学科建设座谈会。

6月24日,他参加博士生张新陆、陈云亮、哈斯乌力吉的开题报告会。

7月1日,他主持光电子信息科学与技术系教授会,讨论本科生和硕士生选题。

7月3日和4日,他参加两天的本科生毕业论文答辩。

7月7日,他参加2001级硕士研究生学位论文答辩。

7月11日,也就是他去世的前3天,他给和他一起创业的老教师王雨三老师打电话。王雨三一提起这件事就泣不成声:"马老师在电话里对我说,希望我在教学上辅佐一下年轻教师,把他们带上来。他说,他还亲自拟定了一份教学计划,下周一起讨论。他对专业在21世纪前30年内如何发展,均有设想。我们在电话里谈了很长时间……他嘱咐又嘱咐,就是对学科发展放不下心,我万万没想到这竟是我最后一次和马老师交

2003年7月14日,马祖光院士(前排中)在北京时与北京高能物理所工作的校友合影。这些校友也是当年与马祖光院士一起在校核物理教研室工作过的校友。第二天7月15日,马祖光教授不幸逝世。这张照片是马祖光教授生前留下的最后一张照片。

谈……"

于俊华老师说:"近两年,马老师经常晚上两三点钟还睡不着觉,他在考虑、规划学科今后如何发展。"

他的秘书鞠有伦说:"马老师本来已经病得很重了,我几次劝他去医院,可他总说去医院耽误时间……"

有人劝马老师别这样拼命了,身体要紧。马老师回答说:"这把年纪,就像蜡烛要燃尽一样。我这个蜡头不高了,今后能做点儿事的年头不多了……"

一位75岁、生命已危在旦夕的科学家,在去世前拼命了。毛泽东曾说过,一个人做点好事并不难,难的是一辈子做好事。马祖光一辈子做了很多好事,而有些好事做了,到现在都没有人知道。

先生之风,山高水长。马祖光一生只求奉献,不求索取,不愧为优秀的共产党员,不愧为当代知识分子的楷模。

哈工大师生在马祖光院士塑像前

精神的力量 ★

马祖光简介 1928年4月11日生于北京,中共党员。1950年毕业于山东大学,1950年9月到哈工大工作,同时在研究生班学习。在学习期间,被抽调到物理教研室任副主任、讲师。核物理专业历任主任、副教授。1979年8月至1981年11月,赴德做访问教授。回国后,任光电子教研室主任、教授,同时担任哈工大光电子技术研究所所长。1994年,他创建了国家级重点实验室(可调谐激光技术重点实验室),任主任。从1986年6月开始,任哈工大物理电子学博士点博士生导师。1960年,马祖光被评为哈工大红旗手,从1982年至1988年,被连续评为校优秀共产党员,曾获黑龙江省优秀共产党员称号。1984年和1986年两次获黑龙江省特等劳模。1986年,获全国优秀教育工作者称号并获"五一"劳动奖章,同年,荣立航天部一等功,被评为航天部预研先进工作者。2001年被评为中国科学院院士。2003年7月15日,马祖光教授因病逝世于北京,享年75岁。

秦裕琨院士

　　一个品学兼优的少年，成长于战火纷飞、国难当头的年代，将一颗学有所成、报效祖国的种子植根心底；一名胸怀壮志的青年，在动荡与纷乱的时代，带着对科学与真理的信仰，恪守着"备好课，教好学生，就是对国家最大的贡献"的坚定信念；一位精神矍铄的老人，在人生无以反复的过程之中，以天高云淡的境界和高屋建瓴的智慧之光指引着一代代后辈的前进之路。

清溪润泽悦百花

——记全国师德标兵、中国工程院院士秦裕琨

□ 曹云峰

秦裕琨，人们将这个名字联系最多的是中国工程院院士、热能工程学家。提起他的名字，人们所想到的往往是锅炉、煤炭、燃烧工程、清洁能源。然而他更是一位教师，一位在三尺讲台上耕耘了半个多世纪的人民教师，一位被学生深深爱戴、被弟子们尊称为"老先生"的好老师。

2007年，秦裕琨被评为全国师德标兵，那么他是如何成为卓越科学家和优秀教师的呢？本文就尝试带领读者走近一个我们熟悉却又并不完全了解的、具有崇高精神和人格魅力的秦裕琨。

在逆境中诞生的我国第一本锅炉专业教材

"作为教师，备好课，教好学生就是对国家的最大贡献，是永远正确的。"

1963年，一本名为《蒸汽锅炉燃料、燃烧理论及设备》的教材，由中国工业出版社正式出版，成为我国锅炉专业的第一本教材，对这个专业的

人才培养和科学研究产生了重要影响。

书的作者就是秦裕琨。在一个"以阶级斗争为纲"的年代里,他数年磨一剑,在实践中总结、在研究中提高,终于编写出适合我国国情的锅炉专业教材,形成了自己的学术思想。

那么,这本教材出版的背后有着怎样的故事呢?

1953年,秦裕琨从上海交通大学毕业后,来到哈工大研究生班学习,任研究生班班长。由于成绩优异,从1954年开始,他既做学生又兼任教师,白天跟苏联专家学习,晚上进行复习消化,并开始为本科生上课。兴趣和责任激励着他更加努力,成为那批特殊学生中的优秀代表。"那时的学习压力很大,可又乐此不疲","总担心自己学不好,给本科生上课讲不明白","这是算工龄的,唯一的问题是不敢讲得太快,因为前面自己还没学过",秦裕琨快乐地回忆着那些日子。由于他基础扎实,又勤奋聪颖,因此他的学业优秀,教学也很成功。他的优异表现,得到苏联专家马克西莫夫的高度赏识。1956年秦裕琨研究生班毕业,同年留校任教。他很快成为教研室的骨干力量,一边学习,一边参与组建了国内最早的锅炉专业(后改为热能工程专业)。也正是从那时起,秦裕琨开始了自己的教学科研生涯。

谁知世事难料。正当这位胸怀壮志的年轻人在事业上刚刚起步的时候,国家的发展失去了正常秩序。1957年反右扩大化、1959年拔"白旗"。就是在那样的环境里,虽然秦裕琨白天挨批判,但是晚上他仍然坚持备课、写讲义、收集资料,并主动给学生们开新的专题讲座。频繁的政治运动也曾一度让他困惑、迷茫,但是秦裕琨的心中始终有一个不变的信念,那就是"作为教师,备好课,教好学生,就是对国家最大的贡献,是永远正确的"。正因如此,在那样的环境里他用全部精力编写了《蒸汽锅炉燃料、燃烧理论及设备》讲义,后正式出版,成为我国锅炉专业第一本教材。其实,这个专业的研究生用教材《炉内传热》等教科书也是在那样的条件下着手编写的。

风雨中锤炼出胆大心细的"秦总统"

直到今天,我国大部分地区冬季采暖的主要设备还是秦裕琨设计的这种锅炉。

20世纪60年代初期,由于中苏关系紧张,苏联专家开始陆续撤走。建设刚刚起步的新专业的重任,落到了年轻人的肩上。作为骨干教师的秦裕琨,带领课题组深入生产第一线,在实践中研究摸索,解决一个又一个技术难题。

但是,正值这个年轻人如饥似渴地开始潜心在热能领域里探求新知的时候,大学校园却再度因为国内政治运动的干扰,成为政治斗争的实验场,教学与科研几乎陷于停顿。"文化大革命"初期,秦裕琨也被错误地定为"反动学术权威"、"漏网右派",被送进牛棚参加劳动改造。他的个人生活也开始出现困难,将近一年没有工资。但是,秦裕琨有个朴实坚定的信念:"人该干什么很简单,哪个时代都会有困惑,天天总是迷茫困惑,人生就虚度了"。在此期间,他曾被下放到"干校"务农,也曾到过街道企业劳动。年轻的学者或抡着大斧头在林间伐木,或站在机床旁参加劳动。可是,他没有放弃自己的理想和追求。回忆这段生活,秦裕琨惋惜中也有庆幸:"这样的日子让人体会了人间疾苦,跨越了学术与实际的隔阂。更重要的是,苦难与挫折磨炼了性格和

"文化大革命"时期秦裕琨(右二)在改造校机械楼锅炉房现场

意志,使我们能在各种考验中保持平常的心态。"

1968年,他带领学员接受了对省革委会的锅炉房进行改造的任务,这样的任务对秦裕琨来说存在着巨大的风险。这种风险不仅仅来自改造技术上的创新,更来自当时的政治压力。当时,国内普遍采用强制循环热水锅炉,一旦停电停水,这种锅炉很容易造成水击,就会对锅炉的安全构成潜在威胁。而且改造工程又必须在非供暖期进行,时间紧迫。再加之在荒诞而严酷的政治气候中,"省革委会"的锅炉房,那是心脏的心脏,以秦裕琨当时的身份,成功了是"戴罪立功",失败了就是"罪上加罪"!带着对科学与真理的信仰,带着献身社会的强烈使命,秦裕琨把个人利益放在了脑后,毅然接受了这个任务。因为他勤于钻研,不怕风险,胆子大,"总捅咕",人们还给他起了个形象的外号:"秦总统"。正是这位胆大心细的"秦总统"带领他的团队,经过大量的资料调研、方案分析论证,在慎重思考和反复计算的基础上,首次在国内提出热水锅炉可采用自然循环方式的学术思想,并给出了一套自然循环热水锅炉的水动力计算方法,据此设计制造了我国第一台自然循环热水锅炉。同年冬季,这种自然循环热水锅炉投入运行,掀开了我国工业锅炉制造史上的新一页。直到今天,我国大部分地区冬季采暖的主要设备还是秦裕琨设计的这种锅炉。

1969年,他又成功地对哈工大锅炉房中的9台2吨燃用烟煤的手烧炉进行了改烧褐煤的改造,将原有锅炉改造成带旋风燃烬室的工业流化床锅炉,取得了良好的燃烧效率,填补了国内空白。

乘改革开放的春风 重启科学的大门

"中国的能源科技工作者就要研究中国的能源问题,我们国家的能源以燃煤为主,我们不研究煤研究什么?要关注国际趋势和热点,但更重要的是解决我们自己的问题。总跟在别人屁股后面跑是不行的!"

时光荏苒如白驹过隙。动荡的年代终于过去,1978年,全国第一次科学大会的召开,使秦裕琨感到春天般的温暖。他的自然循环热水锅炉和燃褐煤流化床锅炉研究由于先进的技术路线和应用价值均被列为国家

"六五"攻关项目。秦裕琨高屋建瓴的智慧得到了酣畅淋漓的发挥,几年之间硕果累累:"自然循环热水锅炉水动力试验研究"和"新型10t/h褐煤流化床锅炉研究"等课题先后获得了航天科技部进步二等奖两项、省市科技进步奖多项,后者还获得了1986年的全国发明展览会铜牌奖。

秦裕琨说:"中国的能源科学家就要研究中国的能源问题,我们国家的能源以燃煤为主,我们就是要解决怎样使燃煤更清洁、更高效的问题,这是对国家和人民负责。"20世纪80年代初期,国内最大的流化床锅炉——130t/h燃煤矸石流化床锅炉存在出现堵灰、磨损甚至烧毁等现象,许多专家认为已经没有改造的可能。但是,"另起炉灶"不仅耗资巨大,国家还将损失近一个亿的固定资产。经国家科委组织,该项目列为国家"六五"科技攻关课题。秦裕琨带领课题组深入电厂进行了详细考察和调研,组织锅炉制造厂家和电厂等有关方面进行了大规模的实验,找出了问题的原因。经过反复思考和研究,他提出了"播煤风"的思想,终于解决了该炉型存在的关键问题。当时,在这样大的流化床锅炉上稳定燃烧煤矸石可谓举世无双。1985年,该项目获得了航天工业科技进步一等奖、国家科技进步三等奖。1987年,秦裕琨在综合总结了国内外研究成果的基础上,结合自己多年从事炉内传热和燃烧理论研究的经验,提出了水平浓淡煤粉燃烧的学术思想,并开始进行预研工作。水平浓淡煤粉燃烧技术同时解决了电力工业在燃烧方面存在的高效燃烧、低负荷稳燃、低NO_x排放、防止结渣和高温腐蚀等5个主要问题。这5个问题互相制约,严重困扰我国电力工业的发展。大量应用实践表明,采用此系列煤粉燃烧技术可大幅度提高机组的低负荷稳燃能力,实现火电机组深度调峰,节约大量低

秦裕琨(左三)带领学生在电厂进行国家"六五"攻关课题

负荷稳燃、点火用油;它还可以提高燃烧效率、节约燃料。由于解决了高温腐蚀和结渣难题,从而减少了停炉维修的费用;降低火电机组 NO_x 排放,更可以产生巨大的社会效益。

1990年以后,由于学校体制改革,教研室开始划分成若干课题组。为了促进教研室的全面发展,秦裕琨主动放弃了自己熟悉的领域和课题,开始从事煤粉燃烧的研究。对于已近花甲之年的秦裕琨来说,这又是一次全新的挑战。当时,随着水电、核能等清洁能源的快速发展,很多人都认为在锅炉这样的传统专业里很难再有大的技术创新。可是,秦裕琨却成竹在胸。几十年的锅炉研究经验和实践告诉他,发达国家很少烧煤,但中国,至少在未来50甚至100年,煤炭都将是主要的能源。中国的能源结构中,油气不足,约占30%,以煤为主,达到70%。而世界平均水平是30%的煤。煤的热效率低,污染指数却高,所以使用燃煤是中国的特殊而严峻的问题。他说:"能源与环境将是困扰我们中国经济发展的最大难题,中国的能源科技工作者就要研究中国的能源问题。我们国家的能源以燃煤为主,我们不研究煤研究什么?要关注国际趋势和热点,但更重要的是解决我们自己的问题。总跟在别人屁股后面跑是不行的!解决工程中的实际问题,必须立足国情。提高煤粉燃烧质量,既是提高生产率的基础,又是解决锅炉废气污染的关键,这两个主题都与国计民生息息相关。"

秦裕琨在实验室里

十年铸剑 开辟全新研究领域

秦裕琨(左二)90年代在国家燃烧中心考察

"国外有些没有遇到的情况,我们搞成了,就是国际领先。"

秦裕琨认为,在科学研究中很重要的一点就是技术路线要正确,如果路线有错,那么必须马上矫正。技术攻关开始后,会有很多新的想法,要一边干一边想,在实践中逐步完善丰富。科研工作不可能一帆风顺,但总的方向是围绕技术路线的。"干燃烧工程这个行业,理论先进还远远不够。每个电厂的锅炉都有差异,必须到实践中去进行针对性的研究。秦裕琨形象地说:"电厂行业和汽车行业有差别。美国产的汽车销到中国,照常在大街上跑。美国的锅炉到中国不一定好用,毕竟燃煤的质量不一样,所面临的问题各有差异。好多外国大的锅炉制造厂,在中国都搞砸了,因为他们没有遇到这样的燃煤。所以,有些是国外没有遇到的情况,我们搞成了,就是国际领先。"

搞新技术,光有思路是不够的,还得有愿意为之努力的技术团队。秦裕琨说自己是幸运的,在他担任着学校教学副校长、难以全力以赴开掘这项技术时,他的几名研究生听从导师的教诲和引导,把目标瞄准在这个全新的领域。那时,改革开放的大潮渐起,搞技术的人开始被有效益的项目吸引,这支小队伍却走进空荡荡的实验室,开始着手建立实验台。

从1991年开始,在没有基础、没有经验、经费紧张、前途未知的情况下,秦裕琨带领课题组开始了艰苦的研究工作。参加课题组的老师回忆初期创业的经历,无不感慨地说:"课题组创立之初,无论是从人力还是经费上来看,都是教研室里最弱的。秦老师那么大年纪,白天参加繁忙的行政工作,有时晚上还和学生一起熬夜做实验。虽然煤粉燃烧现场的环境非常恶劣,但正是秦老师那种勤奋、严谨的治学态度始终激励着我们。"秦裕琨凭着一种忘我的工作态度,在一年的时间里,建成了第一个煤粉燃烧的实验台。1992年,煤粉燃烧技术的实验结论基本完成。1993年,煤粉燃烧技术的基本问题得到了解决,宣告这项技术正式诞生,可以从实验室走出来了。可新的问题是,在课题组广泛联系电厂后,得到的却是不容乐观的消息:出于当时保证生产安全的考虑,哪怕是免费给做技术改造,也几乎没有电厂愿意冒风险。面对困境,秦裕琨果断做出决定:"大厂子干不了,咱们找小厂子干。新锅炉不让改,咱们去改报废的锅炉。"他这种勇毅的态度感染了课题组,大家几经周折终于联系到远在北大荒的红兴隆电厂。这是个小厂子,有一台几乎可以报废的35t/h锅炉。由于无法燃烧当地产的劣质煤,而外地煤又烧不起,就抱着"死马权当活马医"的态度,同意他们做实验。果然,新技术的应用成功了,"死马"被他们一举医"活"了!地产煤可以燃烧起来了,这也宣告煤粉燃烧技术正式成型。这项新技术不仅给红兴隆电厂带来了直接的效益,还救活了一个小煤矿。

此时的中国大地上,正经历着改革开放以来的又一轮新的迅猛发展高峰,能源供给问题成为决定生产的关键性因素。在新的电厂和锅炉一时难以建设起来,部分企业又不敢贸然投资新建厂房时,秦裕琨的新技术让很多发电厂家眼前一亮,开始对这项新型煤粉燃烧技术有了兴趣,新技术成为大部分发电企业厂家愿意尝试的项目。这更开创了煤粉燃烧领域的新里程。

1994年,该项技术在辽化420t/h锅炉上成功应用,同时取得了高效燃烧、低污染(降低NO_x排放)、低负荷稳燃和防结渣等效果,并为向更大机组发展积累了宝贵的经验。1995年,旋流浓淡煤粉燃烧器经过充分

2001年在人民大会堂举行的国家科学技术奖励大会上,朱镕基总理为秦裕琨院士颁奖

的实验室研究后,在黄岛电厂200MW机组上成功应用;1997年,直流水平浓淡煤粉燃烧器在河南焦作200MW机组上燃烧无烟煤成功应用,并以此为示范工程大面积推广应用。1998年6月,应用水平浓淡煤粉燃烧技术的300MW机组点火成功,标志着水平浓淡煤粉燃烧技术进一步走向成熟。

十年铸一剑。经过10多年的拼搏努力,秦裕琨领导的课题组取得了巨大的成功,水平浓淡煤粉燃烧技术不断发展创新,已经形成一系列的煤粉燃烧技术体系,覆盖了电站锅炉的主要燃烧方式和煤种。自1998年以来,每年新增容量以几何级数在增长,截止2001年2月,应用此技术的机组总容量已经达到15 690MW。有经济效益证明的4 482MW的统计数字显示,该项技术每年为社会创直接经济效益1.348亿元,为国家带来了巨大的经济效益和社会效益,且较大幅度降低了NOx排放。专家鉴定意见认为:该技术"理论上有创新,技术上有突破,适应面广,投资回收期短,经济效益突出,社会效益明显,市场前景广阔,为煤粉燃烧技术发展做出了贡献,达到了国际先进水平。特别是在用煤粉燃烧方式燃用无烟煤、贫煤时,在同时取得稳燃性能好、燃烧效率高、低 NOx 排放、防止结渣并可望控制高温腐蚀的综合效果方面,属国际领先水平。"

2000 年末,"风包粉系列煤粉燃烧技术的推广与应用"获得黑龙江省科技进步一等奖;2001 年 2 月,秦裕琨参加了在人民大会堂举行的国家科学技术奖励大会。当他郑重地从国务院总理朱镕基手里接过 2000 年度国家技术发明二等奖证书时,恐怕很少有人知道,在这份荣誉的背后饱含这位年近古稀的老人多少辛勤的付出。也就是在这一年,秦裕琨当选了中国工程院院士。

在长期从事燃烧学的教学和研究工作中,秦裕琨十分注重课程教材的编写。20 世纪 70 年代,结合当时我国电力工业的需要,他主编了《燃油锅炉燃烧设备及运行》,在此基础上,又主编了《燃油燃气锅炉实用技术》一书。近十几年来主要从事煤粉燃烧的研究,合编了《煤粉燃烧器设计及运行》。这是这一领域的第一本专著。他还编写了统编教材《炉内传热》,这是国内该课程第一本教材和专著。作为技术负责人,他主持制订了机械工业部标准《层状燃烧及沸腾燃烧工业锅炉热力计算方法》,并沿用至今。现受五大锅炉厂委托,他正在负责制订电站锅炉炉膛传热的计算方法。

言传身教 育人于德

秦裕琨老师好似一股山间的清泉,涓涓而下,悄无声息地滋润着他身边的花草树木。他说:无论做什么工作,都要强调教师要把书教好。只有培养出更加优秀的年轻人,我们的事业才有希望。

"古今之成大事业、大学问者必经过三种境界:'昨夜西风凋碧树。独上高楼,望尽天涯路。'此第一境也。'衣带渐宽终不悔,为伊消得人憔悴。'此第二境也。'众里寻他千百度,蓦然回首,那人却在,灯火阑珊处。'此第三境也。"这是清人王国维在《人间词话》中描述的治学三境说。作为一名教师,秦裕琨就有着这样的"成大事业、大学问"的志向。他一直向往

大学时代的秦裕琨

着达到这样的三重境界,并以此来鞭策自己,勉励自己。在教育事业这片热土上,他用自己赤诚的心灵、坚定的信念、顽强的精神、无私的行动,执著地追求着教育的最高境界。

秦裕琨的成长经历对他教育思想的形成有着重要影响。秦裕琨1933年5月出生在上海,父亲是一位会计师。秦裕琨童年,是在战火纷飞的年代中度过的,他亲眼目睹过外国人在旧上海滩的租界里耀武扬威的样子,体验过中国老百姓在那样的年代中艰辛的生活,感受过旧中国受人欺辱的无奈。"小时候坐在马路边上玩耍,就能看到很多洋人警察神气地从你身边走过。慢慢地才知道,那时候我们国家被人欺负,都是因为落后的结果。"每当秦裕琨回忆自己的童年生活,总是不无心酸地讲述这样的经历。也正是这种刻骨铭心的经历,使一颗学有所成、报效祖国的种子,在秦裕琨的心底开始萌芽。

尽管条件艰苦,可是父亲依然坚持主张"要让孩子接受教育"的思想。这使得秦裕琨有了读书的机会,少年时代的他,品学兼优。1950年9月,17岁的秦裕琨同时收到了交通大学、清华大学、大同大学(后并入交通大学)、之江大学(后并入浙江大学)4所大学的录取通知书。经过一番考虑,他选择了交通大学机械系。因为新中国建设第一个五年计划的需要,急需大量科技人才,特别是需要培养一批重工业部门的工程师和理工院校的师资,所以秦裕琨在1953年提前毕业。尽管此时,他的哥姐都不在上海,父亲也已是花甲之年,按常理他应该留在上海。但非凡的时代自然就有非凡的故事,秦裕琨人生选择的关口也正是共和国的非常时期,红色苏联以及援建中国的项目使东北尤其是哈尔滨成为热血青年的求学圣地。哈尔滨工业大学在上世纪50年代初,就是和北大、清华、中国人民大学齐名的国内重点大学,由于所具有的办学传统和所处的地理位置优势,哈工大成为新中国成立初期苏联帮助中国建设的两所大学之一。在这里,有许多苏联专家给学生上课,帮助中国培养教师。就这样,秦裕琨为了新中国的建设,响应党的号召,从遥远的江南来到了哈尔滨,并就读于哈尔滨工业大学机械系锅炉制造专业的研究生班,随后留校工作。

没多久,他的一位表亲考入了清华大学,家里经济比较拮据,于是秦裕琨的父亲要求他每月拿出一定数量的钱资助这位表亲的学习,一直到毕业。后来,秦裕琨结婚的时候,他父亲拿出一个存折对他说,这是你这些年来资助给人家的钱,你资助多少,我就存起来多少,现在你结婚用钱,就取出来用吧。那位当年受到秦裕琨资助的表亲,目前仍在国内某著名大学工作,前几年也当选为院士。每次见到秦老师,这位表亲都非常感念当年的资助。千百年来,我们中华民族形成了一种独特的教育智慧,秦裕琨的父亲不仅帮助儿子积累了一份物质财富,更给儿子留下了一笔宝贵的精神财富。正是这样的家庭、这样的父母,培养了秦裕琨一种深沉的人生智慧。

秦裕琨既是一位富于创新精神的科学家,同时也是一位成功的教育管理专家。他曾经担任过教研室主任、系主任、党总支书记、汽车学院副院长、教务长和哈工大副校长等职务。无论做什么工作,他都强调教师要把书教好,只有培养出更加优秀的年轻人,我们的事业才有希望。

1983年秦裕琨任教研室主任,一面抓科研,一面抓教学。秦裕琨鼓励优秀教师担任学生班主任,主张专业教师要了解学生思想,做学生的课业导师和人生导师。该专业先后涌现8523班、

1988年秦裕琨教授(右三)任动力系主任时和系领导们参加学生元旦联欢会

秦裕琨院士（右三）为学生作报告后与学生在一起

8923班和9023班为代表的一大批省级、校级三好班级标兵。教研室先后被黑龙江省委、航空航天工业部授予"思想政治工作先进集体"、"教育工作先进集体"、"先进党组织"等光荣称号；秦裕琨本人也先后被省市授予"优秀教师"、"先进教师"的荣誉称号。秦裕琨老师主持的"教书育人、促进学生全面发展"课题获得黑龙江省优秀教学成果一等奖。

  1994年开始，秦裕琨担任哈尔滨工业大学主管教学工作的副校长。在此期间，他在建立教学监控及奖励机制系统、推进教学改革、提高教学质量、加强学生工作、扩大办学规模等方面做出了积极贡献。秦裕琨在认真调研的基础上，迅速建立并完善了"教学管理、考核和激励机制"，建立起学校教学检查组，为教师课堂教学质量评分，并将每位教师的教学评价纳入到职称评定体系中去。同时，他积极创造条件改善教师待遇，发放教学津贴，使教师安心教学。奖惩两方面出击，迅速稳定改善了全校的教学秩序。他提出汇聚优秀的学生创办实验学院的思想，在实验学院率先实行学分制，因材施教，为培养高素质的人才建立了基地，为哈工大的教学改革树立了样板。

  作为一名教师，秦裕琨始终把教育好学生当做自己最重要的责任。

他对学生的影响,不仅在于课堂知识的传授,更在于高尚人格魅力的影响。20世纪90年代初,大学生中存在较多的思想问题,需要教研室老师开展深入的思想工作,但当时一些教师在思想上也很难从更合适的角度去思考问题。针对这种情况,秦裕琨召开全院教师大会,用宏观的、全局的、历史的眼光剖析情况,向大家讲述亲身经历和体会,示范如何做学生的思想工作。就这样,教师的思想通了,学生迅速稳定,很快使全院进入正常教学状态。后来,他当时的演讲稿经过整理后以《假如中国不实行社会主义》为题发表在《人民日报》上。

如果说教师是一支燃烧自己照亮别人的蜡烛,那么秦裕琨更像是一股山间的清泉,涓涓而下,无声地滋润着他身边的草草木木。他说:"老师踏踏实实做学问,学生就不会弄虚作假;老师诚实守信,学生自然也会言出必行"。2003年,当秦裕琨了解到部分大一学生学习热情不高、有厌学的情绪时,忧心忡忡的他不顾已是70岁的高龄,主动要求为新生作了一场专业启蒙报告。两个多小时的讲座,对一位老人来说是不轻松的。他结合自身的童年经历、求学工作过程,深入浅出地为大学生讲解如何树立正确的人生观、价值观,如何在困难中学会坚强。他语重心长的话语掷地有声,深深打动了在场的同学们,会场不断响起热烈的掌声。

凝聚团队 提携后人

"我干不了几年了,但你们的路还很长,我多投入一些,你们的未来会更好。"

秦裕琨十分重视科研团队的建设和对年轻人的提携培养,他甘为人梯、淡泊名利的精神,感染和影响着身边工作的同事和学生。秦裕琨著书多部,论文百余篇,直接指导博士生23名、硕士生25名,可以说桃李遍天下。有人曾经说:"秦老师是一面旗帜,是一面凝聚团结人、教育培养人、鼓舞带动人的一面旗帜"。课题组的吴少华教授常说:"秦老师是一位虚怀若谷、平等待人的宽厚长者;是一位'知之为知之,不知为不知'严谨治学的老师;更是一位提携后进、甘为人梯的慈父"。课题组的几乎所有工作秦老师都要亲自指导,他参与和指导了许多重要实验,但发表论文和科研成果时,署名却总是最后一位。"我干不了几年了,但你们的路还很长,我多投入一些,你们的未来会更好",秦裕琨说。

伴随着课题组的发展壮大,科研经费也越来越多,按照有关规定,这些钱是可以提成发奖金的,但是从学科建设的长远规划上,秦裕琨提出了近、中、远的发展目标和计划,并且更多地着眼于年轻人的发展。秦裕琨说:"我们搞科研要有长远眼光,要做到'吃着碗里的,看着盘里的,想着锅里的'。"所以,他带领的课题组把钱更多地投入到科研和教学工作中。近年来,每年为培养学

秦裕琨院士(左一)与课题组的年轻人在实验室

生花费的调研、考察、实验等费用都要几十万,年轻教师在这里可以不断发展自己,锻炼自己。燃烧工程研究所副所长孙绍增教授在做访问学者期间谢绝了英国的优厚待遇,如期回国工作。他说:"我们课题组这样的研究氛围在国外也很难找,我们这里是出成绩、出成果、干事业的地方"。这就是为什么很多人凝聚在这里的重要原因。也正因为如此,燃烧课题组才能建立起一支能打硬战,团结协作,充满勃勃生机的学术梯队。秦裕琨领导下的燃烧课题组从小到大,由弱到强,目前已经发展成为拥有1名院士、8名教授、3名副教授、7名博士生导师的有强大科研攻关能力

秦裕琨院士（左一）与科研团队在一起

的大课题组。应该说，课题组能发展到今天与秦裕琨的人格魅力和指导思想是密不可分的。2000年秦裕琨荣获"九五"伯乐奖，他领导的燃烧课题组同时获得"九五"师资建设先进集体。正是在秦裕琨的带领下，这支不断壮大的队伍，在洁净煤燃烧技术、燃烧过程诊断及控制技术、大气污染物控制及净化技术、生物质资源化利用技术、废弃物无害化处理技术、多相流动及传热传质过程研究、先进洁净煤发电技术、热力过程的数值计算与仿真、可再生能源的开发与利用、能源与化工原料联产的煤炭综合利用技术等领域取得了重要进展，已经建立起以水平浓淡煤粉燃烧技术为核心的新技术群，成为国内外能源企业和研究机构关注的焦点。

淡泊名利 克己奉公

"一个人看到自己的贡献很容易，看到别人干的很难，更看不到的是，我之所以干成这些事，国家和集体为之付出了多少！"

秦裕琨提出入党申请已经是早在"文化大革命"前的事了，那段历史自然要"考验"他。"文化大革命"后，以他的科学成就，没有政治荣誉也不影响什么。但是他们那一代经历过旧社会的知识分子，对党的爱是融入本性中的，十几年的折磨也不能改变这种感情。1981年，组织上终于批准了他的入党申请。在党旗下宣誓的那一刻，那是面对世界的诺言，是毕生事业和价值的一个证明。时至今日，秦裕琨仍然保存着入党时的通知书，从这张虽然已经在岁月的变迁中发黄变薄，但却依然整洁的入党通知书上，我们可以读出一位共产党员对信仰的追求和忠贞。也正是凭借这样的追求和忠贞，秦裕琨2001年和2003年两次被评为黑龙江省优秀共产党员。

科研学术上秦裕琨观察敏锐、孜孜以求、甘为人梯；日常生活中，他则高尚无私，淡泊名利，乐于助人。秦老师住了20年筒子楼，但却两让新房。第一次是系里一位老师因身体不太好，想要先住秦老师新分的房，秦老师二话没说就同意了。事后，有人问秦老师当时是怎么想的，秦老师说："我住筒子楼20年都住了，再住两年又算什么呢！"。第二次分房，另一位老师因家里孩子结婚，找到秦老师希望能帮帮忙，秦老师就又让了。终于到第三次分房，他拿到钥匙，打开门一看，比原定的多了一间屋，两室变成了3室。他二话不说收起钥匙就去房产处要求调房……

他生活俭朴，从不浪费，一件几十元的夹克衫，一穿就是十几年。儿子结婚时，只有3辆很普通的小车，同事、弟子们前去贺喜表达一点心意，事后，他把礼金都退还回来了。但在帮助别人时，却是一掷千金。教研室一位老师病重，需要钱，秦老师出面帮他筹措了1万元；一位学生做手术暂时没有钱，秦老师马上借给他2万元……

面对所取得的荣誉，秦裕琨说："一个人看到自己的贡献很容易，看到别人干的很难，更看不到的是，我之所以干成这些事，国家和集体为之付出了多少！"这就是一个科学家的胸怀。在今天这样一个浮躁思潮涌动的时代，能够工作在秦裕琨身边的人是幸福的，因为他们不但可以向秦老师学习知识和做学问的途径，更可以学到秦老师做人的高尚情怀和人生智慧，感悟什么是"心静自然凉"的人生境界。秦裕琨真正做到了"有所为，无所求，执著于每一个过程而不执迷于个人得失"，这是秦裕琨的人生态度，也是送给每一位学生的一笔取之不竭、用之不尽的宝贵财富。

秦裕琨简介 1933年5月出生于上海,祖籍江苏省扬州市,中共党员,1953年毕业于交通大学机械系,1956年哈尔滨工业大学锅炉制造专业研究生班毕业,在学习期间,同时任教并参与组建锅炉专业(后改为热能工程专业)。历任哈工大热能工程教研室主任、动力工程系主任兼党总支书记、汽车工程学院院长、哈工大副校长等职务。秦裕琨先后从事流化床燃烧和煤粉燃烧等主要研究工作,科研成果多次荣获省部级奖励,其中"风包粉系列煤粉燃烧技术的推广与应用"荣获2000年度国家技术发明二等奖。2001年秦裕琨当选中国工程院院士。

杜善义院士

生命,永远是人世间最美好的馈赠;理想,永远是人世间最动听的歌声。把有限的生命投入到无限的为人民服务理想中去,是众多优秀华夏儿女最朴实的做法。"一定要为祖国争光","让自己的学生超过自己","作为全国人大代表,我将一如既往地关注农村教育发展,为广大老百姓说话"……怀着这样的念头,哈工大杜善义院士以极大的热忱长期致力于固体力学、复合材料和飞行器结构等方面的教学和科研工作,同时也把目光投向了更为广阔的社会,一步一个脚印,与理想同行……

科学人生 复合之才

——走近全国模范教师、中国工程院院士杜善义

□ 吉 星

美学家宗白华在《美学散步》中说:"散步是自由自在、无拘无束的行动,它的弱点是没有计划,没有系统。看重逻辑统一性的人会轻视它,讨厌它,但是西方建立逻辑学的大师亚里士多德的学派却唤做'散步学派',可见散步和逻辑并不是绝对不相容的。"在哈工大也有一位喜欢散步的长者,他身材高大,面容慈祥,说起话来逻辑缜密、声音洪亮,要是有机会能跟他多接触,你会经常听到他爽朗的笑声。

已逾古稀之年的他依然"战斗"在科研工作一线,出国交流座谈、带领课题研究、报告讲学……时间表被排得满满的。正如他自己所说的那样:"我的精神状态很好,现在最缺的是时间"。这位喜欢"科学散步",却常常忙得连散步的时间都没有的长者就是曾任哈尔滨工业大学副校长、航天学院首任院长的中国工程院院士杜善义。

百尺阑干横海立,一生襟抱与山开。20多年前,在国内,复合材料方面的研究刚刚起步,其中有很多问题尤其是力学问题有待解决。杜善义提出了用力学的新理论和新方法来解决复合材料应用和研究中的问题,以

无可辩驳的实践证明和理论支持获得了国际国内一致好评,并先后在先进复合材料结构设计、分析、评价,复合材料力学以及智能材料系统与结构等方面开展了系统的研究工作。

渴求知识　师从钱学森

杜善义1938年出生在大连,那时正值伪满洲国统治东北。特殊的历史环境令杜善义自小就形成了两个信念:第一就是我们国家需要强大起来;第二就是要多学知识,发奋努力,摆脱贫困。

年幼的杜善义聪明好学,渴求知识。虽然家境贫寒,但由于重视教育的缘故,家里仍坚持将他送到学堂读书识字,而在自己的努力下,杜善义的学习成绩从小学到高中也一直都是名列前茅。高中毕业前夕,杜善义经历了人生中的第一个转折点。当时因为家里经济条件不好,他面临着能否继续读书的窘境。考虑到求学会给家里造成很大的负担,他心里便有了辍学工作补贴家用的念头。这时母亲替他下了决心,她毫不犹豫地对儿子说:"就算我讨饭吃,也要供你把大学念完!"老师也找他谈话说,你资质这么好,不去念书太可惜了。母亲的坚定和老师的劝说最终使杜善义选择了继续读大学。

1958年9月,中国科学院创建了中国科技大学。这是一所主要针对尖端科学技术的大学,虽然招生规模较小,却聚集着相当数量的全国顶尖学者和科学家,这其中就有少年杜善义非常敬仰的钱学森。中学时代,杜善义看了很多介绍钱学森事迹的文章,受钱学森在力学和航空航天领域取得的学术成就、人格魅力和崇高的爱国主义思想影响,杜善义对力学这门既古老又年轻的科学产生了兴趣,决定报考中国科技大学近代力学系。有了目标,就有了前进的方向,1959年,势在必得的杜善义以优异的成绩一举考入中国科技大学。

一分辛苦一分才。大学时代的杜善义学习更是非常勤奋,他如饥似渴地汲取知识,在科学的海洋里尽情遨游,课余时间几乎都泡在图书馆和自习室里,5年只回过一次家。"大学期间我学会了如何获取知识,学会

了科学的方法,理解了科学的精神,这些都对我以后的发展产生了深远影响。"时常能够与郭沫若、钱学森、钱三强、华罗庚等各个领域最杰出大家面对面,这让杜善义激动不已,每堂课他都全身心地投入到学习中去。即使在三年自然灾害期间——学习和生活条件都异常艰苦的情况下,他也没有退缩,反而更加努力地学习。钱学森的"星际航行概论"等课程,给他留下了深刻的印象,也为他以后投身于祖国的航天事业打下了坚实的基础。华罗庚说过的话也让他记忆犹新:"我是通过自学成才的,你们经过正规的中学和大学教育,而且是十分优秀的学生,你们的成就没有理由不超过我……"

"我那时受我们力学系系主任钱学森先生的影响很大,我觉得钱先生几乎是近代最有贡献的科学家了。"提到钱学森,杜善义笑起来,言语中带着由衷的钦佩之情,"钱先生那时候给我讲的话我现在都记得,他那时候讲的理论,现在来看,正是我们要做的东西。在科学上他是一个很伟大的人,预测力很强,看得遥远。"杜善义至今记得钱学森不止一次地说:"对待科学必须严格、严肃和严谨,同时,还要坚持辩证唯物主义的科学方法。"如今,杜善义将恩师的治学精神和科学知识一同继承了下来。2009年10月31日钱学森不幸谢世。悲痛之余,杜善义写下了悼念文章,回顾钱学森伟大的一生给我国和世界留下的巨大精神和科学财富,表达了自己的心声:"我们要纪念和缅怀这颗科学巨星,更要学习他的爱国、科学精神和情操,用他的科学思想、创新和奉献精神熏陶自己,同时也建议科技工作者从他的科学思想、精神和道德中汲取丰富的营养,实现科教兴国战略,建设创新型国家,实现中华民族伟大复兴。"

岁月不居,时节如流。5年大学生活带给杜善义的不仅仅是扎实的基础知识,更重要的是让他坚定了从事科研工作的信念和终生献身科学的决心——"通过大学的学习,我逐渐发现,科学上还有很多问题有待搞清楚,我决定自己要为此贡献我的一生。"

"一定要为祖国争光"

1964年大学毕业后,杜善义来到哈尔滨工业大学任教,兢兢业业,一干就是几十年。杜善义坦言,后来出国也是自己没有想到的。

当时出国程序比较多,并不像现在这么容易,首先需要业务上的申报,之后国家再进行选拔。业务选拔,需要证明自己是优秀的,这方面杜善义很自信。很多教师在"文化大革命"期间荒废了学业,有的甚至开始打家具、组装收音机,把书都卖了。杜善义觉得不能这样,"这种情况应该只是暂时的,我当时的想法是每天不干任何事情,不创造任何价值是绝对不行的,劳动是人的第一需要,作为高校教师任何时候都不能对学习有所放松,所以我看了一些我们这个领域里比较新的东西。"也正是在这时,他开始关注力学的一个新分支——断裂力学。

身为东北人,第一外语是俄语的杜善义俄语方面有很大的优势,但到美国留学需要的是英语。好在上大学的时候,导师大多用的是英文,再加上国外很多资料也是用英文写的。为了掌握最前沿的学术动态,杜善义以惊人的毅力攻克了英语难关,再加上"文化大革命"期间他一直在坚持学英语,所以英语选拔对杜善义来说也不是问题。

机遇总是给有准备的人。1980年,40多岁的杜善义厚积薄发,通过层层考试,成为美国乔治·华盛顿大学访问学者,从事断裂力学和复合材料的研究。

上大学的时候,杜善义就觉得中国人应该有志气,不能什么东西都依靠外国。在美国期间,他这种念头更加强烈,决心学有所成以报效祖国。为此,杜善义发奋读书,别人一个月才能看完的书他一周就看完了。"确实有很多新的东西要学,上课时我做笔记记得非常认真。在美国两年,前一年学习,后一年做研究,我想的是一定要为祖国争光。"

当时,杜善义的导师带了一个其他国家的博士做美国海军研究所一个偏基础性的课题,14个月之后该博士遇到研究瓶颈始终无法继续进行,于是导师把课题给了杜善义。杜善义并没有因为难度大而退却,相反他每天工作到凌晨,仅仅用了一个月的时间就取得了突破性进展,并且写成了论文。导师非常惊讶,高兴之余请杜善义和课题组其他成员到华盛顿最好的中国饭店吃饭。对于导师的弟子和同事而言,这是前所未有的礼遇。

一次偶然的机会,杜善义注意到身边的美国同事正在做着当时国内还很少有人关注的复合材料研究,并已经应用到了航天航空领域。这可是国内的空白项目。复合材料的优越性能和广阔的研究前景令杜善义怦然心动,这个复合材料领域的"门外汉",开始想象把自己的力学专业和这种新型材料结合起来研究的光明前景。从此他就为自己定位了一个新的科研方向——复合材料。

"有志者,事竟成,破釜沉舟,百二秦关终属楚;苦心人,天不负,卧薪尝胆,三千越甲可吞吴。"实现梦想的代价永远不会少,杜善义已记不清当年经历了多少个不眠不休的夜晚。在那段时间里,很多时候他每天都要工作16个小时以上。天道酬勤,杜善义提出用力学的新理论和新方法,来解决复合材料应用和研究中的问题,也就是把力学和新材料研究进行交叉和融合的新思路,以无可辩驳的实践证明和理论支持获得了国际国内一致好评。

落其实者思其树,饮其流者怀其源。美国的科研条件虽好,但中国才是自己真正的家园,而自己的家园需要自己去建设。怀着报效祖国的念头,1982年9月,杜善义谢绝导师的挽留和高薪的诱惑,踏上了阔别两年多的祖国大地,回到了令他难以割舍的哈工大。

1980年杜善义在美国做访问学者

开拓中国复合材料事业

现代科技发展史告诉我们,许多新技术的发现和进步,都依赖于新材料的发展。作为新材料的重要组成部分和最具生命力的分支之一的复合材料,已成为20世纪发展起来的最重要的几大新兴科技之一。

复合材料是由两种或两种以上材料所组成的新材料,可以克服单一材料的缺点,充分发挥组分材料的优点,在性能和功能上远远超出单质组分材料。在世界范围内,先进复合材料技术诞生于20世纪60年代末,20世纪80年代复合材料在国内作为一门科学或材料科学的重要新分支还只是一个概念。如今代表着未来材料发展方向之一的先进复合材料,以其无可比拟的优异性能,从高科技领域向民用领域渗透,在许多领域悄悄地取代着传统材料的位置。在这个可喜的变化中,杜善义做出了重要的贡献。

"国家在最困难的时候把我派出去,我就要为国家建设出力。在美国做得再好,知识产权都是他们的,回国我就要建立自己的团队,培养一批复合材料人才。"杜善义是这么想的,也是这么做的。

回国后,杜善义开始组建科研团队,把力学和复合材料结合,用力学新的理论和方法去解决复合材料及一些新材料应用中的问题,为祖国的航天和国防事业服务。当时,我国的航天事业发展正面临着材料更新换代的难题。杜善义研究后认为,飞行器等零件要提升性能必须使用复合材料。而那时,国内并没有多少人认可复合材料,甚至连很多专家都认为复合材料没有发展。当时的科研经费少得可怜,一年的科研经费仅有5 000元。科研过程是极其艰苦的,杜善义自己也记不得熬过了多少个不眠之夜,经历了多少曲折。

不懈的付出终于获得了回报。随着复合材料的大发展,1990年顾震隆教授与杜善义一起创建了哈工大复合材料与结构研究所,杜善义任所长。作为国内最早研发复合材料的单位之一,在杜善义的带领下,研究所也从20多年前刚起步时只有几个人的研究小组,成长为今天经费上千万、拥有40多位高级科研人才团队的现代化科研单位。不仅如此,所里

全国模范教师杜善义院士

杜善义(左二)与他的学术团队在一起

的复合材料研究工作也取得了辉煌的成就——无论在工程界还是学术界都有着骄人成绩：承担的课题中既有国家"973"、国家"863"计划等大型工程应用研究项目，又有应用基础方面的研究；作为技术首席，先后拿到两个"国家安全重大基础研究"项目。

哈工大复合材料与结构研究所研究方向明确，在应用方面充分发挥了工科学校特色，最主要的就是为航空航天服务，做技术储备。杜善义所谓的技术储备有4个方面：一是复合材料的性能研究；二是工作后的安全评价；三是能适应比较特殊的工作环境——高速、高温的恶劣环境；四是搭建复合材料的研究平台。这个平台又包括技术装备平台、人才队伍建设平台和理论基础研究平台3方面。

"目前从高校研究来看，在这3个平台建设上我们是首屈一指的，提倡理工结合，材料、工艺、力学、结构等多科相交叉。另外我们的载体找对了，在航天上，每减轻1克的重量就会带来巨大的经济效益，而且其长远效益还远远不止这些。材料是我们整个社会发展的物质基础，新材料的出现可以给整个国家国民经济的发展带来很大益处。"杜善义自豪地说。

春华秋实　硕果累累

"搞科学我觉得首先必须得苦干，再就是能创新。过去说巧干，其实就是现在说的创新。"在杜善义看来，创新是这样一个努力的过程：兴趣——想法——目标——实践——成功。科学最需要创新精神，创新不是思潮，不是口号，而是行动，只有落实到学习、工作的每个环节，只有突出自己的特色，抢占科学的前沿，才能缩小同世界高水平的差距。杜善义认为，继承与创新是高水平人才成长的必由之路，学校是最好的继承场所，但要有所突破，就必须要创新。他在很多场合都鼓励青年学生解放思想，大胆设想，将创造能力发挥到极限。

杜善义提倡创新，他自己所做出的一系列卓越的创新成就也得到了学术界的认可。近30年来，杜善义长期致力于力学和复合材料的教学与科研工作，在先进复合材料结构设计、复合材料力学、细观力学与断裂力学、智能材料系统与结构等方面开展了系统的研究工作，解决了热防护材料与结构设计中的若干关键技术，发展了航天器典型复合材料及结构的性能表征与评价等方面的理论体系和研究方法。他将细观力学理论推广到复合材料领域，发展了随机夹杂理论，并对复合材料及结构进行了多尺度力学分析；率先研制了基于智能材料与结构技术的结构健康监测、振动主动监控和主动变形控制系统以及复合材料工艺过程的监控系统。

热环境是航天器普遍的工作环境，热防护是关系航天器成败的最关键问题之一。防热材料是目前解决超高温防热最为广泛、最有效和最可靠的途径，涉及国家安全最为重要的战略材料体系之一。从上世纪60年代末开始，我国为此实施了多项研制计划，投入了大量的人力、物力和财力，但仍存在以工程试验和经验为主、缺乏理论指导、机理不清、难以定量预报（理论与试验误差大于30%～50%）、依赖于防制和材料筛选试验、缺乏材料设计等问题。由于此方面研究需求极为迫切，某防热材料的研究成为首批启动的3个国家安全重大基础研究项目之一。杜善义在此项目中担当技术首席，他与合作者揭示了此类材料在服役环境下的材料响应机理，解决了该类防热材料在分析设计、性能表征与测试评价等方面的诸多关键技术，在理论体系与研究方法上做了大量工作，取得了显著的军事、经济、政治和社会效益。此研究成果于2006年获国防科学技术一等奖，并于2007年获国家科技进步二等奖。

武器装备的小型化、轻质化和高性能化促进了新一代航天飞行器结构的复合材料化，这也为航天结构的可靠性和安全性评价带来新挑战。杜善义对应用在飞航导弹和固体发动机上的轻质复合材料结构技术开展了系统深入的研究工作。他建立了复合材料层合板性能衰退的概率统计模型，发现刚度衰退与剩余强度和寿命的关系，提出用剩余刚度去预报剩余强度和寿命，为航空航天复合材料结构的设计、选材和工作状态的监控提供了有效方法。针对航天和国防的需求，杜善义提出材料设计/分析/评价一体化、材料/结构一体化和结构/功能一体化思想，为航空航天器用复合材料结构的可靠性分析和安全评定提供了新方法。

智能材料与结构系统是一种将材料、结构、传感器、作动器、微电子器件等集成在一起，在监测结构状态时还能够控制结构特性的系统，为未来武器和空间飞行器性能监控提供了一种新方法。在航空航天飞行器结构、空间站、机械等领域有广泛的应用前景，可提高结构和系统的可靠性，促进结构的微型化、精密化，各国均对此给予极大重大重视。杜善义等人研究了埋光纤传感器对复合材料性能的影响，研制了多种光纤传感系统、高性能变体作动器材料，首次提出并实现了埋光纤传感器和电流变体作动器的智能复合材料主动监控系统；研制了罕电流变体的主动控制减振器、隔振器和液压阀门，为在机械与运载领域的结构振动主动控制等方面应用提供了理论和方法……这一系列硕果累累的卓越成就让杜善义得到了国际国内学术界的认可。

首任"掌门"的航天情

"哈工大航天学院的发展历程，见证了中国航天事业的蓬勃发展，为祖国的航天事业提供了巨大技术支撑，培养了无数航天精英。"1987年，在杜善义等人的倡导下，哈工大成立了我国首个以航天命名的学院，从而奠定了哈工大的航天特色。时至今日，哈工大的航天学院一直是全国高校中最大、最强的航天学院。回顾20多年走过的道路，作为航天学院的创立者之一和第一代"掌门人"，杜善义深感欣慰。

精神的力量

一直以来，哈工大以服务国防事业为主。在20世纪80年代初，哈工大正式隶属航天部，使得哈工大的主要任务具体到为航天事业输送人才，并且承担一些与航天有关的科研工作。从学校自身的发展

杜善义院士（右二）在航天学院建设国际高水平学院座谈会上畅谈学院发展

来看，当时需要把一些与航天联系密切的学科、专业整合起来，成立航天学院。这样做，有多方面的好处：第一，可以强调哈工大要更多地为航天事业服务。第二，使得这些专业与航天事业的关系更为密切，科学研究针对航天事业服务。第三，带动学校更多的专业，甚至是所有专业都能为航天事业输送人才。

师生们仍然记得，作为首任航天学院院长的杜善义，在建院之初经受了多么大的压力——怎么建设，如何定位，请专家、聘教授……航天学院的成长凝聚了杜善义太多的心血。学院成立后，当时主要的一个工作就是联系一些著名的航天专家，比如宋健、陆元九、陈怀瑾等国内航天领域享有盛誉的专家学者。杜善义一位一位地去拜访，邀请他们做航天学院的兼职教授，指导航天学院今后的发展以及学生培养等。

创建之初的航天学院规模比较小，只能做一些"次要"的航天科技研究。由于工作的特殊性，许多学生都因为从事航天研究条件艰苦、待遇不高而不愿意报考。随着国家航天事业的飞速发展，人们逐渐意识到，太空正成为继海陆空之后需要人类开发的第四资源。在航天这个高科技领域中，不仅要有世界先进的科学技术水平，更需要有大量业务过硬、有责任心的航天技术人员。

全国模范教师杜善义院士

2004年4月,杜善义院士(左二)和刘永坦院士(左一)等在哈工大牵头研制的"试验一号"小卫星发射现场

为了满足国家对航天事业的需要,哈工大航天学院勇担重任,逐渐在航天技术、人才培养等方面崭露头角,扛起了中国航天事业发展的大旗,牵头或参与了"试验卫星一号"、"试验卫星三号"、"新体制雷达"、"载人航天工程"等一批重大工程项目,取得一大批高水平的科研成果,为国家航天事业的发展提供了人才和智力支持。而航天学院也成为哈工大最热门的院系之一。

"生命短暂,一个人一生做不了几件事情,对我来讲,我可能也就是做了3件事。第一件,我培养了一些人才,培养了一些研究生;第二件,我做了一点学问;第三件,我成为全国第一个航天学院的首任院长,为航天事业的发展做出了自己的努力。这算是我一生中3件比较大的事。"杜善义如是说。

在开放交流中谋求发展

科学研究要有国际合作的意识,解放思想,更多地与国际交流,学习本领域前沿的科技,深入到学科发展的核心领域,才会取得跨越式的发展。在杜善义办院思想的指导下,航天学院除了与航天工业部相关院所联合办学,还积极拓展国际交流和国际合作。经过努力,1993年哈工大成为国际宇航大学在亚洲唯一常设分校的依托单位,并多年来一直努力参与这所国际性大学的有关工作与交流活动。

1997年杜善义(右一)到美国讲学时与美国学者在一起交流

举办和参与国际学术会议是同国际前沿技术交流的好方式。2007年、2009年,哈工大先后两次成功举办了国际智能材料和纳米技术学术会议。杜善义担任大会主席并致开幕词。这是该领域中外顶级专家的高水平学术盛会。

国际复合材料大会每两年召开一次,是国际复合材料界学术水平最高、范围最广、影响最大的国际会议。2007年7月9日至7月13日在日本京都召开的第十六届国际复合材料大会上,杜善义院士作为国际复合材料学会唯一一名中国执委,参加了会议执行委员会会议。值得一提的是,大会录用的国内45篇文章中有14篇来自哈工大复合材料与结构研究所,在国内19位参会代表中有10位哈工大复合材料与结构研究所的研究人员,参会代表和被收录文章数均为国内第一。这充分展示了杜善义所领衔的哈工大在国际复合材料界的重要学术地位。2009年在英国爱丁堡召开的第十七届国际复合材料大会上,哈工大复合材料与结构研究所10位研究人员参会,参会代表和被收录文章数也是国内第一。

杜善义(右一)在美国期间指导学生

合作交流是为了提高自己,发展中国的复合材料事业。杜善义表示,复合材料要应用到各种不同的领域,我们当前的任务就是推广复合材料应用到航空航天,应用到国防。而目前复合材料最显著的用途是在航空航天——复合材料能够应付当前飞行器速度越来越高、飞行环境恶劣的环境,具有其他材料无法比拟的轻质化、性能好的特点。

在世界范围内,大型客机早于20世纪70年代初就开始了先进复合材料应用的历史进程。目前中国还不是航空大国,最关键的问题就是我国航空技术落后,碳纤维原料及其复合材料相关技术完全依赖进口,这已成为中国飞机制造业一个亟待突破的瓶颈。大型飞机突出强调安全性、经济性、舒适性和环保性,这些性能上的高要求决定了对复合材料需求的迫切性和必然性。因此,复合材料技术成为大飞机关键技术之一。而在飞机制造业中,复合材料的用量已成为衡量飞行器先进性的重要指标之一。如今杜善义和他的团队正致力于此方面研究:一是先进复合材料在大飞机的应用;二是推广复合材料在国民经济中的应用。

"想达到国际水平,我们还有很长的路要走,需要国家制定一系列的计划。"杜善义表示,"应当举全国之力攻关,通过各高校、研究机构、航空企业的共同努力,力争使我们自己的大飞机达到空中客车A380飞机的水平,复合材料用量要达到25%。"

飞行器结构智能化是未来航空航天器发展的重要趋势,杜善义等人开展了热防护系统和飞行器储箱等热防护与复合材料结构的健康监测、埋形状记忆合金和形状记忆聚合物等主动变形结构研究,为将来的智能飞行器研究奠定了理论基础。

航天领域中,包括导弹、火箭发动机、卫星等所用材料当中,复合材料一直都是首选材料之一。卫星太阳能帆板上除了电源器件,绝大部分都是应用的复合材料。谈及复合材料在航天领域中的应用发展前景广阔,杜善义曾说:"长征火箭的能力是有限的,将来我们要搞第二代、第三代的运载火箭,发射小的空间站、空间实验室,复合材料将会扮演越来越重要的角色。"

"让自己的学生超过自己"

"我大学学的是力学,所以力学界的人认为我是研究力学的;我研究复合材料,也有人认为我是做材料的;还有人认为我是搞航天的。所以,力学界、材料学界、航天界我现在都比较熟悉。"杜善义是一位名副其实的"跨三界"复合之才,而他培养的学生也是复合型人才。

在研究生培养上,杜善义展现了他大胆尝试、理工结合、学科交叉,不将研究限制在某个固定专业上的创新精神。他招的一些研究生,特别是博士生,可以来自不同的专业,有着不同的基础。这样学生之间可以相互交流和学习,一起解决一些在复合材料研制和应用中非常棘手的科学问题。杜善义认为学科交叉是目前科学发展的一个很重要的趋势。

如果说在招收学生方面,杜善义表现出的是不拘一格的魄力,那么在培养学生时,杜善义展现出的则是师长的关爱。

1995年,杜善义肩周炎发作,整个肩膀不能动弹不得不住院治疗,但他依然惦记着自己的学生,不顾肩膀的疼痛在病床上为研究生批改论文,关注学生们的科研进展。上个世纪90年代初社会上流行跳舞,杜善义有个研究生特别喜欢这项活动,因此耽误了课程和科研。一向和蔼可亲的杜善义得知此事之后严厉地批评了这名学生:"如果让我再发现你因为跳舞而影响学业,你就给我退学。"许多年以后,已为人师的这名学生每每谈及此事都会满怀感激之情地说:"多亏了杜先生的当头棒喝。"

杜善义(右二)在复合材料研究所实验室指导研究生

平时,杜善义还会根据学生的特点,因材施教,让他们有更多的机会锻炼自己。学生冷劲松读硕士的时候,大胆地提出智能材料这一研究课题,马上得到杜善义的鼎力支持。杜善义鼓励冷劲松将其付诸实践,并与他合著《智能材料系统和结构》专著。

桃李不言,下自成蹊。杜善义的学生们都称他为"杜先生"。"先生"这一称呼既包含了对杜善义的尊敬,也包含了对他的爱。如今,早已成为长江学者的冷劲松经常说:"杜先生的指导,以及身教言传,使我获益良多。看到70多岁的恩师仍常常在实验室辛勤工作,心里深有感触。"

学生们说,"杜先生"对科研方向有着非常准确的把握。"搞科研的人都知道,一旦方向正确了,发展势头就会很猛"。复合材料的飞速发展就在于"杜先生"对这个研究方向把握的正确,带来了全新的理念。

"我有一个坚定不移的理想,这就是让自己的学生超过自己,只有这样,时代社会才能进步,国家才有希望。"在这种理念的指引下,杜善义团队中的许多学生和年轻教师都成了各个学科的精英,其中国家杰出青年基金获得者3人、长江学者4人、中国青年科技奖2人。要想把这样一群精英团结在一起是很不容易的一件事,但杜善义做到了。

杜善义的学生、如今已是哈工大副校长的韩杰才不无感慨地说:"杜先生提携年轻人是出了名的,作为团队的灵魂,先生一直在努力为年轻人创造舞台,在学术上帮助成长,在做人、做事上做表率。"

杜善义的学生、如今已是航天学院副院长、复合材料与结构研究所所长的赫晓东说:"杜先生把出名得利的事都让给年轻人,凡事不争不抢,与学生在一起既是老师又是朋友。"

所有了解杜善义的人都有这样一个共识:"在荣誉、利益面前,杜先生选择的是后退,他甘愿做学生们的'人梯'"。正是这种精神,让杜善义得到了所有学生的爱戴,也吸引了更多的精英回到祖国为国家做贡献。1998年,冷劲松出国留学,在国外的6年生活学习中,他经常与杜先生通电话,每次打电话探讨完学术上的问题,杜善义通常都会和他说一句"学成之后一定要回国。"2004年冷劲松放弃了国外优越的生活条件,毅然回到祖国。他说:"杜先生在时刻吸引着我,让我无法割舍。"

"科学需要严肃、严谨、严格的工作作风"

"科学本身是一件非常严肃、非常较真的事情,因为科学本身是在追求真理。追求真理,就是科学的准则本身。要去探索一种科学的问题,首先要付出艰苦的努力,然后要有非常严格的态度,要有正确的思维和科学的方法,来发挥你自己的智力因素以及自己为这个目标而奋斗的非智力的因素。"

杜善义强调,科学需要老老实实的工作态度,严肃、严谨、严格的工作作风,不仅要落实在学习、研究中,而且要贯穿在人生之路上,要树立大科学、大实践的观念和意识,要把科学理论应用到工程实践中,研究新事物,解决新问题;要强调群体合作,树立团队精神,这是由现代科学研究、现代化产业发展所决定的。

作为人师,要想给别人一杯水,自己就要先有一桶水,无论做人、做事、做学问都是这样。对待科学必须严格、严肃和严谨,同时还要有辩证唯物的科学方法。这是恩师钱学森的治学精神,杜善义院士将这种科学精神和科学知识一同继承下来,如今又传承给学生们。他亲自定下复合材料与结构研究所的所训"崇德广业,穷理致用",正是对自己、对所里的师生在做人、做事、做学问的要求。

每年邀请他参加的科技成果鉴定会有许许多多,但杜善义每次都认真考虑,不熟悉领域的鉴定会绝不参加,所以每年都要拒绝十几次这样的邀请。"对自己、对他人、对国家都要有认真负责的态度!"杜善义说,许多人在给自己的科研成果鉴定时喜欢请两种人,一种是自己熟悉的专家,另一种就是所谓的名人,就是一些"有名的外行"。找熟悉的人是想顺利一些,这种人在鉴定过程中抹不开面子,不会让自己太难堪;找"有名的外行"是想借个知名度,抬高自己的身价。这些名人确实在某些领域是绝对的专家,但在其他领域可能就是外行了。

"在材料和力学领域我比较熟悉,但在其他许多领域就是外行。所以我坚决拒绝参加任何我不熟悉领域的成果鉴定会。科研工作来不得半点虚假,必须认认真真、踏踏实实,否则后患无穷。任何细小的差错和漏洞,都可能给国家造成上亿元甚至几十亿、几百亿元的损失。"杜善义对自己、对学生都是这样要求的。

在复合材料与结构研究所,从院士到普通教师,历来注重言传身教,敬业奉献已经成为习惯。戴福洪副教授介绍说,如今杜院士的很多学生已经成为复合材料领域知名的专家、学者,受"杜先生"的影响,他们依然在从事科学研究,撰写学术论文中继续保持着"三严"的工作作风。

杜善义曾在全国率先积极倡导实施本科生导师制,他的做人做事做学问教育理念影响了一大批本科生。2008年寒江冰窟勇救落水女童的何晓波、刘峰两位本科生就是所里培养的学生中涌现的典型代表。

对新世纪的大学生,尤其是有从事科研工作意愿的年轻人,杜善义充满了希望。他认为,教学相长真正是教学的规律,学生既是学习者,又是科研工作、科研创新的主力军,新世纪要求大学生必须成为推动社会变革、社会进步的力量,必须具备迎接挑战的素质,同时要有扎实的基础、"三严"的作风、开放的思路,要能组织其他人共同合作。杜善义在多次谈话中均表示,希望青年一代适应新世纪科技的飞速发展,参与全球化的竞争与合作,勇敢地迎接新技术的挑战。

关注社会 成就科学生活

全国人大代表杜善义院士（左一）
出席两会后在机场接受采访

作为国际知名的力学和复合材料领域专家，杜善义院士在科学研究上取得了很大成就。不仅如此，他还肩负着第十届、十一届全国人大代表的重任。人大代表的这份责任与担子，让杜善义把目光投向了更为广阔的社会。他曾在两会上呼吁，要纠正办大学贪求"大而全"的发展倾向，警惕高等教育界的"政绩工程"；我国资源浪费较严重，建议在经济建设成果评价体系中突出考核能源消耗……

正如他自己所言："作为全国人大代表，我应该为高等教育以及学校的发展，尤其在科技创新方面，为黑龙江省的发展贡献自己的力量。作为全国人大代表，我也将一如既往地关注农村教育发展，为广大老百姓说话。"

杜善义一直喜欢接触青年学生，尤其关心本科生的成长与发展，只要有时间，他就会走进他们中间，跟大家交流，为大家作报告。即便没时间，他也要挤出时间走到学生中去。几乎每年，杜院士都为学生作几场报告。他经常勉励同学们要学好"221"，即两种语言(数学和物理)、两种工具(英语和计算机)、一个融合。杜善义用自己在美国求学期间的经历和自己培养研究生的经验告诉大家，做学问就要做好这个"221工程"。

热衷公益活动也是杜善义的一大特点，2008年11月底他做客央视"大家"栏目系列电视节目"大师讲科普"，为公众解读同人类发展息息相关的材料，深入浅出地讲述了信息、能源、生物、环境友好、复合材料等新材料对世界发展所产生的影响。节目播出后受到公众的广泛欢迎。

生活中的杜善义热情奔放，喜爱文体活动，对体育运动虽不擅长却喜欢观看，尤其钟情拳击节目。究其原因，还是和科研有关。杜善义说拳击本身并不是力量第一，它从战术上也得有创新，光凭力气这一点也是不行的。另外，体育是个较真的东西，需要真功夫，不能有一点假的，否则不能长久，做科学研究也是这样，没有基础理论和方法，科研攀高峰是不可能的。

在杜善义看来，生活与科学密不可分，冥思苦想不可得的时候，由科学转入生活，让精神放松一下反而很可能会有创新的想法。"钱学森念书的时候吹黑管，爱因斯坦喜欢拉小提琴。"他还举了自己在美国用计算机做科学研究的例子，"有时候，一下卡住了，我就去大学旁边的电影院看电影，边看电影，边想问题，问题想好了，我马上回到计算机室再去做、再去算。"

正如本文开头所说的那样，杜善义喜欢散步。平时累了，他就找时间和妻子出去散散步，偶尔有闲暇的时候就陪她逛逛商场。妻子是个节俭的人，即使看中了喜欢的衣服也舍不得买，常常是杜善义"自作主张"买下来。牵着妻子的手，杜善义体会到的不仅是"执子之手，与子偕老"的幸

杜善义院士（前排左三）在央视"大师讲科普"节目后与学生、主持人合影

福,更是妻子几十年来为他的付出和奉献。

"老当益壮,宁移白首之心;穷且益坚,不坠青云之志。"面对高负荷的工作,杜善义始终精神矍铄、劲头十足。良好的心态和对事业的热爱,让他总保持着那股"精气神"。如今中国航天事业方兴未艾,先进复合材料在我国航天航空领域已经得到了全面应用,其中也凝聚着杜善义和他的研究队伍的成果。作为开拓者,作为哈工大航天学院首任院长,杜善义深感欣慰。他表示,今后将在教师这个岗位上,为祖国的航天事业培养、输送更多的优秀人才,不断推进复合材料事业向前发展。

杜善义简介　1938年8月20日出生于辽宁省大连市,中共党员。1964年毕业于中国科学技术大学近代力学系。飞行器结构力学和复合材料专家,现为哈尔滨工业大学教授、博士生导师。历任教研室主任,复合材料与结构研究所所长,航天学院院长,哈工大副校长等职。现为全国人大代表(第十届、第十一届)。

杜善义长期致力于固体力学、复合材料和飞行器结构等方面的教学和科研工作,多次荣获国家科技进步奖等国家、省部级奖,并获全国模范教师和优秀教师称号。1999年杜善义当选为中国工程院院士。

何钟怡教授

在学生眼中,他是温文尔雅、充满神奇魅力的谦谦师者;
在领导眼中,他是运筹帷幄、具有战略眼光的敏锐智者;
在同事眼中,他是无私寄望、乐于提携后辈的和善达者;
在夫人眼中,他是乐观平和、善于发现快乐的"普通人"。
他就是全国模范教师、哈工大市政学院何钟怡教授。
请跟随记者的脚步,
一起走近何钟怡教授,
一起去寻访这位师者——智者——达者——"普通人"……

"我"眼中的全国模范教师何钟怡

□ 张妍

很久以来,校园里一直流传着一个"神话"——传说二校区有位老先生的课堂总是挤满了人,据说来听课的不仅包括老先生专业的学生,还有哈工大各个专业、各个校区的师生,甚至还有其他学校的学生和老师……

一直以为那是个被神化的传闻,什么样的课堂会吸引那么多的人?况且还能吸引不同专业的学生甚至教授去听?直到有一天,当接到采访全国模范教师、市政学院何钟怡教授的采访任务后,在翻阅与何钟怡相关的资料时偶然发现,原来传说中的那位老先生就是何钟怡老师。不同专业,甚至不同学校的学生在网上的对话和留言令我对这个传闻产生了一探究竟的好奇心。

学生眼中的师者——何钟怡

带着好奇与疑问,开始了对种种留言和传闻的阅读和考证。随着对大量网上信息和留言的阅读,开始时的好奇与疑问渐渐地转变成了惊叹与感动。

何钟怡教授为同学们作讲座

在一条条或短或长的留言中,一位令人尊敬、令人感动的师者模范的形象已俨然浮现于眼前。尽管从未见过何钟怡本人,更未曾聆听那"可以不选,不可不听"的"实验的理论基础"课,但已开始想象那位老先生的师者风范和在课堂上的神奇魅力。索性,就着笔于他最钟爱的学生们眼中的"师者印象"。

印象一:

"下午1:30分,距离上课还有15分钟,能容纳200多人的教室几乎座无虚席。

1:40分,人还在源源不断地进入教室……

1:45分,一位老先生准时出现在教室。他两鬓斑白,但精神矍铄;他目光犀利,但面带微笑;他不时咳嗽,但声音洪亮。他一开口,偌大的教室瞬间鸦雀无声。

伴随着老先生循循善诱的思路,下面的同学自然而然地回应着。环顾左右,可以感觉到所有的人都在用心去聆听。"

印象二:

"我的老师、老师的老师,还有众多的师兄师姐都反复强调着何钟怡先生的人格魅力和课堂风范，不止一人、不止一次地对我说，何老师的课可以不选，但不能不听。面对着种种神乎其神的传说，我甚至有点不信了。但当我有幸听了他的课，我真的彻底折服了，那是大师级的讲解！这哪里是讲课，简直就是在介绍科学史，以精炼的语言总结人类思想的精华。老先生旁征博引，无所不至，一个小小公式的幕后、来历、发展乃至在物理、数学、水利、电学、机械、电磁等各领域的应用和发展，都从他的口中娓娓道来、如数家珍。如此的信手拈来、脱口即出，枯燥的公式和推导再也不是令人头疼的晦涩记忆，而是伴随着科学发展史的历史篇章，从这里仿佛就可以看到一代代科学家前赴后继、继承发展科学的全部过程。"

1990年何钟怡从教30年纪念留影

印象三：

"何老师温文尔雅、待人礼貌。有一次我刚到教室，正好遇到老师站在门口，我急匆匆地喊了声何老师。老师微笑着对我说：请进。就因为这句话，让我本来急躁的心情一下子平静下来，一堂愉快的课程开始了。还有一次，在课堂上，何钟怡教授胸前的麦克风突然没电了，他请一位学生去取麦克风的电池。他对那位同学说——课后请你留下来，我把你没听到的那部分补上。"

印象四：

"'实验的理论基础'课这门课理论性极强，而且没有教材可供参考，所讲知识是何老师根据自己的工作经验，再加上多年的阅历总结出来的，所以课上讲的知识涉及面很广，我觉得对每一个哈工大的学生都有很好的指导作用，听懂一些，就能收获一些。虽然老师将自己的课形容为只有少片绿洲的沙漠，但是老师幽默机智的讲课风格还是能引起同学们的阵阵欢笑声，课堂气氛非常愉快。"

学生极高的评价和彼此间不留姓名的交流令我对老先生的师者风范坚信不已,并且深受感动。于是,带着这份感动开始了对何钟怡的深入采访。既然一届又一届的学生都对何钟怡有如此高的评价,那么,何钟怡身边的人又会怎样评价这位在学生中口碑极高的老先生呢?于是决定走近何钟怡工作和生活的世界,第一站当然是何钟怡所在的院系——市政环境工程学院。

学院领导眼中的智者——何钟怡

市政学院党委书记袁一星是何钟怡曾经的学生、后来的同事,现在学院是何钟怡的领导。袁一星跟随何钟怡学习、与何钟怡共事多年,而且经常与何钟怡一起探讨专业建设和学院发展问题。于是,袁一星自然成了我的采访对象之一。

何钟怡任哈尔滨建筑工程学院院长期间在大会上讲话

联系采访袁一星颇费了一番周折。因为学院工作十分繁忙,袁一星经常开会、出差。但当我第一次打通袁一星的电话并说明了采访目的时,他很痛快地就答应了。

次日,在学院党委书记办公室,我见到了袁一星,受到了热情的接待。一见面,袁一星的话就令我十分惊讶:"昨天晚上我特意加班,准备了一下接受你今天的采访,因为跟何老师非常熟悉,想说的话很多。"惊讶的是,虽然做记者的时间不长,但还从未遇到过采访者为了接受我的采访而特意加班做精心准备的情况。就这样,带着一份惊讶和感激开始了愉快的采访。

"要说何老师,我有一肚子的话。和何老师共事这么多年,他的很多事我都很了解,他做的很多小事都让我感动。何老师在讲台上的魅力不用我多说,就从课堂上学生听课的状态就一目了然了。但我今天主要想谈谈何老师不为人所熟知的一些事情。"

于是,袁一星开始给我讲起了他眼中的何钟怡。作为学院的领导,袁一星眼中的何钟怡不但是一位传道授业的师者,更是一位具有战略眼光和敏锐洞察力的智者。

在2000年合校以前,何钟怡曾任哈建大的校长。也许正是这样的经历,使何钟怡具有袁一星眼中的智者本色——把握学科建设的方向,对学院和学校的发展、决策发挥了重要的作用。这首先体现在何钟怡引领、决策和推动"大事"的能力上。何钟怡从教近半个世纪,担任过领导职务,又曾在哈佛大学进修,见多识广,因此在很多重大问题上具有战略性的眼光和决断能力。

何钟怡博览群书,知识面极广又善于思考,活学活用,总是能从纷繁复杂中凝炼出问题的关键和焦点。这一点袁一星深有感触。

何钟怡患有哮喘病,因为坚持上课不肯到医院治疗,哮喘越来越严重。即使是在这样的情况下,何钟怡也会戴着口罩到院里参加学科研讨会,因为他始终放不下专业和学科的未来定位与发展。有段时间,何钟怡的病严重到即使戴着口罩也不能出门的时候,他就打电话邀请袁一星书记和任南琪院长到他的家里与他们探讨学院和专业的建设。

"何老师业务水平高,威信也高,但是他的办公室和家里都是最简单的。在何老师担任副校长时,我们院的一位老师还遇见过何老师大热天到北京出差时还在挤公交车。"袁一星随意提起的一件件小事让我对这位书记眼中的智者更添了一份敬意。"何老师除了上课,考虑最多的就是学科、专业乃至全院发展的大事,他虽然已经进入古稀之年,但思想却很超前,经常介绍国外先进的办学经验给我们。所以,很多生活细节上的小事他根本顾不上。"

何钟怡当年是从助教破格提升为副教授、后又破格提升为教授的,多年来由于其深厚的学术造诣和谦和的处事之道获得了很多的荣誉和头衔,即使从领导岗位上退下来后享受的仍是局级待遇,但身边所有人在这位令人尊重和敬佩的老先生的身上却完全看不到一点特殊,反倒是更添了一种平和与从容。

同事眼中的达者——何钟怡

在对袁一星的采访中,他多次提到了何钟怡的学生伍悦滨教授,因为伍悦滨是何钟怡亲自带出来的学生,后又与何钟怡同在流体力学教研室任教,成为何钟怡的同事。20年来,伍悦滨成为与何钟怡接触最多、最了解何钟怡的人之一。

见到伍悦滨是在一个阳光明媚的午后。明亮的办公室里,刚刚要开始的采访突然被一个电话打断。伍悦滨一再抱歉,因为事情紧急需要临时处理,不得不让我在办公室等候。于是,独自一人在办公室里等待伍悦滨回来。

一个小时后,伍悦滨风尘仆仆地赶了回来。虽然伍悦滨对临时的变故十分抱歉,但是接下来愉快的谈话令我感觉即使再多等一个小时也是值得的。因为伍悦滨充满感情地讲述让我对何钟怡有了更深入的了解,也让我有机

90年代何钟怡(右)在流变学实验室

全国模范教师何钟怡教授

获"全国模范教师"称号的何钟怡（左一）
在学校表彰大会上接受孙和义副校长献花

会将采访中的种种感动和心情与读者分享，让我们更加立体地认识这位令人尊敬的师者模范。

"说起何老师，最令人难忘、也是最让我佩服的就是他的人格魅力。"伍悦滨的话让我有些意外，原本以为作为同事和学生，伍悦滨会首先提到何钟怡在学术上的成就，但她接下来的话很快解除了我的疑问："何老师在学术上的成就尤其是在课堂上的魅力早已闻名全校，但是很多学生和老师并不了解讲台下的何老师。走下讲台的何老师是一位十分善解人意、善良乐观的老先生，与何老师谈话总有一种如沐春风的感觉。"

显然，伍悦滨比我们幸运得多，她不但多次感受何钟怡在讲台上的妙语连珠，更重要的是她领略过何钟怡在讲台下的达者风范。伴随着伍悦滨的娓娓道来，越来越感觉到不虚此行。

"何老师非常善于理解和体谅别人，从他嘴里从来听不到对任何人的微词，因为他总是能够站在对方的立场上为他人考虑，即使是学生没有掌握本该掌握的知识，他也总是和颜悦色，从不训斥学生。"也正是因为了解何钟怡的这个特点，很多学生甚至是其他专业的学生也会经常向何钟怡请教问题。对于学生的请教，何钟怡不论多忙，都会安排时间当面解答，不厌其烦。有的博士生在论文中遇到不能解决的问题，何钟怡就会回去查阅资料，认真研究，寻找解决方案，再约求教的学生，当面讲解，直到学生茅塞顿开。何钟怡最常说的一句话就是："学生不明白永远都不是学生的事,而是老师没讲明白。"所以,无论学生提出什么问题,甚至是非常简单的问题,何钟怡也总会一遍一遍地讲解,直到学生完全听懂。

对于青年教师,何钟怡也是关爱有加。为了帮助青年教师尽快成长,何钟怡甘愿做他们身后默默的支持者和牺牲者。很多何钟怡与青年教师合作完成的论文,从论文框架、基本思路和关键数据都是何钟怡提出和完成的,但是,每次发表论文,他总是要求把自己的名字署在最后。而对于青年教师在科研中和讲课上遇到的难题,何钟怡总是倾其所有,用自己深厚的学术功底和多年的经验去帮助他们克服困难。何钟怡在聘岗、评选先进时总是把机会让给年轻人,就算是评上全国模范教师,也是在学校和院领导的一再要求下,院领导以"服从学校安排,为学校和专业发展大局考虑"为理由才使何钟怡同意申报的。

多年来,由于"实验的理论基础"这门课其理论性极强,授课难度大,一直没有其他授课老师。考虑到学科发展需要,何钟怡就主动找到伍悦滨,鼓励她承担起该课程的教学任务,并且把自己多年来的备课资料、授课心得和经验毫无保留地传授给了伍悦滨。"我经常跟何老师求教如何把这门课讲好,有时讨论得忘了时间,但是何老师每次都会很认真、耐心地解答我的疑问。看得出,他是真心希望把自己的经验传给我。"伍悦滨语重心长地说。

何钟怡(中)在博士答辩会上

夫人眼中的"普通人"——何钟怡

在对伍悦滨的采访中,我得知何钟怡的夫人邹平华教授也是市政学院的教师。因此,在结束了与伍悦滨愉快的谈话后,我走进了邹平华的办公室。得知要对何钟怡进行报道,邹平华迟疑了一下:"你也许不了解,老何是个不喜欢宣传自己的人,所以我想他可能不会接受采访。"在说明了此次采访报道是为了教育全校师生而非特意宣传个人时,邹平华才同意与我聊聊生活中的何钟怡。

出乎我的意料,何钟怡这位令全校师生称道、曾在中南

20世纪80年代初,何钟怡在哈佛大学图书馆

海受到胡锦涛主席亲切接见的全国模范教师在夫人的眼中就是个"普通人"。邹平华笑着说:"其实,老何就是一个踏踏实实做学问、认认真真教书的普通人,生活中他很简朴,对生活的要求也很简单。对于头上的那些光环,他并不在意。"虽然出生于十分富裕的家庭,从小受到良好的教育,后又曾到哈佛大学进修,众多头衔与荣誉集于一身,但是何钟怡却始终保持着一颗平常心,永远是那么谦虚、那么平和。

何钟怡1937年出生于天津,1959年从哈工大毕业后就留校当了"小老师",1960年转为哈工大的正式教师。从此,何钟怡在哈工大的讲台上送走了一批又一批的学生。近半个世纪过去了,何钟怡却仍站在那个三尺讲台上。"其实,他有很多次机会可以到更好的岗位去工作,在哈佛时因为表现出色曾多次被挽留,但是那个时候哈工大正处于发展期,

他就下决心要把自己学到的知识回馈母校,所以不顾导师的挽留回到学校任教。后来,水利部和北京的一些高校也多次打算调他去工作,但他就是舍不得哈工大。"邹平华说。其实,何钟怡的父母和姐姐、妹妹都在北京,何钟怡是家里的独生子,父母多次要求他调回北京工作,但他却怎么也舍不下母校,离不开哈工大的讲台。

在与邹平华的交流中,我意外地得知,虽然何钟怡上课从不看讲义,但每次上课前却都要花很长的时间查阅资料、准备讲稿。原以为像何钟怡这样的老先生,是可以用"炉火纯青"来形容其在课堂上的风范的大家,根本不需过多准备,因为所有的内容早已烂熟于心。但是,何钟怡却不满足于把课讲好,他把上课当成一种艺术,他要让学生在听懂课堂内容的同时产生对知识本身的兴趣和热爱。因此,即使是上了无数遍的课,何钟怡每次课前也都要做认真的准备。听过何钟怡课的人总会再次走进他的课堂,正如伍悦滨所说的那样——何钟怡的课是常听常新的。

备课和给学生答疑占用了何钟怡的大部分时间,但是何钟怡在家里还总是为了很多其他的事忙到深夜:搜集和查阅国内外最先进的办学理念和经验提供给学校和学院领导作参考;帮助一些专业的研究生和博士生修改论文;为多种学术杂志审稿;准备参加各种会议的发言资料;准备给学生作学术报告……

尽管各种纷繁芜杂的事情让何钟怡的时间总是显得比别人少,但他却是个非常讲究生活品质和乐趣的人。他喜欢文学、历史、天文,还经常与夫人一起谈论交响乐和国画。生活中的何钟怡乐观平和,总是让身边的人心情愉悦。"虽然很忙,但他每天都乐呵呵的,不管遇到多难的事,他总是能非常冷静、平和地处理,从来不抱怨什么。"听着邹平华简单而平和地描述,仿佛看见了一位温和儒雅的老先生,一个乐观、快乐的"普通人";而这个夫人眼中的"普通人",却又让我们感觉到他不同于常人的"不普通"之处。因为在这简单而普通的生活中,他又在用他深厚的学术造诣帮助着年轻人,用他高尚的人格魅力感染着身边的人。

全国模范教师何钟怡教授

记者手札

这是一次很特殊的采访,听到了来自学生、领导、同事和夫人的种种描述,却始终未能见到何钟怡本人。尽管如此,仍然深刻地感受到何钟怡的人格魅力和在大家心目中的美好形象。

见到何钟怡是在北京。这次到北京何钟怡是专门去治疗哮喘的。其实很长时间以来,何钟怡的哮喘病都很严重,早该治疗。只是因为放不下课堂和专业的事一直不肯接受治疗。今年暑假,家人终于做通了何钟怡的工作。

带着对何钟怡的尊重和敬仰,几经周折,终于在北京朝阳区的一座老房子里见到了何钟怡。那是一间陈旧的旧式楼房,合厨,房间里只有床和书柜,活动范围不足3平方米。书柜是整个房间最显眼的摆设,上面摆满了力学、物理、能源、市政等诸多领域的中文、英文和俄文的参考书。即使是这样一间陈旧而狭小的房间,也是父母留下的。作为一位全国模范教师、享受局级待遇的教授,何钟怡住的并不是我想象中的豪宅。

当得知我要写关于他的人物专访时,何钟怡谦虚地说:"母校给我的恩惠太多了,我已经是年过古稀的人了,只是做了本分,所以不要再宣传我个人了。"在我的一再要求下,出于服从学校和组织安排的考虑,何钟怡接受了我的采访。

采访中,何钟怡反复在说着一个词——惭愧。想起学生的好、想起学校给予的荣誉,何钟

在迎接哈工大90周年校庆之时,何钟怡在"90名家讲坛"讲座后与学生在一起

怡总会有一种"汗流浃背"的感觉。尽管老先生十分谦虚,但是我想,对于这位一辈子钟情于教书、一心只为学生着想的老教授来说,即使再多的赞誉和荣耀都是当之无愧的。这位近50载如一日,深深扎根于三尺讲台的老教授,这位用渊博的知识熏陶学生、用高尚的人格感染学生的老先生教给我们的一切是我们永远学之不尽的。

面对学生们的评价,何钟怡动情地说:"感谢大家对我的厚爱。这让我又回想起了我的学生时代。1955年我考入哈工大,我的力学老师王光远院士、黄文虎院士、张泽华教授、赵九江教授和已故的干光瑜教授、朱德懋教授,他们对我的教诲和影响,我毕生难忘。他们授课极其认真,从不看讲稿,犹如行云流水,行其当行,止其当止。"何钟怡回忆道:"1959年,我也成为哈工大的一名'小教师',当时我就对自己说,要像自己的老师们一样,做到讲课时不看讲稿,挥洒自如。值得欣慰的是,在近50年的讲课生涯中,我从未违背过自己的这一诺言。实际上,我所做的只是继承了哈工大的教学传统。"

翻看何钟怡的简历,1980年,他就曾荣获"黑龙江省劳动模范"称号。28年过去了,当他已当选全国模范教师、当我们再次讲述他的感人故事时,我们发现,他的热情和执著,他的爱心和微笑,一如既往。在变与不变之中,我们看到了一种永恒的东西在闪光,那就是像爱子女一样爱学生,像爱生命一样爱事业。

何钟怡简介 1937年7月生于天津,中共党员,哈尔滨工业大学市政环境工程学院教授、博士生导师。1955年进入哈尔滨工业大学土木系学习,1960年毕业,1978年由助教破格评为副教授,1981年公派到美国哈佛大学学习,曾任哈尔滨建筑工程学院院长。他曾获黑龙江省科学大会先进工作者、黑龙江省劳动模范、国家级中青年有突出贡献专家、全国模范教师等称号。何钟怡教授长期从事流体力学教学和研究工作,取得多项有意义的成果。他在国际上首先测出了高分子减阻液近壁能谱,提出了基于大分子动力耦合的减阻理论。近年来主要从事湍流数值模拟、超空泡水动力学及微重力流等方面的研究工作。

唐朔飞教授

　　一支粉笔，写下岁月的流痕；一方讲台，刻下经年的足迹；一盏烛光，照亮伏案的背影……学生们说，她是慈母，是良师，是益友；她自己说：因为爱，所以乐业，所以执著，所以无悔。传道、授业、解惑……45年从教生涯，她把最美好的青春年华都奉献给了教书育人的光辉事业。当青丝变成白发，她依然神采飞扬地行走于她钟爱的学生中间。老去的是岁月，不老的是一颗永远爱教育、爱学生的心——她用一生的追求，谱写桃李与春风的故事，演绎春蚕与蜡炬的传说，诉说一位师者的梦想与情怀。

一生钟情育桃李
——记全国模范教师、国家级教学名师唐朔飞教授

□ 刘培香

"我们最愿意听唐老师讲课,她讲课自成体系,条理清晰,举重若轻,声情并茂……一个很难懂的问题,经她一启发,一比喻,就形象化了,我们顿然都明白了,而且记得特别扎实,不会忘记……她对所有同学一视同仁,用慈母般的爱心关心学生。"在采访全国模范教师、国家级教学名师、计算机学院唐朔飞教授的过程中,许多同学发自内心的话语深深感动着笔者。一位同学在"毕业学生对教学质量的评价"中这样描述唐朔飞教授:她和蔼、可亲、可敬;她严谨的教学、周密的思考、细致的讲解和生动的比喻,常常在我们心中引起共鸣。

从教45年,唐朔飞在哈工大的三尺讲台上辛勤耕耘了45年,她把对学生的爱深深融进了教育事业,融进了课堂。她常说:"我是一个幸运者,选择了教师的职业,也赶上了一个好时代,我以身边那些聪明可爱的学生为骄傲,我的生命也因为有了他们而更加有意义。"

传道、授业、解惑,在与学生相关的每个方面,唐朔飞都是无微不至。兢兢业业、认真负责、严谨治学构成了她教育生涯一道亮丽的风景线。

传道：爱学生胜过爱自己

唐朔飞1941年生于香港，抗日胜利后随父母回上海，1959年毕业于上海市第三女子中学，考入哈工大计算机专业。1964年大学毕业后，她放弃了回上海工作的机会，拒绝了亲友们劝她回上海团聚的要求，毅然留在母校任教，开始了她为之辛勤奋斗的教育生涯。

多年来，唐朔飞以她对学生的爱心和耐心，始终如一地站在教学第一线。她对所有学生都一视同仁，维护学生的自尊心，手把手地教，一

1964年唐朔飞（前排右二）随哈工大实习队在上海

字一句地讲。不论什么时候，学生都可以拨打电话找她解决问题。她经常放弃休息时间，给学生补课，将备课查资料等工作都放在晚上的时间来做。她患有腰椎间盘突出症，病情严重的时候，为了给学生上课，她常常扶着墙艰难地一步步走上教学楼的楼梯，每上完一层，都要在平台上休息一会。即使这样，她也总是准时出现在学生们面前。有的学生含着眼泪给她搬来一把椅子，请她坐下讲课。而她却说：因为我是老师，我一定要站在讲台上，这是我的责任，坐下讲后边的学生听不清，会影响学习效果的。

唐朔飞的课，常常是偌大的教室里面座无虚席，甚至连过道里都站满了人。曾经站着听过唐朔飞课的计算机学院毕业生陈晓淳说：无论什么时候，无论多么劳累，站在讲台上的唐老师总是那么神采奕奕。唐老师个头不高，也很瘦，典型的江南气质，可她的身体里却仿佛有着惊人的能量，即使不用麦克风，她的声音也能穿透整个教室，清晰地到达最后一排的学生那里。

曾被评为校"十佳三育人"标兵的唐朔飞认为，在课堂上，不仅要向

学生传授知识,还要将培养学生的能力和提高学生的素质融入课堂教学之中。教师的一言一行、一举一动、一点一滴,教师的学识眼界、思维方式、品格风范,都会默默地影响学生的心理、情感和个性,影响着他们思想品格的修养和全面素质的提高。

她就是这样处处为学生着想,用一颗博大的慈母般的爱心呵护着每一个学生,默默地无私地奉献着真诚的爱。她爱事业、爱学生,乐在其中。当爱有了回报的时候,当学生们衷心祝福她的时候,她总是会心一笑。

唐朔飞教授在上课

她觉得教书育人是一件任重道远、其乐无穷的事业,既然选择了它,对学生就应该要有无私的爱心和高度的责任心,为培养学生所付出的一切,都是义不容辞的神圣责任和义务。

2001级学生王赫说:"唐老师课前充分细致的准备,课上一丝不苟的讲解,课后耐心的解答,似乎都化成一种动力,催促着我们努力学习,叮嘱我们不能懈怠。我愿意上唐老师的课,因为在接受知识的同时,让我感受到她那颗慈母般爱学生、爱教育的心。"

唐朔飞说,教师的职业是神圣的。家长把孩子的未来托付给你,社会把孩子的成长寄托于你,你必须用自己的心来点燃学生的心,用自己的脑武装学生的脑,用自己的爱赢得学生的爱。"作为一名教师,我深深感到自己最大的欣慰和欢乐莫过于学生的点滴成长。虽然我已年过花甲,颇感劳累,但我对教师的职业依然无怨无悔。如果人生真有来世的话,下辈子我还将选择这神圣的职业——教师,为民族千秋万代的发展做些添砖加瓦、架桥铺路的工作。"回忆自己教书育人的点点滴滴,唐朔飞充满深情。

计算机学院祁钰同学毕业设计的指导教师就是唐朔飞。"当时我还暗暗抱怨怎么会遇到以'严格'著称的唐老师。我想她的严格肯定会让我的日子不好过。同时我也幻想,如此著名的老师,也许会不屑于关注我这么一个平凡的本科生。可事实不是这样,毕业设计的日子虽然'严格'相伴,但却是一种严格的'温馨'。"

祁钰说,唐老师要求他每周去见她一次。每个星期三的上午,唐老师总是亲自到实验室找他,风雨无阻,一次也没有间断。"唐老师如果发现我没有去,就会准时打电话找我。现在想来,如果没有这样的'严格',我的毕业答辩不会如此顺利,而我对于学习的理解也仅仅会停留在很低的层次。"唐朔飞非常细致地为祁钰修改论文,从内容到标点,一坐就是几个小时。"没想到一位如此著名的老师会花这么多心思在我身上,感动之余,无话可说。特别是我从其他同学那里了解到唐老师那段时间非常忙碌、非常疲劳的时候,我不禁想起她伏案为我修改论文的样子,心中不免一阵悔意。恨自己为何不多花一些心思好好做毕业设计,恨自己为何忍心让唐老师如此辛劳。然而往事已过,我能做的只是不断提醒自己不要

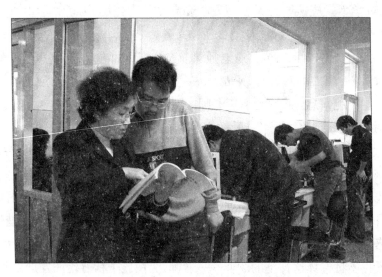

唐朔飞教授(左一)在实验室指导学生

粗心不要偷懒,以此来报答唐老师的教诲。"祁钰后来在回忆文章中这样写道。

而今,年过花甲的唐朔飞依然精神矍铄地站在讲台上,依然戴着花镜挑灯夜战,依然坚持亲自为学生批改作业。从无微不至地耐心传授学科知识,到培养学生形成严谨的治学态度,再到细细讲述深刻的人生哲理,字字句句,感人肺腑;言之凿凿,爱之切切。

"唐朔飞老师的课,不仅是我们学习科学知识的时候,更是我们学习治学、学习做人的宝贵机会。这里我们可以深深地感受到我们亲爱的老师们的可敬之处——对自己的工作、对学生的前途、对祖国的教育事业的责任心堪与日月同辉。"

"课上,唐老师是位极负责任的严师;课下,她却更像是位和蔼可亲、循循善诱的慈母。在唐老师身上,我们不仅学到了知识,更学会了怎样做人。虽然她并没有跟我们讲过什么大道理,但她的一言一行、一举一动无形中教会我们认认真真做事、踏踏实实做人的道理,也使我们感受到什么叫人格魅力、大师风范。"

许多学生在学校评教中为唐朔飞教授写下这样深情的评语。

"她的无私奉献我们看在眼里,她的不求回报我们记在心里,她用毕生的青春和热血为我们筑起了一道知识的长城。她甘于当人梯,用微笑的坚韧让学生踩着肩膀奔向新的征程;她勤如春蚕,用青春和汗水织出了美丽的绸缎;她就像一支支蜡烛,用百分之百的热情燃烧自己给后人带来光明。"在计算机学院的一次征文中,唐朔飞的学生迟秀伟为自己的老师写下了这样一段美丽的文字,字里行间流动着的,是一份如文字一样美丽而深沉的敬仰和感动。

授业:台上一分钟,台下十年功

几十年寒暑不断,几十年如一日,唐朔飞在教育这片热土上谱写着自己人生的乐章。从1978年至今,她给29届计算机专业5 000余名学生讲授专业基础课"计算机组成原理",为非计算机专业近千名学生开设公

精神的力量 ★

共课"计算机组成技术"。听过她的课,学生们都会情不自禁竖起大拇指,赞不绝口,他们说"听唐老师的课是一种享受"。

万玉奇同学说:"唐老师讲课细致入微,条理清晰,因此课堂上满教室的人都静静地聆听。在讲授知识时,唐老师都是由浅入深,待学完一定章节后再总结回顾,使同学们对知识又有了一个整体的把握。而且唐老师讲课图文并茂,形象生动地表现了计算机内部的工作机理。从课堂上我们学到了知识,从她敬业的精神中我们学到了做人的道理,唐老师的课程将使我们终生受益。"

唐朔飞教授在大教室授课

在给76、77级学生上"计算机组成原理"课时,国内还没有合适的教材,唐朔飞就以美国华盛顿大学教材的翻译稿为版本,独立编写了校内教材,用蜡纸刻印成讲义,发给学生。到了1987年,她摆脱了以某一机型为例的编写方式,突出了数据、指令信息在计算机内的传递、加工、处理过程,独立编写了《电子数字计算机原理》(由哈工大出版社出版,1992年获黑龙江省优秀教材二等奖,共印刷8次,43 000册)。2000年,她又结合国内外最新技术,采用自顶向下、由表及里、层层细化的体系结构,独立编著了面向21世纪课程教材《计算机组成原理》(由高等教育出版社出版,2002年获全国普通高校优秀教材二等奖,发行量超过215 000册)。2008年,她又独立编著了"十一五"规划教材《计算机组成原理(第二版)》(含配套课件),由高等教育出版社出版,至2009年9月已印刷5次共90 000余册。

每一次教材内容的变更都与国内外计算机学科的最新发展紧密相

连,每一本教材内容的编写都倾注了她无数的心血。唐朔飞还制作了配套的多媒体课件,突出了教材的重点和难点,并通过动画显示信息的流动过程,生动形象地了解各种电路的工作原理和设计思路,更有助于学生当堂消化吸收理解掌握课程内容。2004年,高等教育出版社出版了与教材配套的电子课件(光盘)。同年,以该教材为核心的计算机原理课程被评为黑龙江省精品课程。2005年,计算机组成原理课程被评为国家级精品课程。

唐朔飞始终坚持"教"与"学"的结合,以学生为中心,不断探索新的教学方法。为了帮助学生更好地学习计算机组成原理课程,她独立编著了《计算机组成原理习题集》,1995年由电子工业出版社出版。她与别人合作完成的《计算机组成原理试题库》,提供手工、半自动和全自动3种组卷方法,组出的试卷格式为标准的试卷形式,试卷与答案对应配套。该题库1994年通过国家教委主持的鉴定,填补了我国计算机原理教学CAI的一项空白,1997年获全国高校优秀计算机辅助教学二等奖及全国高校工科CAI教学软件一等奖。为激发学生课余学习的兴趣以及"自检"对知识的理解和掌握程度,2005年9月,她编著的与主教材《计算机组成原理》配套的《计算机组成原理——学习指导与习题解答》辅助教材由高等教育出版社出版(至今已印刷10次,共36 000册),使学生在课程中遇到的重点和难点得以化解,达到了"自检"学习的效果,从而也建立了"教材——习题集——试题库"一整套计算机原理的教学体系。

"唐老师总是尽量站在学生的角度去努力寻找最佳的讲课方式。她的课程从计算机组成原理的一些最基本问题入手,同时又穿插一些当前的热点问题,课前准备极为充分、详细,甚至会一个字眼、一个字眼地斟酌。唐老师谦虚严谨的工作态度也深深地感染了我,将成为我今后做人和做学问的宝贵财富。"隋秀峰同学说。

为了清楚地知道学生们的想法,唐朔飞经常开夜车制订各种教学的方案。她强调"引导"和"启发",常在课堂上先设下疑惑,留下悬念,提出问题,激发学生学习的兴趣和探索的欲望,引导学生主动去思考。她在课堂教学上采用多媒体教案,进一步丰富课堂内容,加强了教师和学生的互动,提高了学生的学习兴趣和学习效果。为了改变过去老师强灌、学生强记的被动状态,使学生处于主动地位,唐朔飞建立了全方位的计算机组成原理教学网站,为学生提供了教学大纲、教学设计、学习指导、习题精选、学生互动论坛等。

中国科技大学陈国良院士曾经这样评价唐朔飞编著的面向21世纪教材《计算机组成原理》——"克服了国内以往同类教材内容陈旧、描述僵化、书写雷同的弊端,是一本体系上有创新的教材。唐教授的教材、电子教案、辅导教材、试题库、教学网站,为全方位课程建设做了大量工作。"

教师的工作是十分平凡的,但其付出却是难以估量的。在大学里,每个50分钟的课堂教学是师生最重要的互动平台。结合不同时代的特点,为了每堂短暂的50分钟课堂教学,唐朔飞不断阅读与课程相关的书刊;为了充实这50分钟的课程,她又必须实实在在地从事现代科学的研究,加深自己学术底蕴,真正做到从自己满满一桶水中交给学生一杯水。为了这充满活力的50分钟课,她还练就了一个演员的素养,音色宏量,吐字真切,抑扬顿挫,通过深入浅出、思路清晰的讲解使学生牢固地建立每一个概念。"要上讲台,必须对这本教材的全部内容融会贯通,最好还能搞清楚本门课程与其他课程的相互关系。我们经常说,一名老师掌握的知识就好比是一桶水,而一堂课教给学生的只是一杯水,这样的课一定能讲好。就怕半瓶水来回晃,到头来只能落得误人子弟。"唐朔飞说。

2001级学生徐博文说:"唐老师讲课有三大特点:一是课堂容量大。听唐老师讲课绝不能有丝毫松懈,因为稍一分神就会落下某个知识点。所以在她的课堂上,不能也舍不得打瞌睡。二是善用生动的比喻。经过唐老师的比喻,一些复杂的问题往往变得简单易懂、清晰明了。三是经常提问题、留悬念。唐老师常说,'只有经过思考,才能使知识真正变成自己的。'所以她往往不轻易给出答案,而是引导我们去思考、去探索。"

"台上一分钟,台下十年功",这是唐朔飞对"授业"的理解。虽然她已讲授了几十年的"计算机组成原理"课,但每次上课前,她还是非常认真地备课,以达到课堂教学最佳效果。而在许多大课上,她没有办法在课堂上与学生一一交流,就在作业本上与学生对话,每一本作业都留下她认真批阅的字迹,每天深夜她的窗口都依然亮着灯光。功夫不负有心人,唐朔飞终于培养出一批又一批高素质的科研人才。

计算机学院毕业生、北京大学李晓明教授说,唐朔飞教授主持的"计算机组成原理"课程,从上世纪70年代末开始,经历了30年的锤炼,影响了相当一批计算机科技工作者,本人即为受益者之一……

作为黑龙江省和国家级教学名师,唐朔飞被历届学生公认为最受欢迎和尊敬的教师之一。同学们曾私下说:"唐老师在讲台上看起来更美丽。"也许,正是那份对教书育人的热忱和挚爱,那份对学生负责的使命感,才使得唐朔飞教授看起来如此美丽吧。

解惑:为你的人生点亮一盏灯

面对学生们成长过程中的困惑和烦恼,她谆谆嘱咐,悉心引导;面对青年教师初上讲台的陌生与茫然,她亲力亲为,耐心指导。她愿意做一盏灯,为她的学生、为年轻的教师们点亮人生的一段旅程。

获国家级教学名师奖归来的唐朔飞教授(左二)
与前来迎接的各级领导合影

精神的力量 ★

唐朔飞经常孜孜不倦地教诲学生:"进入大学绝非人生的巅峰,它只是为步入社会做进一步的准备。如何才能更有价值地渡过4年大学生活呢?倘若你能做到两个'学会',那么你的收益将会是很丰厚的:其一,学会怎么学,怎么自主地学,并提高自己解决实际问题的能力;其二,学会怎么做人,怎么做事。其实做到两个'学会'并非难事,更无需什么天赋,每个学子都能做到,关键在于'用心'。古人曰:'天下无难事,只怕有心人',这是颠扑不破的真理。你只要'用心'学习,'用心'做人,'用心'做事,认认真真,踏踏实实,戒骄戒躁,永不停步,最终你必将成为一个胜利者。"

唐朔飞教授在备课

唐朔飞爱自己的学生,关心他们的学习和生活。然而当学生考试成绩不理想而向她求情时,一向和蔼可亲的她却毫不留情:"我可以给你补课,给你答疑,却不能为你在考试中开绿灯,因为我要对你负责任。"有的家长找关系、托人情,想尽办法让自己的孩子走捷径,但所有这些在她这里都是行不通的。有人说她铁面无私,是教学上的黑包公。她却一贯坚持自己的原则,因为她认为,"严才是爱"。有一位已经毕业的学生给她来信这样说:"我不是您最出色的学生,曾经给您找过麻烦,在学习上忌恨过您,而现在我却觉得您是我最崇敬的老师,您的教诲如春风,师恩似海深。"

"有幸给唐老师当过半年助教,唐老师批作业、答疑、做实验非常严格。对待考试成绩的态度也极度严格。唐老师的课,你的成绩是完全真实,完全公平的……""知识渊博,深入浅出,为人师表。我很幸运,因为我听过她的课……我心中永远的老师!"许多同学这样描述他们心中的"唐老师"。

桃李不言,下自成蹊。如今,唐朔飞精心教育的学生已遍及世界各国,许多已经在国内外教学、科研等重要岗位上有所作为,而她依然以满腔热情站在讲台上,挥洒着她对这份事业的爱。从哈工大首届教学一等奖到黑龙江省教学成果一等奖,从校教学名师、省教学名师,再到国家教学名师,无论是获得多么高的奖项、多么高的荣誉,都无法与学生的成长带给她的快乐相比。无论在西方,还是在东方,这些学生总是不忘给唐朔飞来信、来电,为她送上节日的祝贺和慰问,这让她感到无限的欣慰与幸福。唐朔飞的一位研究生毕业后在美国奥斯丁大学留学,在做助教时,她一直没有忘记唐老师潜移默化的影响,时刻铭记着唐老师认真严谨、一丝不苟的敬业精神,并将唐老师的授课方法和为学生批作业的精神用在她的助教工作中,因此而获得了校级优秀助教奖。这样的例子,在唐朔飞的教学生涯中比比皆是。

"还记得当我得知考研因两分之差而落榜的时候,得到的第一份安慰来自于唐老师;还记得当我一个人站在北京的街头寻找工作的时候,手机响起,听到的仍是那慈祥的声音、亲切的问候。点点小事,此刻全部浮现,让我不能自已……也许随着岁月的流逝,我会忘记一些平凡的往事,但唐老师的一言一行将永远留在我的记忆中,让我回味,让我思考,激励我努力。真诚地道一句:'唐老师,谢谢您!'"这是唐朔飞的学生情真意切的心里话。

谈起唐朔飞,计算机学院院长徐晓飞说:唐老师最大的特点就是认真敬业,工作兢兢业业,热诚奉献,在学生心目中有着特殊的地位。唐老师先后培养了5 000多名学生,即全院90%的学生受到过唐老师的教诲,可谓桃李满天下。她还长期坚持创新教育理念,强调能力培养,重视教学梯队建设,形成了具有哈工大特色的教学方式。

唐朔飞还把自己数十年教学的心得详细地写成文字,在新教师上岗培训时精心讲解,从备课到讲课,从板书到表达,引导青年教师如何讲好每一堂课。她说,怎样才能做到良好的课堂效果呢?就是要激发学生主动地去探索新的知识,指导学生学会掌握新知识的方法和途径。"有人说,讲课也是一门艺术。这句话也有一定的道理,因为广大学生在台下看你在台上表演。"唐朔飞说。

"我们要高度重视课堂教学,只有把每堂课备好,每堂课讲好,才能使学生以较少的时间获取较多的知识,年轻教师一定要重视备课和讲课这两大环节。"唐朔飞告诉年轻教师,尤其是新上岗的青年教师,要注意启发式教学,要在课堂上激发学生思考问题,既引导学生提出问题,又引导学生去思考如何解决这个问题。"在讲课的过程中,有意识地提出一些现象或问题,引导学生思考。当然并不要求他们回答,尤其上大课很难叫学生站起来回答。但从他们的表情你就能知道他们是怎么想的,可能在什么地方有了症结。正因为引起了他们思考,你再往下讲,一层一层把问题解决了,这样学生在听你讲解的过程中,实际上参与了主动的思考,他们就会将自己想的和你讲的做比较,从而对这个问题的理解会格外深入,这比平铺直叙的效果要好得多。"

计算机学院战德臣教授在一篇关于教学心得的文章中提到,唐朔飞教授当年给他们讲授计算机原理课的教学方法,对他后来的教学产生了深远的影响。他说:"若干年后,计算机原理课程的具体内容我已淡忘,但唐朔飞老师在课堂教学中体现出来的问题分析与求解思路却始终影响着我。显而易见,教师不仅仅要讲授体现在教材中'显式'的概念和知识,更重要的是讲授隐藏在这些概念和知识背后的问题分析与求解思路。"

"当老师是很辛苦的,所做的工作又非常琐碎。怎样才能使你从事教育工作一辈子呢?这需要有一种精神支柱,这个精神支柱就是对教学和对学生的热爱。一想到由于你的劳动,学生们将来会成为社会发展的栋梁,你就会感到你所付出的一切,都是很值得的。"唐朔飞把这一辈子都献身给了看上去很平淡而又十分烦琐的教育事业。"我作为一名普通教师,并无什么大的追求,每当看到学生对你的付出是那么认可时,我就感到十分欣慰。希望大家一定要热爱教学,热爱学生。付出是一定会有收获的,'待到山花烂漫时'就是我们最高兴的时候。"

46年来,唐朔飞把最美好的时光留给了哈工大,而今她已双鬓染霜,除了兢兢业业的教学科研以外,她还在倾力培养年轻的梯队。"因为人总有老的时候,但教育事业是无止境的,到了一定的年龄就必须把教书育

人的接力棒传给年轻人。"唐朔飞坚持与青年教师共同探讨教学问题,交流教学体会,从如何选择教材到如何分配章节时数,从如何进行启发教学到如何引导学生独立思考。她还建议青年教师们激发学生探索知识的欲望,让学生们能够跟着老师的思路走。"教学工作永远没有上限,关键不在于你怎么说,而在于你怎么做,在于你对学生的责任感,在于你备课充分、授课认真,对每一个教学环节一丝不苟,用你的一言一行感染和教育学生。"

唐朔飞从教师队伍中选拔业务能力强、基础理论扎实而又热爱教育事业的人才作为教学接班人,对他们除了强调其知识结构外,还注重培养他们的能力,有计划地、按部就班地让他们参与本课程教学的各个环节,包括讲课、听课、批改作业、答疑、讲习题、指导实验、指导课程设计。在这些环节中,她坚持贯彻以老带中,以中带新,层层有指导、有督察。中青年教师讲课时,不论是正课还是习题课、实验课、课程设计课,她都亲自听课,并对他们做全面评述,既肯定鼓励其优点,又指出不足之处和改进意见,确保他们首先达到传授知识的准确性和严谨性,同时还要求他们具有较强的独立工作能力。她还安排青年教师听老教授讲课,使他们

唐朔飞教授(左一)与青年教师一起切磋教学法

从中得到很大的启发,因此中青年教师教学水平提高很快。几十年来,她培养了一个强有力的教学梯队。

"尽管在无限发展的教育长河中,个人只能泛起一个小小的水波,但既然我们选择了教育事业,就要让教育的火炬代代相传,为国家培养出一代又一代高素质、高水平的人才。这样,我们可以自豪地说:我们的一生虽然平凡,但绝没有虚度。"说这番话的时候,唐朔飞的眼神中透出光彩,让我想起她在一次教师节发言中所说的:老去的是岁月,不老的是一颗永远爱教育、爱学生的心。也许这就是唐朔飞最真实的写照吧。

唐朔飞简介　1941年出生于香港,哈工大计算机学院教授,基础教学带头人。2003年被评为首届黑龙江省教学名师,2006年被评为全国教学名师,2008年荣获黑龙江省五一劳动奖章,2009年被评为全国模范教师和全国教育系统巾帼建功标兵。先后获得省、部、校级各类教学奖励20多次。获黑龙江省教学成果一等奖、全国普通高校优秀教材二等奖,国家精品课程、国家级教学团队带头人。唐朔飞教授还主持完成了国家"863"项目、航天基金项目、博士点基金项目各1项,参加并完成省部级科研项目10多项。她是第八、第九届哈尔滨市政治协商委员会委员,校、院教学督导组成员。从1995年开始参加第二届教育部高等学校计算机科学与技术教学指导委员会工作。

叶以正教授

有一种人生，作为教师，她默默耕耘、桃李芬芳；作为导师，她诲人不倦、甘为人梯；作为党员，她以身作则、古道热肠；作为知识分子，她呕心沥血、开拓创新……叶以正教授，正是这样一位平凡的教师。让我们走进她的人生，体会她的人生魅力——

全国"十行百佳"妇女叶以正教授

平凡而又不平凡的人生

——记全国"十行百佳"妇女叶以正教授

□ 闫明星

她是一位平凡的教师。自从 1961 年毕业留校任教至今已近 50 载，目前虽已过古稀之年，却依然从事着她所热爱的学生培养、科学研究工作。

她又是一位不平凡的人。在她名字的背后，是一连串的荣誉：曾获国家科技进步三等奖、省部级科技进步一等奖和国家新产品奖等多次奖项；在《电子学报》、《计算机学报》等刊物上及国内、国际有关学术会议上发表论文 150 余篇；1991 年被授予省优秀专家称号，1992 年被授予国家级"中青年有突出贡献专家"和航空航天工业部"有突出贡献专家"称号，1993 年被全国妇女联合会授予全国"三八"红旗手称号，1994 年被授予"黑龙江省行业十佳女状元"称号，2001 年被全国妇联、国防科工委等单位授予全国"十行百佳"妇女称号，2004 年被评为"中国集成电路设计产业十周年风云人物"。这位平凡而又不平凡的人就是哈工大微电子中心博士生导师叶以正教授。

殷殷学子心　结缘哈工大

叶以正原籍福建，出生于安徽省，父母都是知识分子。由于受时代的影响，叶以正的家庭曾几经迁徙，她也因此换了不少学校，小学分别在重庆、南京就读，初中更是先后就读于南京第二女子中学、鼓浪屿毓德女子中学、英华中学和漳州龙溪中学。其间的辛苦可想而知，更不必说方言的阻碍了。叶以正笑称，还好那时候小，学习语言很快，到现在她还会说四川话，还能听懂闽南语和福州语。虽然奔波辛苦，但一向活跃、积极的叶以正却甘之如饴。在读初二时，正好赶上抗美援朝，部队要招文艺兵，年仅13岁的她满腔热情地报了名。但是学校几位教师并不赞成她参军，于是向部队反映：叶以正是学生骨干，我们得留下。就这样，叶以正没能实现参军的愿望，她不禁感慨道："如果当初参军了，也许现在就完全不一样了。"

初中毕业后，叶以正面临着一个非常重要的选择——是读高中还是中专。这个选择对现在的年轻人来说不是问题，但对叶以正那个时代的人来说，选择中专就意味着不再有机会上大学。最终叶以正选择了去福州高级工业职业学校，也就是现在的福州职业技术学院，就读于工业企业与电气化专业。这样的选择有两个原因：其一是福州高工是当时福建省有名的教学工作认真、政治气氛好、师生团结活跃的好学校；其二是可以早点毕业，参加工作，为国家第一个五年计划做贡献。叶以正是位不怕苦的人。在福州高工，有个爬电线杆修电线比赛，当时爬电线杆的工具是用两根结成圈拴的绳子，一根绳系在电线杆上，一只脚踩在这个绳圈上，再系上另一根绳，踩上去后把下面的解掉，再系上，如此这般攀缓向上。叶以正说当时也没多想，努力地爬了上去，成了学校第一个爬上电线杆的女生。现在看来，也许正是这种不怕吃苦的精神使得叶以正克服一个又一个的困难，一步步登上了事业的高峰。

毕业后，叶以正由于成绩优异被分配至北京中央轻工业部基建司工作。当时很多先进的技术和设备都来自苏联，因此熟练地掌握俄语便显得尤为重要,于是司里几位年轻人自发地每周都去上夜校学俄语。工作之余有闲暇时,他们便骑自行车去天安门广场,或是晚上去什刹海溜冰。虽然当时的物质生活十分艰难,工资只有35块钱,但他们有着积极乐观的生活和工作态度。机会永远是给有上进心的人。1956年,国家决定向科技进军,措施之一便是培养科学人才,选择一批优秀青年调干,去大学深造。由于平时在机关工作努力,学习

大学时代的叶以正

考试中也总是成绩优秀,因此,刚刚工作两年的叶以正得到了进大学读书的机会。当时组织上给了叶以正在到清华大学和哈工大之间进行选择的机会,叶以正选择了后者:一是那里有大批苏联专家,二是当时的社会风气是年轻人应该到最艰苦的地方去磨炼。叶以正笑称,当时特别想学采矿、勘探、石油等专业,可惜哈工大没有。叶以正以优异的成绩通过考试,开始了她与哈工大半个多世纪的缘分。

叶以正即将离开原单位时,加入了中国共产党。其实,高中毕业前,学校就想发展叶以正入党,由于年龄原因耽误了(当时叶以正年仅17岁)。能够加入中国共产党,叶以正非常高兴,她说:"共产党是工人阶级先锋队组织,加入党既是光荣又是责任。"

1956年叶以正就读于哈工大工业企业自动化专业,1957年后学校从各专业大二的学生中先后抽出来100多人进入物理、力学、化学教研室。1958年4月,叶以正等是20多位从不同专业抽调到物理教研室的一边学习一边工作的第一批优秀学生,大家习惯称为"小教师"。

1958年,国际上利用平面技术制造晶体管和集成电路成功,微电子进入了一个崭新的时代。1959年,物理教研室筹办以半导体技术为基础的"技术物理专业",在这过程中,叶以正和几位"小教师"组织起来开展了拉制硅单晶、晶体管制作等实验研究工作。也是从这时起,叶以正开始

接触到伴随了她走过半个多世纪的半导体技术。他们几乎每天晚上都工作到深夜。回忆起一心埋头进行研究的那段时间，叶以正感觉是充实而快乐的。

漫漫科研路　　累累结硕果

1961年，叶以正被派到清华大学无线电系半导体专业进修。经过一年半的进修，叶以正带着更加系统、专业的知识回到了哈工大。回校以后，在物理教研室所属的研究室做洪晶教授助教，她开始接触到硅的微缺陷问题，这为她以后提出的创新的"双吸出技术"打下了很好基础。1963～1966年，叶以正和洪晶教授共同发表了几篇文章，其中《硅中位错运动速度》在《中国科学》上刊登。以后在"文化大革命"中期，有一段时间学校的教学和科研工作都没有恢复正常，叶以正、耿完桢等联络物理教研室的杨向明、吴杰等几位青年教师向学校科研处申请了一些经费，自发地组织了一个可控硅研制小组，从组建形成完整的生产线到可控硅的设计、制版、工艺制造和成品装配，研制成功了工业上可以应用的多种型号的可控硅元件。1971年，学校成立了半导体专业，叶以正加入了专业建设工作，一段时间，担任高频晶体管工艺线的技术组长和学生教学组组长。她一心投入到工作中，经常工作到很晚。谈及在那种情况下为何还能够坚持研究工作时，叶以正淡淡地说："不能浪费青春，总得为国家做点事情"。简单的话语却反映了一位学者的拳拳报国之心。

上世纪70年代后期，大规模集成电路和大功率晶体管发展得很快，但在晶片上的杂质所诱导的微缺陷大大影响了芯片成品率。叶以正在带领学生到国营曙光无线电厂实习中了解到，该厂外延片生产中也被此问题困扰。作为从事半导体器件研究的工作者，叶以正和1961年从苏联留学回国的周士仁老师商量合作来攻克这一难题。1981年，叶以正、周士仁和曙光无线电厂合作研制出N/N+型双吸杂硅外延片，提出了一种创新的"双吸出技术"：将国际上用浓磷或背面打毛来吸收晶片杂质的两种技术结合为一体的"双吸出技术"的工艺方案。经过在该厂外延片生产线大

20世纪80年代叶以正(左二)正在实验室中

量试验证明：此项技术比国外同类工艺流程简单、合理可行、效果更好，对提高硅外延片和单晶片的完整性、消除微缺陷有明显作用，技术居全国同行业之首。曙光无线电厂利用此技术生产的外延片制造的大功率晶体管成品率大幅度提高，销售到全国16个省市，也使得工厂转亏为盈，其产品1983年被评为黑龙江省优质产品，1986年被评为国家级优质产品。电子部某研究所在CCD器件制造中，由于采用了该项技术，器件水平取得了决定性突破，在国外对我们进行技术封锁和禁运的情况下，使CCD摄像、精确制导等高技术工业及军事方面所需要的高分辨率器件可以自己生产。1985年，"双吸出技术"获国家科技进步三等奖。成功的背后是辛苦的付出。叶以正回忆道："在一年多的时间中，几乎每周都要坐火车到工厂，晚上回来时从王兆屯下车，然后摸黑沿铁道走回家。"

自1958年世界上第一块平面集成电路问世，叶以正就开始了微电子方面的工作。到了20世纪80年代，国际上大规模集成电路设计已经从计算机辅助设计(IC CAD)技术发展到电子设计自动化(EDA)技术。一个新的方向、一个新的学科、一个国际上发展很快的行业，向叶以正提出了巨大的挑战：需要借助计算机来搞科研。可是当时的计算机条件十分简单；需要一个团队来完成任务，可是仅有几名本科生；一个极需要经验和积累的专业方向，可我们国内的发展状况却刚刚起步。1984年，在返校的赴美访问学者高国安教授的鼓励和支持下，叶以正确立了"集成电路设计方法学和电子设计自动化技术"研究方向,在哈工大计算机系知名教授李仲荣的指导和帮助下于1988年建立了微电子中心。经过20多年的奋斗和积累,哈工大微电子专业在王贵华、周士仁、叶以正、刘振茂、虞敦、高元凯等一批老教授努力下,半导体专业开辟了"半导体材料、器件与工艺"、"半导体传感器与MEMS技术"及"集成电路设计方法学和电子设计自动化技术"等研究方向,都取得了一批重要成果,建立了微电子学及固体电子学学科硕士点和博士点,并与物理电子学等学科共同建立了电子科学与技术一级学科博士点和博士后流动站。一批优秀中青年教师已经成长起来,承担了学科建设、科学研究、培养学生的重担。学科由一个专业教研室发展到一个系及"微电子中心"和"微机电系统-MEMS中心"两个科研主体,在校本科生、硕士研究生、博士研究生目前已达400余人。如今,每当谈起学科和团队建设,叶以正感慨良深,她颇有几分豪爽地说:"未来是属于年轻人的,看着年轻人成长起来,我们就感到欣慰,感到自豪!"

从上世纪80年代开始,叶以正重点从事电子设计自动化(EDA)和大规模集成电路(VLSI)设计技术研究。叶以正及其课题组根据国际电子设计自动化和超大规模技术发展,结合航天、军用、电子系统对集成电路的需求,开展了多项研究。在电子设计自动化方面,其中:(1)研究开发"集成电路分析系统"专用工具。1988年承担的国家"七五"重点攻关项目"大规模/超大规模集成电路分析系统",叶以正为项目负责人,计算机专业李仲荣、顾秋心教授指导并派学生合作完成,其中喻明艳负责这个系统功能的继续开发和完善工作。该系统精度高、重复性好,准确可靠,实用性强,是20世纪90年代国内领先水平的一种专用集成电路CAD系统。叶以正说,那时候工作比较专一,集中力量做一样事情,所以进展比较快。1992年,由他们通力合作的成果获黑龙江省科技进步一等奖。这个一等奖在评审过程中还有一段小插曲:该系统最初被评为二等奖,当叶以正在正式评审会上作汇报时,看到很多评委微笑着点头,她感到了评委对工作的认可。汇报后,时任黑龙江省电子局局长跟着出来,对叶以正说:"叶老师,这应该是一等奖,要为你们争取。"就这样,这个项目最终获得了一等奖。(2)参加"熊猫"ICCAD系统开发项目。该项目是国家"七五"重点攻关项目,在由17个单位参加的、我国大型电子设计自动化软件"熊猫IC CAD系统软件开发"项目中,叶以正是专家组专家、参加单位负责人。该项目完成的"熊猫"ICCAD系统达到国际20世纪80年代中期水平,1992年获电子机械工业部科技进步一等奖及国家科技进步一等奖,为以后进一步开发具有中国自主知识产权的EDA系统打下了坚实的基础。经过20年的努力,"中国华大集成电路公司"在此基础上发展的"九天EDA系统"与国际最先进的EDA系统水平已经比较接近,被国内外多家用户采用,是我国集成电路产业需要发展的一个重点技术领域。(3)1995年,当时的博士生,现任微电子学科博士生导师、教授委员会主席的肖立伊在她的导师叶以正教授指导下,开展了行为级混合信号VHDL/AMS模拟器研究开发工作,并与"中国华大集成电路设计中心"合作集成到"熊猫"系统中,此项工作与国际同步,达到国际先进水平。

叶以正教授在实验室里

1988年,叶以正作为哈工大项目负责人与航天部某所合作研制出高可靠抗辐射16位CPU芯片。该芯片是我国自行设计的第一个16位CPU芯片,获得航天部科技进步一等奖。在研制工作开始的两年里,青年教师来逢昌、乔健、肖立伊、喻明艳和多位研究生每天晚上都工作到12点多。有近半年的时间,他们实行轮班制24小时工作。当时由于自动化水平不高、工作量非常大,数百万个以上数据需要提取、处理,反复仿真、

精神的力量

叶以正教授向航天部领导介绍项目进展情况

修改和验证,任何一个小的失误都将导致投片的失败。但让叶以正骄傲的是最后经过投片,试用,效果非常不错。她高兴地说:"这种芯片现在还在使用"。在此基础上,2000~2002年,哈工大与国内微电子公司合作完成的另一款16位CPU芯片是我国急需的CPU芯片。该项目哈工大技术负责人是毛志刚,主要参加人还有来逢昌、王进祥等,2003年获国防科工委科技进步二等奖,2005年获国家科技进步二等奖。叶以正作为哈工大微电子中心负责人在其中做了大量组织和协调工作。

1990年,强文义副校长从新加坡带回国际上,特别是欧洲正在发展的IC(Intergate Circiut)卡技术及其具有广阔应用前景的信息和资料,并组织哈工大计算机系在国内首先开展了IC卡应用开发工作。当时IC卡芯片受制于国外,价格昂贵。1992年在强文义副校长的建议下,微电子中心开始了IC卡封装和芯片设计工作。在叶以正、张国威、武士香等教师积极努力下,完成了IC卡的模块制作和芯片封装技术开发,哈工大是国内最早实现IC卡封装技术的两个单位之一。1993年推出的HWZ—101型IC卡,虽然没有加密机制,但却是国内首次研制成功的IC卡,符合国际标准,属国内领先水平。1994年,该项目获省科技进步二等奖。1995年电子部通知叶以正到北京向部长汇报,并将提供的样片送到中南海供国家领导人参观的一个小型展览室展示。邹家华副总理看后批示:"再接再厉,继续努力,积极推广,从应用中不断发展和提高"。被誉为高技术战争

"心脏"的微电子技术,对信息产业乃至整个国民经济的发展起着举足轻重的作用,和材料学一并被誉为是国家科技发展的两大支柱性产业。这枚首张完全自主开发的 IC 卡,敲开了中国 IC 卡发展的大门,结束了欧美各国对中国 IC 卡技术的长期垄断。叶以正就这样,一步一步地把微电子专业发展壮大,虽然艰难,可正如她所说:"既然是想做的,就去做,只要肯认真研究,就会做好。到现在也是一样的,该做的努力去做,做了也不会后悔。"

叶以正作为项目负责人、从法国留学回国的毛志刚博士作为技术负责人的课题组于 1993 年研制成功我国首次自行设计、具有自主知识产权的第一款 IC 卡芯片(HWZ—201 型逻辑加密 IC 卡芯片),该芯片达到国际同类产品水平,部分功能有所超过。该项目得到航天部有关领导的支持,拨给经费 200 万元,1994 年在台湾华邦公司采用 1 微米 EEPROM 工艺一次投片成功,获得芯片 10 万片,1996 年获国家级重大新产品称号。此项工作对我国 IC 卡芯片设计技术的发展起到了推动作用,同时抑制了进口 IC 芯片的价格,受到了信息产业部和国内同行的认可。在 HWZ—201 型芯片消息发布后 2~3 个月,清华大学也发布了他们在校内生产线投片成功的逻辑加密 IC 卡芯片。在这两款芯片投片成功消息发布后,同样水平的进口芯片一年内从每芯片 25 元降到了 5 元。1994 年,在 HWZ—201 型逻辑加密 IC 卡芯片研制成功后,成果得到黑龙江省有关领导的重视、支持,副省长和经委主任来校视察。1995 年黑龙江省经委投资 300 万元建立模块和卡片制造设备,从德国购入自动批量压封的成套装备,在哈尔滨建成了中国第一条 IC 卡封装线。该卡被授予 1996 年国家级新产品证书。由省计算机公司、海格集团和哈工大成立了合资股份公司,叶以正任副董事长。

HWZ—101 型、HWZ—201 型两种 IC 卡被分别列为 1996 年国家级新产品和国家级重大新产品,并分别获黑龙江省和航天工业总公司科技进步二等奖。叶以正为我国"金卡"工程基础产品"集成电路卡"的国产化进行了开创性工作。

老骥伏枥　志在千里

虽然已年过古稀,但叶以正还觉得有许多事情要做。她说:第一要把没有带完的博士生带好。叶以正多年来指导和培养了一大批研究生,其中

叶以正教授在书房里

近40名博士。第二是组织制订 IP 核技术标准。第三是为微电子中心发展再尽些力。说到 IP 核技术标准,从 2002 年开始任信息产业部"集成电路 IP 标准工作组"组长的叶以正可以说是中国 IP 核标准制订过程的亲历者、参与者与见证者。

IP(Intellectual Property)即知识产权,这里特指硅知识产权,是符合一定标准的集成电路功能模块及配套文件。SoC 是 System on Chip 的缩写,又称系统级芯片或者片上系统。IP 核复用是 SoC 设计的基础。国际上 IP 核产业和交易市场正在形成,为保证 IP 核在复用中的可用性和质量,1996 年在美国成立了世界上第一家专门制订 IP 标准的国际组织 VSIA(虚拟插座接口联盟),以后国际上相继又成立了有关的标准制订和 IP 核交易组织。研究和制订与国际接轨的我国 IP 核标准是推动我国自主知识产权的 IP 产业发展所必需的。"10 多年前,我在上海参加一个研讨会时,美国一家 EDA 公司一位资深的技术专家介绍说,他们公司的一个几百万门的新的通信芯片只用一周时间就设计出来了。当时,我和上海的一位同行分析,他们之所以能在这么短的时间,完成如此复杂的芯片

设计,肯定是应用了模块的复用技术。那时,也正是国际上嵌入式 IP 核复用技术开始在 SoC 中应用的时候,国际上一些大公司已经在朝这个方面努力。"叶以正教授回忆起 10 年前,那个偶然契机不经意间埋下的伏笔,使她从此与 SoC 和 IP 核结下了不解之缘。2001 年,时任信息产业部的一位领导到哈尔滨视察。在哈工大,叶以正进行了工作汇报。这位领导问叶以正:"叶教授,你觉得你目前所做的工作内容中,哪一项最有价值?"叶以正想了想,说:"那应该是 SoC 平台,SoC 平台是大规模集成电路发展必不可缺的根基。"这位领导点头,"我也这样认为"。就这样,一般只对企业项目进行支持的电子发展基金项目,那一年对学校研究的科研项目给予了基金支持。2002 年,信息产业部在组织成立的信息产业部 IP 核标准工作组时,任命我校叶以正为工作组组长。工作组由企业、研究所和高校组成,成员有 30~40 家。

叶以正教授(右一)与外国专家在一起

说到 IP 核标准,叶以正说:"为使 IP 核标准制订得科学合理,首先是要建立一个标准体系,该体系要能满足现阶段国内 IP/SoC 产业的需求,支持可持续发展,同时要与国际公认标准相兼容。这是当初我们在进行中国 IP 核标准搭建时的初衷。"这决定了中国 IP 核标准在起点上是与国际标准相比肩的。工作组首先制订了标准的框架,并根据国外 IP 核标准的发展状况及中国国内的实际情况,制订了标准发展策略。2004 年,标准工作组从国际公认的IP核标准组织所制订的标准中精选了11项翻译成中文,为第一批电子行业IP核标准报批稿,2006年由信息产业部批准发布,受到好评。至今,工作组结合中国IP核设计、复用和交易的需要又制订了第二批6项IP核技术标准,希望通过标准的推广和应用能够推进我国IP核复用和交易市场的形成。

现在一些国外公司,在提供可交易的IP核时,它的配套软件比较成熟和丰富。国内公司在购买IP核进行系统设计时,很多公司宁愿以高价买国外的成熟IP核,以便更快地设计出产品投放市场。但如果这种情况太多,则使中国自主的IP核的发展遭遇困境和尴尬,也会造成国外公司在IP核领域的垄断。这对于中国集成电路产业的发展和创新都会形成威胁和隐患。如何才能避免这一情况的产生?叶以正说:"就要靠政府、企业、产业和学界共同的努力,才能支撑起中国IP核事业的一片蓝天。"

治学育人　壮心不已

但凡跟叶以正接触过的人,都会觉得她格外和蔼亲切、平易近人。她总是在以身作则的情况下关心别人。她的心里不仅时刻想着学科的发展,还有每个年轻人、每个学生,为他们排忧解难,鼓励他们在科学的最前沿奋斗探索。她的博士生说:"有学生取得成绩了,叶老师特别高兴,给人的感觉就好像是自己的孩子有了什么成就似的。"在学生的眼里,叶以正像关心孩子一样时刻关心他们的成长。他们也非常渴望能与叶以正交流,哪怕是汇报工作或汇报思想的一次机会,因为他们渴望得到叶以正的指点和鼓励。在每一次论文审查时,叶以正都会和学生一起讨论,细致到了字词上,有的论文一改十几遍。叶以正的人格魅力感染了身边的许多人,博士桑胜田讲到留校理由时就说:"我留下来一方面是觉得这个集体环境非常好,整个集体的科研气氛很浓,特别是叶老师在我留校遇到困难时,为我想得很周到;另一方面是我们这个方向,经过这么多年的科研积累,尤其在叶老师这样的专家的带领下,很有可能做出一些成果来。"

叶以正教授(右二)在指导学生

叶以正还谈到了事业感和责任感。在叶以正那个年代,他们选择的是如何更好地报效祖国的路,哪里艰苦就去哪里。可是现在不少年轻人受社会影响,觉得赚钱多就厉害,致使一些年轻人找工作就是哪里工资高就到哪里去。"首先要明确,你是要做一个事业,还只是一份职业、生活可以过得好一些就可以了。你要不要创造自己的事业,要不要对科学、对社会做出一些贡献,这个问题你们有没有考虑过。还有就是责任感的问题。这个问题要退一步而言,在选择的过程中,比方说,一个情况很不好的工厂,甚至有倒闭的可能,但如果通过你的努力工作,能使这个工厂活起来,让工人们都能够生活,能为国家社会做贡献,我觉得即使工资少一些,你也应该把这个工作干下去。你在什么地方能为社会做出贡献,应该予以考虑。一生当中你总要想到:我对社会有什么贡献?我做的事情是不是对社会有利?我觉得这是社会责任感的问题。收入可能只达到中等水平,但是对学术对社会有贡献,对所在的专业有贡献,也会是一个很好的选择。"叶以正还说了一句令记者感触颇深的话:"如果你做一件事情,你觉得对行业或是学科发展有积极的贡献,即当周围的人非常需要你的时候，你应该有种责任感。"这种高度的责任感是我们需要学习和牢记的。

叶以正还担任着黑龙江省电子学会副理事长、新型元器件与半导体集成电路专业委员会主任、校学位委员会委员等工作。对每一项工作，她都认真负责。在多年担任校教代会常务副主席的工作中，叶以正时刻心系着学校教职工的生活，常常不顾自己的身体状况和工作繁忙，为大家的福利而奔走呼吁，被很多教职工视为自己的"代言人"、"贴心人"，成为学校和教职工之间的一条纽带、一座桥梁。

作为中国知识分子的代表，他们都有很多的地方值得我们年轻人去思考，去学习，去为我们的思想充电。在谈到自己的切身体会的时候，叶以正深情地说："我们只是平凡的老师，哈工大这样做的人很多。我们没有什么伟大的贡献值得宣传，我最喜欢的就是实事求是。""大家专心地去做一件事情，团结在一起做事情，就肯定会有成果的。尽量把工作做好，我现在没有什么豪言壮语。""我做人的姿态很低。能把眼前的事情做好就很好了，困难还多着呢，能为把专业办好出点力，能为学校多做点事，我就很满意了。"这就是叶以正的想法，简单而又不简单。这就是叶以正，一位平凡又不平凡的人。

叶以正简介 1937年出生于安徽省，中共党员。1956～1961年就读哈尔滨工业大学技术物理专业；1988评为哈尔滨工业大学微电子技术专业教授；1994开始任哈尔滨工业大学航天学院博士生导师。1992年被授予国家级"中青年有突出贡献专家"和航空航天工业部"有突出贡献专家"称号，1991年被授予省优秀专家称号，1993年被全国妇女联合会授予全国"三八"红旗手称号，1994年被授予"黑龙江省行业十佳女状元"称号，2001年被全国妇联、国防科工委等单位授予全国"十行百佳"妇女称号，2004年被评为"中国集成电路设计产业十周年风云人物"。现为黑龙江省电子学会副理事长、新型元器件与半导体集成电路专业委员会主任，校学位委员会委员。

曹喜滨教授

生命中，总有一些需要铭记的东西。2004年，哈工大"试验卫星一号"在浩瀚苍穹划出一道完美弧线，点亮了所有人的眼睛；短短4年之后，2008年，"试验卫星三号"在酒泉卫星发射中心一飞冲天，哈工大人再次创造奇迹，用精神的双翼搏击云天，用勤奋的天梯再续星梦前缘。两颗小卫星先后遨游苍穹，让人们记住了一个名字——曹喜滨。他带领他的团队，在风雨涤荡中一次次创造奇迹，让所有哈工大人都为之骄傲和自豪。让我们走近曹喜滨，聆听这位哈工大"牧"星人背后的故事——

全国模范教师曹喜滨教授

今生与"星"共相伴

——记全国模范教师、哈工大小卫星总设计师曹喜滨

□ 刘培香 吉星

哈工大牵头研制的"试验卫星一号"小卫星一飞冲天

对许多人来说，2008年的这个秋天，只是一个普通的秋天。2008年的10月，只是一个普通的10月。

然而对于哈工大卫星技术研究所所长曹喜滨教授来说，这个秋天，这个10月，注定是不平凡的。

在这大漠深处的酒泉卫星发射中心，曹喜滨和他的团队，终于在无数次的山重水复之后，迎来了柳暗花明。经过2008年10月整整一个月的"最后演习"，他们研制的"试验卫星三号"已

经整装待发。看着发射塔架前的星罩组合体在火箭旁边缓缓上升,这位高大的卫星总设计师、平日里严肃忙碌的曹喜滨,眼圈红了……

此刻,树下萧萧的黄叶和干枯的芦苇在迫不及待地告诉人们秋天的意味已经很深了,但脱了叶子的胡杨树直刺苍穹的气势却是更加凸显。胡杨是一种生长在荒漠中的珍惜乔木,拥有"站着一千年不死,死了一千年不倒,倒了一千年不朽"的传奇。在发射中心一个月的时间里,曹喜滨没有时间去和这沙漠之魂胡杨"亲密接触",连唯一一次卫星技术研究所集体去看胡杨他都没去成。然而,胡杨树伟岸挺拔、正直质朴的品格,坚强不屈、不折不挠的风骨,枝枝叶叶紧密团结、力求上进的态度,却与曹喜滨和他的团队异曲同工。凭借这种精神和意志,曹喜滨走到了今天,他的团队走到了今天,哈工大的小卫星走到了今天。

都说男儿有泪不轻弹,只因未到情深处。11月5日,当"试验卫星三号"成功飞入苍穹的那一刻,在依稀的泪光里,我们看到了十年一剑的艰辛与风雨兼程的执著,也看到了那些深深浅浅的足迹背后所铭刻的美好记忆。

智者:执著坚持的航天人

人生的道路虽然漫长,但紧要处常常只有几步,特别是当人年轻的时候。

——柳青

坐落在北国冰城的哈尔滨工业大学,校园里没有亭台楼阁,没有小桥流水,缺少诗情画意,师生行色匆匆。

在这行色匆匆的人群之中,有一位青年的身影,和这片校园深深融合在一起,屈指已近30年的时光。

1981年,风华正茂的曹喜滨考入哈工大金属材料与工艺系锻压专业(现材料学院),经历了本科、硕士和博士研究生的学习,于1991年获得博士学位。10年的成长过程正是进一步形成人生观和世界观的阶段,他有幸见证了"八百壮士"的风采,聆听过他们的教诲。"老一代教授们渊博

的文化知识、严谨的科研态度、俭朴的生活作风、诚实的为人品格、忘我的工作热情、无畏的拼搏精神深深地感染了我,在这种氛围下自己得到了很好的锻炼和成长。"曹喜滨回忆自己的大学时代时,如是说。

1991年,对曹喜滨来说是人生至关重要的一个转折期。

博士毕业的他面临着人生中最重要的一次抉择:去清华做博士后,或者留在材料学院任教。

无论选择哪一个,曹喜滨都有充分的理由。去清华做博士后,对他的人生也许是一种新的提升和历练;而哈工大的材料学科在全国也是响当当的,留在材料学院任教然后在材料学领域继续探索,是最顺理成章的事,也必会做出一番成绩。

然而,曹喜滨却选择了第三条道路,做出了一个让人意想不到的决定——留校,但改行做小卫星。

很多人都对此非常好奇,学了10年材料学的博士,怎么去做小卫星了?

人生中总是充满各种意想不想的际遇,而这些很可能与你擦肩而过的际遇却往往就会改变你的一生。

1991年,正值我国航天事业大力发展时期,"921工程"(载人航天)正在立项论证阶段。为了培养航天人才,哈工大也着手恢复航天专业,并与俄罗斯萨玛拉国立航空航天大学联合为筹建飞行器设计专业培养师资。1991年初,首届"中俄乌宇航科技研讨会"在黑龙江举行。曹喜滨凭借自己的俄语优势参加了会议,由此对航天学科有了初步的认识并对此产生了浓厚的兴趣。

"因兴趣而开始,为责任而坚持。"对曹喜滨来说,这句话也许是他20多年来最真实的写照。仿佛冥冥之中有种神秘力量的牵引,又仿佛他的血液里一直流淌着一种属于航天事业的激情,曹喜滨第一次与航天"亲密接触"就碰撞出"爱"的火花。他突然发现,原来有一个全新的领域,可以让自己放飞青春的梦想。

曹喜滨在"航天"领域找到了个人兴趣与国家需要的最佳结合点,一种对祖国航天事业的责任感和使命感油然而生。于是博士毕业后他做出了人生的两个重要决定:放弃自己学习了10年的专业,转向飞行器设计专业;放弃到清华大学攻读博士后的机会,以教师和学员的双重身份进入俄罗斯萨玛拉国立航空航天大学中俄宇航师资班,从零起步,开始长达两年的飞行器专业的进修学习,并从此将此作为人生最大的追求。"在俄罗斯时,我和曹老师同住在一个房间里,所以从那时起我们相互之间就非常了解了。"同是这个班学员、同是小卫星研制骨干的林晓辉教授说。

在俄罗斯学习的两年时间里,曹喜滨分秒必争。因为专业基础比"科班"出身的人要差一些,所以他倍加努力。当时的学习和工作任务很重,时间非常紧张。面对种种困难,他始终坚持为祖国航天事业奋斗的理想。艰苦的条件不但没有打消他的斗志,更加磨炼了他的意志,推动他以执著的信念和惊人的毅力在短时间内掌握了航天器设计的专业知识。

不仅如此,曹喜滨还发挥俄语方面的特长,在俄罗斯专家讲课时为学员进行课堂翻译并翻译俄文讲义,承担了5门课的课堂翻译工作,翻译讲义80余万字,同时作为学员学习大量的航天专业课程。这个阶段他获得了很多与航天领域专家、学者交流的机会,受益良多。

回国工作以后,曹喜滨在做好专业学科建设的同时,也在选择自己的科研方向。那段时间他思索了很多,也请教了许多资深的教授、专家的意见,最终从专业方向的布局和发展需要出发,他选

曹喜滨教授在俄罗斯学习期间在作学术报告

择了较难但是非常重要的"卫星总体设计与仿真"这一领域作为自己的研究方向,并全力投入研究工作当中。经过多方共同努力,目前哈工大对该方向的研究在国家同领域中居于领先地位。

在俄罗斯的学习和交流，曹喜滨为哈工大后来宇航学科的发展和科研方向以及对航天工程的了解，起到了非常重要的作用。哈工大紧紧抓住师资班的机遇，并对国外卫星发展的趋势进行了深入了解和分析。"那时我们就了解到，将来高技术小卫星是发展趋势。因为大卫星周期长、风险大、费用高，而且许多大卫星的功能，也可以通过小卫星的组网和编队来实现。小卫星集中了微电子、微机械、微传感器等多个学科方向的关键技术，而且周期短、风险小……"最初把曹喜滨带入到航天领域的原哈工大副校长强文义教授说。

曹喜滨教授在作小卫星研制工作汇报

现代小卫星的兴起、发展与技术进步，一直是在大学的重要参与下进行的，因此有人称其为"大学卫星"。哈工大的航天学院是国内高校建立最早、实力最强的航天学院，哈工大应该在代表高新科技水平的小卫星技术的国际竞争中，充分发挥学校的综合优势，为祖国争得应有的地位。通过深入思考和精心组织，根据国际发展趋势和国内需求，哈工大于1995年开始着手小卫星的研制工作。

于是，1995年成为曹喜滨人生中第二个重要的转折期，一个新的机遇摆在了曹喜滨的面前。

机遇总是垂青于有准备的人，机遇也总是青睐于勤奋的人。正是因为哈工大有了这种强烈的机遇意识，正是曹喜滨等一批教师有了这种扎实的基础和充足的准备，哈工大才有机会进入小卫星领域，才有了今天的成绩。

精神的力量

哈工大决定研制小卫星之后，国防科工委曾专门组织人员到学校调查，了解高校如何依靠自己的力量研制小卫星。1995年，国防科工委在北京召开"关于中国研制小卫星"的会议，讨论中国如何发展自己的小卫星。会上，当其他高校和研究院所纷纷表示支持中国发展小卫星的时候，哈工大已经拿出了"关于哈工大研制小卫星的具体方案"，曹喜滨在会上就这个方案作了报告，震动了在座的人们。哈工大提出的"高校应该成为研制微小卫星的重要力量"的文章和观点，公开发表后也得到了国防科工委、"863"专家组以及用户的关注，他们支持哈工大建立一种新的机制和模式来发展中国的小卫星。因此，在小卫星领域，哈工大比其他高校超前了一大步。

在"211工程"建设项目的支持下，哈工大建立了"小卫星设计、分析与仿真验证一体化系统"，一批以曹喜滨为代表的哈工大人跨学科组成研制队伍，踏上了小卫星研制的求索历程。

然而，小卫星的研制之路并非一帆风顺。在当时"小卫星"还刚刚起步的中国，集成多项高新技术研制小卫星，并将其顺利送入太空，这项难度很高的工程任务让高校的科研人员自主来完成，很多专家和相关部门对此纷纷提出了质疑，高校教师来研制小卫星能行吗？主要从事教学科研工作的高校教师能撑起一项重大航天工程的重担吗？可以说，几乎没有人相信哈工大人能够研制小卫星，更没有人相信哈工大研制的小卫星有一天真的能够遨游太空。

普里尼说：在希望与失望的决斗中，如果你用勇气与坚决的双手紧握着，胜利必属于希望。这句话用在曹喜滨身上，也许再恰当不过了。因为在卫星研制过程中，在一次次的困难与打击面前，他开始怀疑了，他想放弃了，许多次，他觉得自己真的坚持不下去了。那些不眠之夜里内心的彷徨和痛苦，只有他自己知道。

"为了小卫星项目，当时的副校长强文义带领我们到有关部门汇报了很多次，当时条件很艰苦，各方面的争议也比较大。我们一次又一次地争取。还记得有一次汇报完，强校长就请我们在航天桥旁边的一家简陋的小店里吃饼。"许多年过去了，曹喜滨对当年的情景仍记忆犹新。

然而，曹喜滨不是一个容易服输的人，不是一个轻言放弃的人。这也许就是每一位航天人所特有的精神和劲头。从选择踏入航天大门的那一天起，他就做好了付出甚至失败的心理准备。他知道自己不能退缩，他的团队不能退缩，哈工大的小卫星事业不能退缩。他既然选择了做第一个"吃螃蟹的人"，就只有义无反顾地向前走，只有往前走，才有希望见到光明。正是凭借这样一种坚定的决心和不服输的信念，他们最终争取到了"863"项目的全力支持，开始了艰难的攻坚之旅。

"天下事有难易乎？为之则难者亦易矣。不为则易者亦难矣。"曹喜滨和他的团队将全部的精力以一种积极向上的气势投入到工作中，强化理论基础、提高创新能力，一个拼搏进取、精诚合作、共同学习、不断探索的团队开始了充满艰辛、充满欢乐、不断走向胜利的征程……

强者：勇于担当的带头人

成功的花儿，人们只惊美她现时的美丽，想当初她的芽儿，浸透了奋斗的泪泉，洒遍牺牲的血雨。

——冰心

1997年，曹喜滨人生中第三个重要的转折点。

1997年10月，哈工大正式与国家高技术航天领域"863-2"办公室签订"微小卫星一体化系统总体技术"项目协议，确定了进行"立体测绘微小卫星"总体方案论证和关键技术研究。这标志着"试验卫星一号"研制工作的正式启动。

此刻，作为卫星总设计师的曹喜滨，感到自己肩上的担子沉甸甸的。因为他知道，这颗小卫星，不仅是他和项目组的责任，更是哈工大的责任，是哈工大向祖国的航天事业交上的一份答卷。而答卷的结果，是及格还是优秀，就要靠他们自己的努力了。

"我们唯恐辜负了哈工大师生多年来的热切期望，影响了学校的声誉；唯恐辜负了航天专家们多年来的支持和校友们的关注……怕我们这么多年来的心血付之东流，没有办法给学校、给大家一个交代……"回忆当时的心情,曹喜滨的语气中透着一种特殊的凝重。

研制期间,总有些人来人往。因为小卫星项目虽然立了项,可是前途到底怎样,没有人知道。大家都在探索,在尝试,在黑暗中寻找着光明的痕迹。值得庆幸的是,怀着同样坚定信念的人留了下来,又有怀着同样热情的人加入了进来,小卫星研制工作在一波三折中走得艰辛而执著,直至渐臻佳境。

"'863'项目是滚动式发展的,按每一个阶段的成果来支持下一步的工作。当时我们是做一个总体方案的论证,如果论证做不好,可能就无法继续走下去了。我们用了大概8个月的时间,完成了总体方案的论证。"曹喜滨回忆道。

1998年7月7日,对曹喜滨,对哈工大小卫星项目组来说,是一个具有历史意义的日子。由"863计划"航天领域专家委员会首席科学家闵桂荣院士、屠善澄院士等5位院士和国家有关部委领导及清华大学、西北工业大学等单位的多位专家组成的国家高技术专家委员会在哈工大主持召开了"立体测绘微小卫星总体方案论证"评审会。与会专家通过审查总体方案,观看系统仿真和实物演示,经过充分论证,一致同意转入总体方案的技术设计阶段。

闵桂荣院士说:"评审会有内容,有深度,是我这几年参加的其他评审会所不能相比的。""先进的技术一定要上,要知难而进,推动我国小卫星事业发展。"屠善澄院士说:"方案采用的全新的设计技术和运营机制,值得在航天系统推广。"……专家们的高度评价,给全体研制人员以极大的鼓励,为小卫星转到后续的技术设计奠定了很好的基础。

评审会后,曹喜滨带领他的团队,坚持哈工大优良的科研工作作风,埋头苦干,努力拼搏,把精力集中在高水平地完成预定的任务上。又是不到8个月的时间里,课题组的老师们顺利完成了小卫星技术设计阶段的工作。1999年3月17日,项目通过国家高技术航天领域"863"专家委员会评审。专家委员会认为:该项目在现有的各个分系统技术设计的基础上,已具备了转入原型样机研制的条件,可以转入下一阶段的研制工作,并于当年4月与哈工大签订"试验卫星一号"微小卫星研制合同,开始进

曹喜滨教授（右一）在小卫星研制现场

行微小卫星原型样机和飞行演示星的研制。

"最难的就是到了正样阶段。由预研项目转为演示验证项目，我们的管理模式也要由原来的专家管理模式转变成完全大系统大工程的管理模式，我们的队伍也经历了从学生和教师到科研人员的转变，从普通的科研教师到航天研究的跨越。作为一个工程大总体，'试验卫星一号'项目包括卫星、运载火箭、发射场、测控系统、地面应用系统等五大系统，协调起来是一项相当复杂的工作。钱学森说过：'航天是一个系统工程。'转入演示验证星研制阶段，我们才有了切身的体会。"曹喜滨说。

"不经一番寒彻骨，焉得梅花扑鼻香？"小卫星虽小，但五脏俱全，更何况其中40%的技术是首次采用的新技术，走的也完全是大航天工程的规范和流程。为此，参研人员每个人都付出了艰辛的努力。在持续紧张的压力下，在时间紧、技术难度大和经费紧张的条件下，曹喜滨带领他的团队，与兄弟单位通力合作，同舟共济，克服了常人难以想象的压力和困难，对小卫星一体化设计与研制、基于磁控和反作用飞轮控制的姿态捕获、卫星大角度姿态机动控制、微小卫星高精度高稳定度姿态控制、卫星自主运行管理、三线阵CCD航天摄影测量技术等多项微小卫星的前沿技术进行了创新和攻关,完成了卫星的方案论证与技术设计、关键技术攻关、桌面系统联试、原型样机和飞行星研制与大型试验等工作,探索了一条我国小卫星技术发展的新途径。

2000年12月,卫星原型样机研制工作完成。2001年5月11日,"试验卫星一号"原型样机转入飞行星研制阶段。为了迎接出厂评审,为了使卫星"不带问题进场,不带问题上天",小卫星项目组的每一位成员以实验室为家,以北京空间中心为家,以航天城为家。因为每一个人心里都清楚,小卫星不仅仅是一个科研项目、一个科研成果,更是哈工大的声誉所在、形象所在。多少年来,这份责任感,这份使命感,沉甸甸地压在大家的心里。是压力,也是动力,更是一种信念,支撑着大家在风风雨雨中没有停止跋涉的脚步。

为了解决一个丢失的数据,他们两三个月埋头苦干,从早5点到晚12点是家常便饭,有时甚至要72小时连续工作进行故障复现。"每次归零就像捉迷藏、抓特务。想抓错误时,错误却隐藏起来,怎么也抓不住。"就这样艰苦奋战,终于使所有问题一一归零……

在多次评审会上,与会的各位专家都对卫星研制的工作给予了高度的评价,认为哈工大在较短的时间内完成的超负荷工作量是惊人的,哈工大人的拼搏精神和奉献精神表现了中国的航天精神。在发射前夕,西昌卫星发射中心的领导这样评价曹喜滨和他的团队:"这是我们测试评审工作最顺利的一次,也是我们合作得最顺利的一次,这次合作让我对哈工大的老师、对高校刮目相看……"

纵使一路走得磕磕绊绊、曲曲折折,纵使一路走得战战兢兢、如履薄冰,然而曹喜滨却一直没有放弃过自己的梦想。曹喜滨带领他的团队,白天共同设计、讨论,做出技术决策,晚上查阅大量的资料补充知识和工程经验盲区。他相信天道酬勤,"一分耕耘、一分收获"是他始终坚持的信念。因为他的坚持,有了这个团队携手并肩的奋斗;因为他的执著,有了今天共同创造的灿烂。

2004年4月18日,在西昌卫星发射中心,"试验卫星一号"由长征二号丙运载火箭发射成功,并顺利完成演示验证任务。7年的努力,终于

开花结果;7年的期待,终于梦想成真。那一刻,在曹喜滨的眼里,没有什么比火箭划破长空留下的尾焰更迷人,没有什么比卫星从太空传回的一组组信号、一幅幅图片更美丽,没有什么比"小卫星"运行正常的消息更让他感到幸福和温暖。

2004年,在别人眼中已经"功成名就"的曹喜滨没有片刻停留跋涉的脚步,没有来得及稍作休息,便开始向新的"科研高地"发起冲击——研制"试验卫星三号"。"小卫星的发展不仅对卫星所自身的发展意义重大,对学校、对国家也是如此。"于是,曹喜滨便毅然选择了将哈工大小卫星的研制之路进行到底,更加执著地坚守着心中的那份承诺。

而这一次,时间更紧,任务更重。曹喜滨介绍说,在立项的时候,"试验卫星三号"的发射任务时间已经确定,给卫星技术研究所的研制时间只有两年半,非常短。这期间要完成所有的立项准备、方案评审、元器件筛选采购、初样和正样研制、转场发射。工作内容庞杂而繁琐,需要面对的新困难很多,卫星所人手有限,而且除了"试验卫星三号"以外还有其他的项目和工作要同时进行。

"试验卫星三号"试验任务圆满完成的美丽光环背后,依然凝结了说不完的努力和汗水。只是这么多年曹喜滨和他的团队风雨兼程,已经学会了举重若轻,许多问题都在谈笑间得到解决。然而,高强度的工作和精神上的压力还是损害了曹喜滨的身体健康。从早上睁开眼到晚上睡觉前,曹喜滨经常不是看纸质材料就是盯着计算机,时间长了眼睛特别累,尤其是右眼看东西越来越费力。2006年底,才40多岁的曹喜滨做了白内障手术,那时正值"试验卫星三号"初样研制期间,安心静养是不可能的。他日复一日地与各种材料、报告打交道,现在视力又开始模糊了。他坦言:哈工大的航天文化对自己影响深远,若不是因对航天事业的那份责任、对小卫星的那份执著,或许自己早就放弃了。

大漠星河,金秋胡杨。2008年11月5日,浩渺深邃的夜空又多了一颗人造卫星。哈工大抓总研制的技术试验小卫星"试验卫星三号"在"长征二号丁"运载火箭的托举下从中国酒泉卫星发射中心一飞冲天,直刺苍穹,创下国内高校两度研发小卫星、连战连捷的记录。从"试验卫星一号"到"试验卫星三号",曹喜滨带领他的团队实现了卫星技术的创新与发展。"试验卫星三号"作为技术试验类卫星,基于"试验卫星一号"卫星平台进行一体化设计,围绕各试验载荷的不同特点和特殊需求,进行了卫星结构、总体布局、热控的一体化设计,对卫星平台资源进行了系统优化,对部分功能部件进行了重新配置,进一步加强了卫星的可靠性和安全性设计。同时,"试验卫星三号"实现了围绕有效载荷的柔性化集成,具有较高的功能密度,解决了各试验载荷对卫星平台设计约束多的问题,实现了在小卫星平台上集成多数量、多品种试验载荷的设计目标,具有开放性和可扩展性。与同类卫星相比,"试验卫星三号"在功能和性能指标方面都达到了国内领先、国际先进水平。

"古之立大事者,不唯有超世之才,亦必有坚忍不拔之志。"正是由于卫星所团队不惧艰辛,十年磨一剑,钟情小卫星,怀着必胜的信念,才一步一步走到今天,让哈工大小卫星两度闪耀在璀璨的星空中。

师者:坦荡谦逊的普通人

古往今来,凡成就事业对人类有所作为的,无不是脚踏实地艰苦攀登的结果。

——钱三强

"非常感谢大家对我的包容!我这个人脾气不好,有时候甚至会发火,大发雷霆让人下不来台。但是大家却从来没有为此跟我计较过什么。"身材高大魁梧的曹喜滨是一位性情中人,为人乐观直爽,生活中经常可以听到他爽朗的笑声;工作中的曹喜滨严肃认真、一丝不苟,非常反感华而不实的作风。对于工作中不符合要求的行为,他经常会有严厉的苛责。

在科研上,曹喜滨是叱咤风云的卫星总设计师,在学生眼里,他还是公平谦逊、和蔼可亲的优秀师长,是学生的良师益友。"曹老师工作时很严厉,但绝对是对事不对人。他私下里很友善。相比之下反差挺大,但这样全面而真实的曹老师才让人觉得可亲可近。""曹老师的压力很大,我们只是做具体的活儿,累点儿也只是身体上的劳累,精神上的压力到不了我们这儿。曹老师他们则不然,总是有千丝万缕的事情等着他们去协调,技术上的、管理上的。"卫星所里的年轻人们坦言,有时候看着曹喜滨在很难的情况下依然保持乐观,想办法去前进,有一种很悲壮的感觉。

当年曹喜滨赴俄学习两年后回国,在老教师的培养和帮助下,他逐渐适应了航天专业的教学工作,承担起教书育人、培养未来航天人才的光荣使命。因此,尽管科研任务繁重,曹喜滨还是抽出时间加强学科和专业建设,加强对学生的培养。当时学科建设还处于起步阶段,很多经验尚在摸索之中。他根据自己对专业知识的掌握和理解编写了20余万字的讲义,为本科生、硕士生和博士生共开设了3门新课,保证了专业建设的急需。作为青年学术带头人,他和全体教师一起努力,使得本学科得到迅速发展:1993年建立了硕士点,1996年建立了高等院校空间飞行器设计专业首批博士点,2002年成为国家重点学科,2003年获得了一级学科博士授予权,2004年建立了博士后流动站,并得到了"211工程"和"985工程"的重点支持。近5年飞行器设计学科共招收博士研究生125人,毕业50人;硕士研究生230人,毕业150人。目前他本人指导博士生8人,硕士研究生6人。

马克·吐温说:"人的思想是了不起的,只要专注于某一项事业,就一定会做出使自己感到吃惊的成绩。""干大事的人"曹喜滨有一股子冲劲儿,愈挫愈奋,历苦弥坚。身为小卫星总设计师,曹喜滨一直处在压力的"风头浪尖"上。当年有人说哈工大卫星所是小卫星研制队伍里的"土八路",他当即乐观地表示,只要能打仗,"土八路"怎么了,

曹喜滨教授(左二)做客央视直播,介绍哈工大的小卫星

我们愿意做"土八路"。

"对于一个想要有所成就的人,坚持学习积累、努力超越自我是永恒的任务;对于一个求生存谋发展的行业,着眼改革实践、不断探索创新是一个不变的主题。"这是曹喜滨十几年来在航天领域和教育战线上拼搏进取、不断创新的真实写照。

诚实、敬业、踏实是曹喜滨最看重的品质。他说自己"对别人要求很严",其实他对自己要求更严。平时只要他不公出,早上7点钟曹喜滨一定会到办公室,即使是周六、周日。卫星所一年到头没休过星期六、星期天,也没有寒暑假。即使过春节的时候,也是大年三十才休息,正月初三又开始上班,而曹喜滨更是过完大年初一就到单位工作了。

曹喜滨认为,在教书过程中,要更好地激发同学们的学习热情,用发展的眼光看问题,既要一视同仁地看待学生,又要因材施教地培养学生,以适应现代教育事业发展的需要;在育人的过程中,要注意在思想上正确引导他们,注重品格教育,在生活上主动关心他们,在授业的同时,做好传道和解惑,教育他们学会做人与做事,以帮助学生实现综合素质的培养和健全人格的塑造。

多年来的教学与科研实践让曹喜滨深刻体会到,科技创新与人才培养是相辅相成的。"人才是科技创新的基础,高素质高水平的团队是创造高水平科研成果的关键。同时,高质量的科研工作和良好的科研条件是培养和凝聚高质量创新人才的必要条件。"曹喜滨说,合理利用教育资源促进科研能力和科研水平的全面提高,在科研工作中发现、培养和凝聚人才是他们将来工作的重点。

因此,在研究生培养过程中,曹喜滨不仅关注他们理论知识的学习,同时也注重实验技能的培养。在飞行器学科内,目前所有的研究生都能进实验室,有时会直接承担一定的科研任务,从而锻炼他们的各种能力,使他们毕业后能马上适应工作环境。同时,曹喜滨带领大家共同学习,形成了具有小卫星特色的团队全员周末学习和培训的机制、研究生入学教育机制和以"师兄带师弟"为特点的传帮带式的研究生培养路子,营造出了一个学习氛围浓厚、学术环境宽松、创新思维活跃的科研氛围。

在团队建设方面,曹喜滨言传身教,鼓励年轻人"从看不明白的角度提出思考。"凭借豁达开朗的人格魅力、严谨治学的科学态度和淡泊名利的大家风范,曹喜滨赢得了同事、学生们的信任和支持,带出了一支既有雄厚基础理论知识,又有实践经验、创新精神,特别能战斗和特别能奉献的科研队伍。

这么多年,经历了数不清的艰难坎坷,曹喜滨说自己最高兴的是卫星所团队能够凝聚成现在这样一个状态,大家在一起开心工作,特别是刚刚留在所里不久的年轻人提高得很快,他们是卫星所未来的希望。

"从第一颗小卫星到现在,曹老师付出的心血最大,起了最关键的作用。他做事认真刻苦,掌握知识很快,学东西领域很宽,说他是学习型、知识型的人才,这一点儿都没错。""曹老师看起来很粗犷,但其实很细致,很率真,他的个人魅力是这个团队凝聚力的一个重要原因。"曹喜滨的同事徐国栋教授等这样评价。

而曹喜滨常常内疚地自我检讨:"是这个队伍对我太好太宽容了,才有了我的今天。"因为这些年,他的生命、他的生活、他的情感,都已经深深地渗透到这个团队之中,就如同他对卫星的感情,这些卫星部件,看了上千个日日夜夜,一天看不到,都会觉得失落。这种感情无法割舍,也不能割舍。"也许因为做的时间长了,就对卫星和这个团队有了一种特殊的感情,一种别人难以了解的体会。"

"团队文化跟团队带头人的素质、综合能力、在国内国际的影响力等因素是分不开的。"卫星技术研究所许多老师都说,有曹喜滨所长这个绝对的核心在,大家心往一块儿聚,劲儿往一处使,没有什么困难是克服不了的。

这么多年的辛苦自己得到了什么回报?曹喜滨坦言,有小卫星和同甘共苦的同伴们他已经很满足。对于物质和名利,曹喜滨一向以平常心视之,追名逐利不是他的目标。"我小时候在农村长大,对现在的生活条件和工作环境已经很满意了,如果我想赚钱,肯定不是现在这样一种做法……"曹喜滨坦率地说。从他平静淡然的面孔上,从他从容不迫的神情里,从他谈笑风生的举止中,我看到了一种精神的力量。这种力量,支撑着一个队伍，风雨同舟地走到了今天。

对于曹喜滨来说"试验卫星一号"和"试验卫星三号"两颗小卫星只是过程而不是结果。曹喜滨的做事风格一向低调，因为他知道航天事业的风险。尽管他自己说"这些年的历程可以写一本书了"，但是每次面对采访，他总是带着惯有的笑容摆摆手："一切等发射成功了再说吧！"可是等发射成功了，他的脚步又踏上了新的征程。他的目光，看得更远……他和战友们在接下来的任务中将一如既往地去攻克一个又一个技术难关，完成一次又一次跨越，实现一次又一次零的突破，谱写一个又一个传奇……

教育部创新团队曹喜滨团队

曹喜滨简介 1963年2月出生，中共党员。哈尔滨工业大学航天学院院长，卫星技术研究所所长，教授、博导，全国模范教师，全国知识型职工标兵，教育部"长江学者奖励计划"特聘教授，教育部创新团队带头人。现为国家高技术"863-701"主题专家组成员、总装备部卫星技术专业组成员，国家安全重大基础研究（973）项目"微型航天器新概念、新机理研究"总负责人、首席专家，我国"试验卫星一号"和"试验卫星三号"总设计师。曾荣获国家"863计划"15周年"有突出贡献先进个人"称号，多次获"863"、哈工大科研先进个人和先进课题组等奖励。

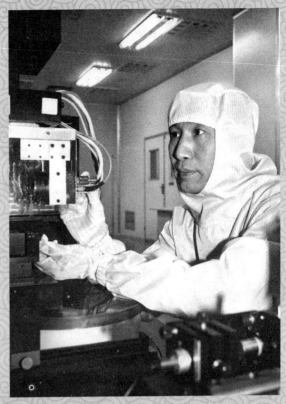

谭久彬教授

每当人们称赞他所取得的一系列成就时，他总是谦虚地说："我只是站在了巨人的肩膀上。哈工大就是我脚下的巨人。"从儿时那个埋藏心底的"精密仪器"梦想，到站在人民大会堂领奖台上的"梦想成真"；从白手起家的"三人一桌"，到精益求精的创新团队……他用自己的执著与坚韧，走出了一条不同寻常的"超精密"之路。走近谭久彬和他的团队，你会感受到，那些世人眼中冷冰冰的机器设备和单调乏味的实验室瞬间有了梦幻般的光彩。他用忙碌的身影无声地告诉人们：科研是一种乐趣，是一种责任，科研也是一种使命——

在"超精密"世界中潜心攻关

——记全国五一劳动奖章获得者谭久彬教授

□ 刘培香 余冠仕 郭萍

引子

鲜花。掌声。

这是2007年2月27日的北京人民大会堂。初春的北京虽然寒意未消,但怒放的鲜花和热烈的掌声,将温暖带给参加国家科学技术奖励大会的科技英才们。

哈尔滨工业大学超精密光电仪器工程研究所创新团队的代表谭久彬教授,从胡锦涛总书记手中接过获奖证书——他们以"超精密特种形状测量技术与装置"这一成果获得代表我国发明创造最高水平的奖项——国家技术发明奖一等奖。

而在18年前,他们课题组只有区区3人,当时连自己的办公桌都没有,3个人只能挤在借来的一张实验桌上!

18年里,他们如何白手起家,站上了科技奖励的最高领奖台?为寻访其中的奥秘,日前,记者走进了他们的"超精密"世界——

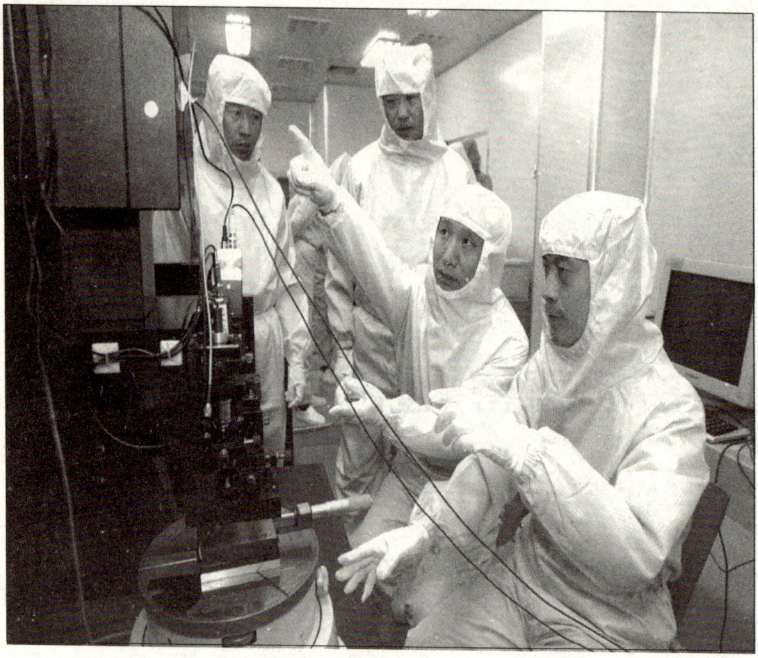

精神的力量 ★

谭久彬教授(右二)与他的团队在一起

走进满目葱茏的园林式哈工大科学园,走进其中一栋灰白色的小楼,楼内清新、宁静的气氛,让人耳目一新。

穿上专用洁净服,经过风淋室,进入超洁净实验室,走近那些默默忙碌着的身影,仿佛触摸到了科学殿堂的神圣与美丽。

这里就是哈工大超精密光电仪器工程研究所,一个朝气蓬勃、开拓创新又兢兢业业的团队,一个充满亲和力、凝聚力和向心力的大家庭。

见到研究所所长谭久彬时,他已经在实验室里连续工作了多个小时,但是在他的脸上却看不到丝毫的厌倦,相反却透着一股子兴奋。他说,他们研究所正在攻克一个超精密仪器领域里的新课题。

谭久彬身上有着科研人员所特有的稳重、内敛,在整个采访过程中,他始终保持着谦和的微笑。团队中的人都说,谭教授向来行事低调,视技术为"第二生命"的他,从不善谈自己的荣誉。埋头于科研攻关项目,比什么都令他兴奋。2007年2月28日从北京领完奖回到哈尔滨后,还未来得及和家人、朋友分享喜悦,谭久彬和他的团队马上投入到了实验室的工作。他说,现在的担子和压力更重了。

在这里,记者听到了一个个让人震动而感动的故事——

1989年,谭久彬在学校的支持下与同事一起选择了超精密测量与仪器技术这一前沿学术领域。

1992年,谭久彬、杨文国、李东升在一张借来的实验桌上,完成了长达3年的前期预研工作,开始朝着最难的目标跋涉。

1995年,我国第一台大型专用精密仪器在"三人一桌"的特殊课题组中诞生。

2002年,经历数百次失败,课题组突破关键技术,一系列重大成果不断推出。

2005年,一个全国最大的具有恒温、恒湿、隔振、超洁净条件的大型超精密光机电一体化仪器和装备的研究所呈现在人们面前,伴随而生一支特别能吃苦、特别能攻关的科研队伍,一批让国内外专家学者赞叹的高水平科研成果以及来自全球各地广泛的国际交流与合作……

2007年,谭久彬教授和他的团队一起摘得国家技术发明奖一等奖。

有人能把这些镜头画上一个等号吗?

然而,这确确实实就是超精密光电仪器工程研究所18年的变迁历程。谭久彬回忆往昔岁月,感慨万千。

现在的哈工大超精密光电仪器工程研究所早已闻名国内外超精密测量与仪器领域。看到这里幽雅的科研环境,系统化的基础保障条件,系列化的自主研究的科研辅助仪器,所有来参观、交流的海外著名专家、学者都无法吝惜他们的赞美之词。

但是,谭久彬和他身边工作的人都不会忘记当年创业的艰辛与苦涩,特别是那"一张桌子"的故事。

从"白手起家"到填补空白——
优良传统砥砺新时代"壮士"

什么才算得上"超精密"?这样说吧,如果有一人从实验平台旁边轻轻走过，所引起的气流的细微变化———这种变化我们根本感觉不到它的存在，但这对精度需求极高的实验来说，却仿佛是刮了一阵飓风，会大大改变实验数据。

我们日常生活中，经常用精细如丝来比喻对事物描述的精确程度。经测量，一根发丝的直径是0.05到0.1毫米。但对于一些超精密测量仪器来讲，这个精确度就远远不够了——它的精确度要达到头发丝直径的几千甚至上万分之一。

不要小看这个精度的提高。首先一点，是技术难度非常大。超精密仪器核心单元的精度水平处于当前先进制造技术的精度极限。另外一点，是意义非常重大。超精密测量与仪器技术有两大作用：第一是质量保证作用，即只有解决了超精密测量手段问题，才有可能解决超精密零部件和超精密装备的制造问题，这直接影响到一个国家的先进装备制造能力和水平。第二是技术引领作用，有了一流的超精密测量和仪器技术，就会直接提升相关技术，特别是直接提升先进装备制造技术领域的实验能力和加工测量一体化技术水平，进而推动其创新能力和技术水平的迅速提升，这直接关系到一个国家核心竞争力的提升。

谭久彬向记者举了一个例子：一把小小的瑞士军刀，售价要达到几百元甚至数千元人民币。或许，它的成本很低很低。可是，正是由于它的做工精细，使之举世闻名。"同类精密仪器或机床，国外的产品在国内卖到几百万，而我们的产品几十万甚至十几万都没人要，这是为什么？就是因为我们的精密程度不够。""不仅如此，技术发达国家为了保持在其领域的先进地位，把永远垄断超精密装备技术、对中国进行技术封锁、使中国在这一利益丰厚且关系国家安全的高端技术领域永远落后于他们三代至五代作为国家战略之一。这导致我国几乎与高端装备无缘。""这是我们科技工作者的耻辱，改变这种状况，使我国的超精密装备技术进入国际先进行列，是我们的职责。"这是谭久彬科研的动力。

1978年，谭久彬以优异的成绩考进了哈工大精密仪器系。4年的本科学习，为他打下了坚实的基础。1982年本科毕业时，系领导择优将谭久彬留在了系里做助教。在辅助系里工作的期间，他常常感觉自己的知识还是很匮乏,一种想要继续求学的愿望不断激励着他。1984年,他考上了精密仪器学科的研究生,并先后获得硕士、博士学位。在谭久彬攻读博士学位期间,他就首次提出了"多重互补方法"。该方法较系统地论述了建立超精密运动基准和避免或补偿原理误差的方法和技术途径。

1992年,37岁的谭久彬与同伴们刚刚完成了长达3年的前期预研工作,就撑起了一个大型专用精密仪器研制的项目攻关组。那时的他们,真的是一无所有。一开始,一切都是在图纸上搞科研。然而一无所有的他们却能把眼光投向国际最前沿的课题"超精密测量与仪器技术"——一张白纸,可以让人无拘无束地描画,只要有理想、有规划、有实力、有信心。

谭久彬(右一)大学期间与同学合影

那时他们连个栖身之地都没有,更别提实验设备,甚至都无法保证有一张办公桌。他们看到其他实验室里有个实验桌摆的设备较少,就跟人商量把设备腾到其他地方,桌子借给他们当办公桌用。而且,这3个年轻人,都没有独立开展课题的经验。以这种"家底"挑战极限谈何容易!

哈工大有着长期为航天和国防工业服务的历史,有为航天和国防奉献的优良传统。"国家的需求就是我们的第一任务",为国分忧对他们来说是天经地义的。而这些年轻人又具有做这项事业的天性。"我天生就喜欢精密、复杂的东西,这样才有挑战性,所以我们这几个人一开始就冲着最难的目标奔去了。"谭久彬回忆起当初的选择时说。

对谭久彬来说,从他儿时看科普读物时立志要做一个"制造精密仪器的人",到高考第一志愿填报"哈工大精密仪器专业",他的一生注定与"精密仪器"结下了不解之缘。

很快,机会就来了。当时有个大型专用精密测量仪器——"大型精密圆柱度测量仪"的研制任务下达到哈工大,哈工大没有人承接,拿到外面做,但还是没有人接下这个项目。后来主管科研的强文义副校长想起来这个年轻人,问他能不能做。

"能!"谭久彬坚定地说。他盼这一天已经很久了,他也有足够的底气来完成这项任务——前期开始该方向的基础研究已有6年多了,针对本项目的主要单元技术的研究也有3年多的时间了,在总体设计和关键技术方面已有了比较好的积累,可以转入工程应用了。

由于当时国家急需,必须赶在两年内完成。谭久彬他们开始与时间赛跑。当项目下来时,他妻子正在瑞士读博士,他就把孩子送到姥姥家。除了睡觉吃饭,谭久彬他们基本都泡在实验室里。赶上出实验数据的时候,他们更是整夜整夜地守在实验室,以随时发现问题随时调整。

夜深人静,世界一片静谧。当人们都进入梦乡的时候,恰好是他们工作的最佳时段。由于当时实验条件还不够好,白天外界的一丁点儿动静所带来的振动、噪音,都会对实验结果产生很大的影响。只有到凌晨三四点钟的时候,没有了喧闹,没有了干扰,这才是做实验的最佳时刻。有多少个日日夜夜,这些年轻的研究人员,忙着忙着,一抬头,发现晨光已露,晨练的人们陆陆续续地走出来,新的一天已经开始了。

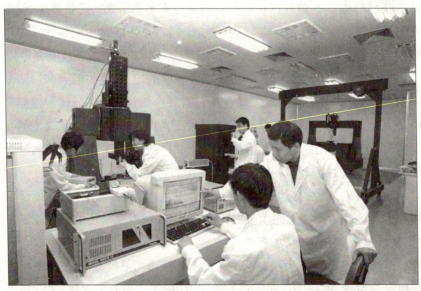

谭久彬教授(右一)在指导学生做课题

由于这是一个多学科交叉项目,机械、光学、电子、传感、控制、材料……远远超出他们的知识范围。材料方面缺人怎么办?请学校专门研究材料的专家参与!实验设备不够怎么办?远上北京、上海等地实验室,跟人磨嘴皮子,等上很长时间,然后蹭人家的地方和设备做一个实验!

很快时间过去大半,一件意外的事情让谭久彬终生难忘。当工作台制作完成进行测试时,测试数据偏离设计指标很大。当时课题的总经费还不到50万元,这个工作台就花了十几万。现在性能上不去,若重新做,经费不够不说,时间也不允许。

1995年的大年初三,这群年轻人又集中在实验室,不断地做实验,找规律,看问题出在哪里。最后查出是材料热处理工艺出了问题。

当确认工作台报废的时候,一向坚强的谭久彬忍不住偷偷地流下了泪水。时至今日,回想起那次失败经历,谭久彬还是不断摇头,不断地说:"那次打击太大了,太大了。"

在哪里跌倒,就在哪里爬起来。他们重新开始新一轮设计加工。幸好当时整个项目往后推迟,他们也赢得了足够时间来完成研究。

1995年,我国第一台大型专用精密仪器诞生! 1996年,该项目获得航天工业总公司部级科技进步奖一等奖,1997年获得国家科技进步奖三等奖。一石激起千层浪,人们对这几位敢于吃螃蟹的年轻人刮目相看。

从初战告捷到"精益求精"——
瞄准国家需要不断实现跨越

首台大型专用精密仪器研制成功,课题组每个人都十分高兴,但作为领头人的谭久彬却很快转入冷静的思考。我国各项尖端事业的发展,对大型超精密专用测量仪器的需求越来越迫切。大型超精密级专用仪器是制约国家先进装备发展的核心基础装备,国家急需,买不来,又绕不过去。面对这种现状,他们作为仪器科技工作者深感不安。

"我们国家落后的核心根源是什么?"谭久彬说:"根源之一就是先进装备业的落后,而先进装备业里精度水平最高、技术最复杂、核心技术最集中、集成难度最大、对先进装备业发展影响最大、国外对我国技术封锁最严厉的,一是超精密级工作母机,二是大型超精密级测量仪器。"

经过深思熟虑,谭久彬下决心带领团队在大型超精密仪器技术这个十分重要的研究方向上坚持走下去,一定要为中国的大型超精密仪器与装备技术水平的提升做一些扎扎实实的技术积累,拿出硬碰硬的东西来。

由于我国对关键技术掌握得太少,几乎拿不出构成大型超精密仪器的过硬的核心单元技术。要解决核心技术问题,就必须埋下头来对每一个单元技术进行系统的研究与长时间的积累。而且这个方向不是一个容易出成果的新方向,也不是在短期内能见到效果的热点方向,而是充满了风险,前进一点点都很困难,还要经常面对失败的打击。因此,这个选择就注定他们要走一条漫长的艰辛之路。这就要求团队的每一个成员都要有一种精神,一种为一个长远目标而坚持不懈努力的精神。应该说,在哈工大这样的大环境下,具备了打造这样一个团队的条件。

记者问谭久彬:做这个决定时,对未来有一个清晰的预测吗?你想过要在成功的道路上跋涉多久?如果两鬓斑白之时迎接你的仍然是失败怎么办?瘦瘦的谭久彬微微一笑,说:"默默努力几十年却没有出成绩的科学工作者有很多,我是有这个心理准备的!哈工大的传统就是为生产一线服务,我们的科研也是围绕国家需求,国家的需要是我们的第一任务。"

为了赶项目进度,卷起铺盖睡到实验室,也是所里的一个传统了。在实验最紧张的时候,研究所的楼里多了10多套铺盖,大家一住就是43天!每当所里要进新人的时候,谭久彬总要事先跟他们谈话:"到我们这里,第一要吃得起苦,我们的研究工作没有节假日,而且每天工作3个单元,即上午、下午和晚上;第二要有很强的毅力和韧劲儿,要有一干就是十几年甚至几十年的劲头。"

长期没有规律的生活,让谭久彬的身体严重透支,胃的毛病开始困扰着他。有几次,当他正和同事们一起开会讨论方案的时候,他整个人一下子虚脱,出溜到桌子底下。同事们赶紧把他送往医院,而他刚刚好一点,就又回到实验室,与往常一样到很晚很晚才回家。

什么是"热爱祖国、无私奉献、自力更生、艰苦奋斗、大力协同、勇于登攀"的"两弹一星"精神?什么是"特别能吃苦、特别能战斗、特别能攻关、特别能奉献"的载人航天精神?在他们身上,在他们每一次攻关中,都深深地体现出来。

要专心致志地从事一个方向的研究并非易事,谭久彬还要避开来自不同方面的干扰而不为所动。比如最大的干扰就是一些小型短期项目。这类项目技术水平不高,但利润比较丰厚,如果承担这类项目,大家做起事来会很容易;而且,丰厚的利润可以给大家带来很多好处。

谭久彬及其团队做出了选择:"做这类项目会直接冲击既定研究方向的研究工作,既定的研究目标就会越来越远,甚至落空。在大家统一思想后,我们更坚定了决心,更专注于这个方向的研究。"

坚持这一方向的研究,不仅仅是承受技术艰难的考验,忍耐长期无成果的寂寞,而且有时还要面对"无米之炊"时的难堪。幸好在"青黄不接"的几段时间里,他们及时得到了当时的国防科工委基础科研项目、国家自然科学基金委基金项目和教育部"211工程"建设项目经费的支持。专心致志、坚持不懈地研究和攻关,大大缩短了一些关键技术的研究周期,这成为事业快速发展的重要前提之一。

从1992年到2002年,3 650个日日夜夜,大大小小的失败数以百计,换来的是一个个单元技术突破。他们掌握了大型超精密仪器的多项核心技术,研究成果站在了国际前列。

2002年冬天的一个深夜,谭久彬等十几位哈工大"壮士"在紧张地等待着一个重要实验的结果。

每一个单元都仔细测试过了,没问题;每一个数据都反复计算过了,没问题。也许是经历过太多失败,最终结果会不会像预想的那样?谁都没最后的把握。

嘀嗒,嘀嗒,时间一秒一秒过去。实验室安静得惊人,大家都能感觉到自己怦怦的心跳。当实验数据出来的那一刻,大伙儿一个个睁大了眼睛。也许是压抑太久,当确认数据与预想的完全吻合后,这帮素来不苟言笑的"壮士"们,跳啊!笑啊!深夜的实验室沸腾了。

关键技术突破,使得一系列的重大成果不断推出。他们先后研制出十几台大型专用超精密测量仪器与测试设备,解决了精密专用装备研制和生产中的测量与测试难题。同时,他们还研制出我国第一台圆柱形状测量仪标准装置,为实现全国范围内的圆柱度量值的统一奠定了基础。

随着一个个难题的攻克,"变不可能为可能"的锐气已经扎根在谭久彬的心中,从此原本平静的生活开始有些不平凡了。经过多年艰苦创业,他终于建立起我国第一个大型超精密光机电一体化仪器技术和装备研究基地,建成了国内最高水平的超精密实验室,自行研制成功国内第一个180吨超低频气浮隔振基础,建成了配备一整套恒温、恒湿、隔振和超洁净等先进技术的实验研究基地,研究手段达到国内领先、国际先进,研究能力处于国际先进水平。在此基础上,研究所形成了应用基础研究、关键技术研究、集成技术研究、工程装备研发和高层次人才培养的综合学科基地。

谭久彬不但在国内盛享知名度,在国外也享有很高的声誉。他的学识和人品数度受到国外友人的称赞。"我们不搞跟踪研究或者低水平的重复研究,一开始就瞄准国际前沿,起步比较高,才能取得大的跨越式发展。"站在巨人的肩膀上,才能看得更高更远。谭久彬和他的团队,就是站在"国际前沿"这个巨人的肩膀上,一路写下风景无限。

从土生土长到"后期混血"——
致力打造一流国际创新团队

在采访中,有一些问题一直萦绕在记者脑海中:谭久彬到底有着怎样的个人魅力?这到底是一个什么样的团队?能让出国从事合作研究的崔继文提前归来?能让高级技师金国良从其他单位加盟?能让大家伙儿宁愿自己收入少些,也要把经费投在实验平台建设上?

"从谭久彬教授身上,我更加感到事业心对于一名科研工作者的重要性。如果我们的教师都有着强烈的事业心和创业精神,有着为科学献身的精神,有着甘于寂寞、敢于吃苦的精神,我们学校一定会有第二个、第三个国家技术发明奖的一等奖。"秦裕琨院士说,"如果没有谭久彬教授团队那种淡泊名利、'十年磨一剑'的心态,又怎么能够踏踏实实地做学问、怎么能够出大成果呢?"

"作为一个创新团队,带头人的作用是非常重要的。我从20世纪90年代开始接触谭久彬教授,十几年来,感觉他骨子里有一种无论做什么事情都争创一流的意识和劲头。有了这种劲头,才能有责任感、使命感,才能用一个比较高的目标来要求自己、要求自己的团队。只有有了这样一个目标,才能把大家凝聚到一起,共同努力,才能做出大成果……"姚郁教授这样评价他眼中的谭久彬。

每天夜晚,当整个机械楼已陷入一片黑暗的时候,只有一个实验室还灯火通明——那就是进入科学园以前的超精密仪器工程研究所。当清楼的老大爷前来巡查时,谭久彬把灯全部关掉,直到吆喝声渐渐远去,他们又偷偷打开暗室的灯继续工作。

进入科学园以后,条件好了,兢兢业业的工作精神却有增无减。谭久彬说,他必须用手机定时提醒自己吃饭和下班,否则就意识不到时间的流逝。有时手机没电自动关机了,他就在不知不觉中一直工作到深夜。当他从书案后抬起头时,发现周围一片寂静,座机电话上显示的时间告诉他——已经半夜12点了!走下楼,他的实验室里还有人在挑灯夜战!

为什么会有这样的敬业精神?听听学生们是怎么说的吧:"谭老师本人就是这样一天 3 个单元拼命工作,讨论、看资料、写报告、做实验……跟谭老师比,我们无论如何也不能逊色呀。"

的确,有什么样的学术带头人,就有什么样的团队。20多年科教事业生涯中,谭久彬始终甘于清贫吃苦,不为物质利益所动。由于他的学术成就和巨大潜力被国内外学术界、技术界广泛认可,国内多所名牌大学多次以优厚的待遇和科研条件聘请他,甚至不惜巨额投入,邀请他率整个团队南迁,但他都一一婉言谢绝。他是个重情意的人。他说,是哈工大培养了他,是黑土地养育了他,他立志艰苦创业,为母校的发展和龙江的振兴奉献力量。

全国高校唯一一名获得"国防科技工业技术能手"和"全国技术能

手"称号的高级技师金国良说:"谭老师他们没有休息日,几乎每天都干到晚上10点以后,他们的钻研精神让我感到很惊讶,也很受感染。这里的工作氛围和条件很好,每个项目不同,我干的活也总在不断创新,这里很有干头儿。"

氛围好!有创新!代表了研究所很多人的心声。

团队成员杨文国的一句话给记者留下深刻印象。他说:"我们承受着高强度的工作压力和精神压力,但我们不觉得辛苦。我们之所以没有因疾病、失败而倒下,是因为我们是幸福的,因为,我们在这个团队中。"而团队中唯一的女教师邹丽敏则告诉记者,她喜欢这个国际一流的科研环境,她喜欢这个团队内互相关心、支持的氛围。

这样的团队,注定了他们的累累硕果。然而,打造这样一支作风过硬、能打硬仗的优秀团队可不是一件容易的事。作为学术带头人的谭久彬,倾注了无数的心血。作为这个团队的学术和技术骨干,所里的每一位年轻人也付出了相当大的努力。特别是在创新人才培养方面,谭久彬创造性地提出了许多新的理念。

就说谭久彬本人吧。从简历来看,他的经历实在是简单不过:本科,哈工大;硕士,哈工大;博士,哈工大;任教,哈工大;科研,哈工大。实验室许多年轻的科研骨干,都是这样从哈工大到哈工大。"近亲繁殖"可是人才培养的一大忌啊!

关于这个问题,谭久彬也经过深入思考。"我们学校地处哈尔滨,从其他知名高校吸引优秀人才的可能性不大。基于这种特定的环境和条件,如何实事求是地在现状下构建一支高水平的创新团队是我们一直思考的问题。"既然吸引外边的优秀人才有困难,就留下本校的优秀毕业生吧,这时又面临另外一个问题——近亲繁殖。怎么办?

于是,谭久彬提出了一个新名词:后期混血。所谓"后期混血",就是有目的地培养"差异",再让每个人到不同的国际环境中去强化"差异"。

第一个步骤,对留下工作的学生,有意识地使每个人都在自己的方向上强化特色,使其在某一方面具有特殊的才能和突出的能力,思维与

全国五一劳动奖章获得者谭久彬教授

视野与其他人截然不同，综合素质非常好，又无法互相替代。他们从事的工作需要光、机、电等学科的交叉，大家必须在超精密光机电一体化技术与仪器工程方面有共同的基础，然后再创造条件着重发展学术个性和技术特点。不同的技术特点和学术观点的人才会聚在一起，研究同一个问题时思维方式完全不一样，一讨论，火花就碰撞出来了。创新往往从其中产生。这样既避免了科研方向和思维方式的趋同，又可以优势互补，取长补短。

谭久彬教授（左一）在国际会议上与外国学者交流

第二个步骤就是派出去，结合每个人的学术专长和技术特点到国外高水平科研机构和大学从事研究工作，让青年骨干到国际大环境中挑战自我，锻炼自己，吸收和融入国外不同科研单位的科研思路和思考方法，以此冲淡"近亲繁殖"对学生科研思路的影响。同时所里对回国者都有一个严格要求，即必须巩固与国外工作的单位有频繁的学术联系和人才交往。这样，使得学术骨干们视野更加开阔，而且国外不同的学术理念与科研风格不断得到强化，源源不断地汇入这个创新团体，促使其在国际化的新层次上不断碰撞、升华。

"我们派出去的目标很明确——参加对方的高水平科研工作，吸收和融入国外不同科研单位的科研思路和思考方法，进一步强化特点，回国之后在自己的科研方向上有一个大的提升和质的飞跃。"谭久彬说。

金鹏是所里比较有代表性的一个例子。他留校以后首先被派到日本进行联合培养，2001年答辩以后又被派到英国伯明翰大学，师从英国皇家工程院院士戴维斯教授，参加了国际前沿性项目——高性能微系统的研究。在那个国际一流的团队里工作了短短两年，金鹏就在微系统的关键技术——非硅高深宽比制作技术领域取得新突破，并与导师一起联合申请了一项国际专利，该成果水平在当年列世界第二位。回国以后，金鹏所掌握的关键技术，在超精密级微结构光学器件激光直写机的研制中有了用武之地。

2005年7月，崔继文被派到德国联邦物理技术研究院（PTB）开展为期半年的合作研究。由于在国内打下的良好基础，为期6个月的课题他花3个月就完成了，解决了困扰德国同行多年的一大技术难题。在接下来的时间他又申请了一个课题，很快两个月内又完成了。

德国联邦物理技术研究院在给崔继文的评价中连用了"Perfect（完美）"和"Excellent（卓越）"两个词。这个研究院可是世界顶尖的研究院啊！一些在德国学习工作的同行劝崔继文："你拿着这个评价，在欧洲可以轻易地找到待遇很好的位置。"

但崔继文回来了，不但回来了，还提前一个月回来了！

"我们的团队互相帮助的精神、我们的硬件条件、我们的科研环境都是国际一流的，从科研角度讲，我没有必要走，这里应该更容易出成果；另外，这里赚的钱虽然没有国外多，但只有在这里做出的成果，才是属于祖国的，金钱并不是衡量科技工作者价值的标准。"崔继文的一席话说出了整个团队科学工作者的心声。

谭久彬为每一个成员营造了一种归属感。他们把自己的事业和生活，与这个集体紧密联系在了一起。研究所的师生之间，有着一种非常信任和默契的关系。即使人在国外，他们也每星期都给谭久彬打电话，谈科研进展和一些困惑，进行及时的沟通和下一步规划。"我们既是师生，又是非常好的朋友。"很多学生这样说。

谭久彬为每一个成员搭建了一个非常好的事业平台。这个团队有着国内首屈一指的科研条件，有着众多前沿性项目和重要的机遇，有谁舍得离开呢？即使出了国的人，也急于回来，"因为要干事业就要在国内干，自己的事业是要和自己的国家联系在一起的，不可能和别的国家联系在一起"，"只有团结协作，每个人才能拥有更多的机会，才能发展得更快，把个人的事业与集体的事业有机地结合起来，才能实现双赢和多赢。"这是研究所师生们的共识。

谭久彬教授（前中）在国家科学奖颁奖大会上

谭久彬帮助每一位成员规划发展方向和成长路径，帮助他们积累成果。比如金鹏出国前只是讲师，回国后升为教授，半年以后成为博导，他的整个成长道路都是谭久彬帮助规划的。谭久彬也正在为其他的年轻人做着具体的规划，并解决他们不同成长阶段的不同需求。让刘俭十分感动的是，自己晋级讲师的时候，谭久彬会时不时地提醒："你的成果整理出来没有？"每个人的发展都惦记在这位学科带头人的心中，他将每个人的发展与研究所的大目标都紧紧地联系在一起。

谭久彬带领的这支团队,有着团结合作、和谐友好的氛围,朝夕相处而无名利羁绊。就在申报国家级科技奖励的时候,因为发明奖获奖人名额的限制,刚到而立之年的王雷就向谭久彬表达了谦让之意:"我还年轻,将来的机会还多着呢,这次就不要考虑我了。"但谁都明白,像国家技术发明奖这样的机会,对绝大部分人来讲,一生都等不来一次,而且这种机会将会对他的将来产生非常大的影响。

在这种精神牵动下,这个团队不仅创造出一批一流的技术成果,也培养出一批一流的人才。如今的谭久彬依然神采飞扬地置身中青年专家的行列,平静而坚毅的笑容依然陪伴着他和他带领的创新团队,一如既往地为航天事业贡献自己的聪明才智。

对于国家技术发明奖一等奖这一荣誉,谭久彬看得很重,因为这是国家重点课题。18年来,他和团队不分昼夜地为其奋斗着。于自己,他又看得很轻。他说,取得这一突破性的成果,得益于国家、省、市对科技的重视,对创新的鼓励,为科技工作者创造了良好的科研环境。在采访谭久彬时,有一个细节让人看到了他对团队的看重。无论记者采访、拍照、摄像,他始终把团队的其他人拉到自己身旁。他说,团队集中了很多各专业的顶尖人才,大家分工合作,共同渡过了一个又一个难关,荣誉是大家努力的结果,不是某一个人的。

谈起今后的目标,谭久彬说,科技没有顶峰,科研不会止步,要突破更尖端的领域,让科研成果转化为产业制造能力,服务于国家和社会。谭久彬表示,科研团队将扎根龙江大地,扎根哈尔滨,使科研成果产业化,并培养更多优秀的人才。

"精益求精,创新集成",是研究所的文化理念,也是谭久彬和他的团队向科技高地进军的精神旗帜。从"三人小组"到一流的科研平台,谭久彬和他的团队走过了不同寻常的奋斗之旅,靠的是百般奇崛志,一颗平常心,靠的是永不停止跋涉、永不放弃攀登的精神。

壮士谦和担大任,十年磨就一剑来!谭久彬有一句话常挂在嘴边:"明年就会好了!"是的,只要不断有新的目标,有新的超越,每一个明年都会更好。未来,在他们的眼中更加灿烂,在他们的手中更加辉煌。

采访手记:谭久彬印象

几经辗转终于约上了对谭久彬教授的采访,一直以为他肯定是个不苟言笑、不易接近的东北大汉。而一见面,心中的石头就落地了。他没有一般人想象中的东北人那样的高大身躯,而且一脸和善,一脸笑意。采访自始至终,他总是带着这标志性的淡淡笑意。

他总是不断解释,他的工作只是分内的事情,没有什么惊天动地之处。学校像他这样的人多的是。旁边的一些研究所里,从事的都是非常有价值的研究工作,而且很多教授水平更高。所以,他多次要求,我们在写他的时候,一定别往高里拔。

短暂的采访让谭久彬有了一个"休憩"的机会,他回忆起儿时住在哈尔滨市郊一个小火车站旁边俄罗斯风格房子里的岁月。就在那段时间里,他接触了许多科普读物,那时就他立志要做一个"制造精密仪器的人"。

他回忆起在工厂做钳工学徒的时光。钳工有一个基本功就是打扁铲:左手把紧扁铲,扁铲刃口对准拇指粗的钢筋,右手握住铁锤,右臂抡圆,使尽全身力气向扁铲帽砸去。刚练基本功的时候,师傅让他把眼睛蒙上,再往下砸。开始不熟练,锤子方向稍微偏一下,就会砸到左手。那时他的左手经常被砸得鲜血淋漓,但动作的精度却日渐提高,也练就了他坚韧的意志。

他回忆起高考填报志愿的那一刻,他看到哈工大的精密仪器专业,就毫不犹豫地填报成第一志愿。因为他心中早已经埋下"精密仪器"的梦想……

没想到外表温文尔雅的谭久彬,却有着这样的执著和坚韧。

我们并不想这样"牵强附会",但他的经历又的的确确如此。用他自己的话说:"我这是一点都没浪费时间,从小到大,好像就是为干这一件事儿而来。"

采访快结束时,他动情地提起了他的家庭。

一个每天晚上 11 点多才能回家的人能是个好丈夫么？一个很少与家人一起吃饭的人能是个好父亲么？有一次他出差回来，因为家里有点事情，就直接回家，而不是像往常一样回到办公室。当吃完晚饭，看着新闻联播时，他的孩子突然说："爸爸，我印象中你好像是第一次在家里看这个点的新闻联播！"

说起这些，他长嘘了一口气，然后缓缓地说："我不是一个好丈夫，也不是一个好父亲。"言语之中充满愧疚。

没想到如此执著而坚韧的谭久彬，又有着这样的脉脉温情。

在送我们下楼的时候，他仍带着谦和的笑容，再一次抬起双手，做一个往下压的姿势。我们明白，那是他希望不要把他写得太高。我们笑了，他也笑了。

也许，用一句谚语形容谭久彬最恰当，那就是果实越成熟，垂得越低。在他取得了累累硕果的同时，他的态度也越来越谦逊了。谦虚，这也是他一贯的做人原则。

天有些暗了，楼梯间光线不是很好。我们走到一半，听到"叭"的一声，回头看去，是他在打开楼道灯开关，一股暖意一下子漾上我们心头。

谭久彬简介　1955 年 3 月生，中共党员，哈尔滨工业大学教授、博士生导师。曾任哈工大精密仪器与测控技术系主任、自动化测试与控制系主任，是国务院学位委员会光学工程和仪器科学与技术学科组成员、中国计量测试学会副理事长、全国计量仪器专业委员会主任委员、中国仪器仪表学会常务理事、国际测量与仪器委员会常务理事。曾荣获部级有突出贡献的专家称号、部级学术（技术）带头人称号，获黑龙江省杰出青年基金，入选教育部"跨世纪优秀人才"计划并获优秀人才基金支持、入选人事部"百千万人才工程"第一二层次和国防科技创新团队（带头人），享受国家政府特殊津贴；2007 年荣获"黑龙江省劳动模范"称号和黑龙江省最高科学技术奖，并荣获全国"五一"劳动奖章，2007 年获国家技术发明奖一等奖。

马军教授

他被称为"水处理专家"。2005年的松花江水污染事件,他和他的团队不分昼夜刻苦攻关,仅用了3天时间就让哈尔滨市民喝上了放心水,也让人们从此记住了他的名字。在他看来,作为一名青年科学家,责任和兴趣一样重要;他是学生眼中的"好老师",不管工作多忙,他都会抽出时间和学生一起探讨问题,一起做实验,在他眼中,教学和科研之间有非常强的互补性,彼此可以相互促进。他就是第六届"中国青年科学家奖"获得者、黑龙江省获"长江学者成就奖"第一人、哈工大市政环境工程学院马军教授。

一江清水心中流

——记第六届中国青年科学家奖获得者马军教授

□ 商艳凯

"变污水为清水,取得多项自主知识产权的哈尔滨工业大学市政环境工程学院马军教授",这是2006年《北京青年报》在报道第六届中国青年科学家奖颁奖仪式时,对马军教授所做出贡献和所取得成绩的高度概括。

而马军却对这一荣誉始终保持着低调。在去北京领奖前,他的学生还以为他又去参加某个研讨会了,直到媒体大量报道后,他们才知道了事情的"真相"。对于马军所取得的这一荣誉,他的学生说,"我们一点也不感到惊奇。这是他应该得到的,因为他付出了那么多。"

作为他的老师,李圭白院士在得知马军获得中国青年科学家奖后,同样显得很平静:"他完全有这个实力。他刚40岁就取得了两个国家发明奖,目前他的学术成果研究正处在上升阶段。正所谓'师傅领进门,修行在个人',主要还是他自己努力的结果。"

对于马军来说,2008年同样是不平凡的一年。这一年,他收获了分量更重的一个奖项——长江学者成就奖。全国仅有3名学者入选该奖项,

精神的力量

王兆国校友（左一）为马军颁发中国青年科学家奖

马军也成为黑龙江省获此殊荣第一人。

当很多人都为此而欢欣鼓舞时，一直忙着在外地开会的马军自己却全然不知。马军将这一荣誉归结为团队协作。他还表示，将把百万大奖全部用于水污染研究和人才培养，着力解决我国水处理中尚未攻破的难题，培养出更多的年轻学者和专家。

正如在做客央视《新闻会客厅》时，主持人称呼马军为"水处理专家"，因为马军常年和"水"打交道，而正是和"水"的这种"亲密"关系，他所做出的贡献多了一层社会意义，同时也彰显出一名青年科学家的责任所在。

科研之路 一马平川

青年科学家有两个关键词，科学家是一项职业，同时从事这项职业的人要有着过人的才华和人品，要本着严谨踏实的作风；而青年也有两重含义，他们有着远大的未来，同时也有一些未知数，能不能在一个领域当中坚持稳健地走下去，值得人们的期待。47岁的马军无疑具备这两个"必要条件"。

1978年，马军16岁就考上了原哈尔滨建筑工程学院给排水专业；1982年，师从中国工程院院士李圭白教授攻读硕士；1990年，成为该院给排水专业第一位博士生；1991～1992年，在同济大学环境工程学院做博士后;1993~1995年英国帝国理工学院博士后(获国际"居里夫人"一等博士后奖学金);首批入选国家"百千万人才工程"和教育部"跨世纪优秀人才培养计划"。如今,他是市政工程学科"长江学者奖励计划"特聘教授、国家杰出青年科学基金获得者、全国优秀博士后。

乍一看,他的学业历程可以说是一马平川。其实,他并不是一开始就对自己所学的专业产生兴趣的。高中毕业报考志愿,他报了两个专业:一个是通信工程,一个就是给排水专业,竟然都是由班主任填报的。但这两个专业在当时都是冷门专业,所以当拿到录取通知书时,他对给排水专业的认识还很模糊。于是他四处打听这个专业都教些什么?可是问来问去,知道这个专业的人也不是太多。最后,一个同学看了看他的录取通知书说:"这个专业就是学怎么掏'马葫芦的',你看马路边那些穿着胶皮衣服掏下水道的人都是学这个专业的。"当时马军心想:读了这么多年的书,考上了大学竟然是要去学习怎么掏"马葫芦"。

对于那时梦想着成为陈景润的马军来说,同学的这个猜测足以粉碎他对未来所有美好的憧憬。马军说:"那时候心里暗想:去学校看看,如果真是这样的一个专业就退学重新再考,自己的年龄还小也不怕再考一年。"

就这样,马军抱着准备再考一年的想法来到学校。在专业介绍会上,他开始了解了给排水专业,尤其得知这里是我国最早创办的给排水专业发源地,这个专业在全国高校中都有较高的知名度。马军和他的同学们听到了老师关于给排水专业的详细介绍,透过老教授那厚重的镜片和意味深长的教诲,马军好像听到了召唤。以前,那个被同学说成是掏"马葫芦"的专业在马军的脑子里变成了具体的、彩色的。于是,他便下定决心学好自己的专业。用他自己的话说,"兴趣是在不断摸索中逐渐形成的,当你不断有新发现,不断取得进展,就会产生自信,而有了这种自信,你做什么都会觉得有趣。"

他是这么说的,也是这么做的。读研究生时,马军就初露锋芒,在导师指导下,他摸索出一种高灵敏度、高准确度的检测水中微量有机污染物丙烯酰胺的方法,使检测准确率由过去的40%提高到90%以上。他随后又找出去除该污染物的方法,并申报了国家发明专利,应用于水厂。

1993年,在同济大学做了两年博士后的马军得到国际"居里夫人"一等博士后基金的资助,有机会到英国工科最强的帝国理工学院留学深造。这个基金在能源、生物和环境等3个高科技领域选拔一批青年博士后到国外进行学术研究,最终入选的都是各高校的青年科技精英。到了国外,刚30岁出头的马军看什么都"新鲜",并平生第一次接触了"因特网"。在英国的那两年,马军对国外高校在管理、科学研究等方面的先进经验有了全面的了解,并深深地认识到了国内的差距。"就说我们在国际化这方面,在实验的条件、管理以及一些基础方面,我觉得我们跟他们确实是有差距的。但是从另一个方面上,我们也有相当的优势,如教学与科研体系是基于俄罗斯的体系发展起来的,我们是从基础一直做工程,所有的学生在工程方面的训练都非常强,所以在这方面我们还算是有特色。"从马军的话语中不难听出他对在国内开展研究的那种自信。

在国外期间,马军在权威杂志《国际臭氧科学与工程》上发表了自己的研究成果,引起了不小的轰动,成为该期刊引用率最多的几篇论文之一。归国以后,马军选择回到原哈尔滨建筑大学任教,同时申请到了英国皇家学会国际合作项目。"这个国际合作课题对我的成长应该还是很重要的,它意味着我的工作又有一个新的展开,它让我能够认真地去探讨一些问题,能够坐下来通过研究、通过实验去发现一些问题,通过这些探索去揭示一些原来考虑的不太清楚的问题。"此后,马军又相继获得国家自然科学基金和国家杰出青年基金的资助。1999年,回国不满5年的马军受聘成为教育部第二批"长江学者奖励计划"特聘教授。

对于自己亲手培养出来的得意"弟子"的成功,李圭白院士认为主要有以下两个方面的原因:一是研究方向比较正确。80年代,面对"如何让人们喝上安全、放心的饮用水"这个问题,污染水处理成为科学研究的一个前沿领域,当时这个问题还不是很明显。随着时代的发展和环境问题的日益突出,国家对此也越来越重视。在这样的情况下,马军将国家和社会发展的这一重大需求有意识地结合在自己的科学研究中。他的研究就是寻找一种不同于国外的、适合我国国情的、经济实用而又简单易行的除污技术。更重要的是这一技术还要能转化为生产力,并最终得到大规模推广。马军的研究方向是国际上全新的、并处于领先地位的一项科学技术。二是从个人的品性上来讲,马军非常刻苦,非常努力。一个科学工作者要想出成果,要想达到很高的学术造诣,必须得勤奋,这是科学研究的一个必然规律。另外,他还具有很强的创新精神。他很注意在观察中形成自己的一些新的想法。他善于发现问题,并且想到后马上抓住。因此,创新就是发现新问题,提出问题是第一步,然后就是努力去解决问题,从各个角度去探索、完善它。

在谈到所取得的成绩时,马军也始终没有忘记自己的恩师李圭白院士对自己的教导和潜移默化的影响。"第一次参加专业介绍会时,李老师给我留下的印象就比较深。他上课的态度非常认真严谨,他对每项技术的由来都要进行系统的讲解。我现在很多讲课方式都受到他的影响。李老师总到实验室跟学生讨论,并跟大家一起做实验。最让我感动的一件事就是,他刚做完手术,还坚持逐字逐句地反复修改我的硕士毕业论文。我深深地记得李老师说的一句话,'什么最重要,不是一门两门课,而是研究问题的方法。'如今我又把这句话告诉给自己的学生。"

谈到个人对马军的影响,李圭白院士说:"我是比较注重科研成果转化的。我认为一项科研成果要真正起作用的话,就是应用于社会,转化为生产力。这也算是我的一种风格或者说作风吧。马军在这方面也多少受了我的一些影响。他研究生阶段与我的课题是基本一致的。后来,他开拓了自己独特的研究领域。"

马军(右一)与恩师李圭白院士在一起

精神的力量

治水之路 马不停蹄

如今,48岁的马军已获得国家发明二等奖2项(第一完成人)、国家科技进步三等奖1项(第二完成人)、黑龙江省技术发明一等奖2项(第一完成人)、黑龙江省省长特别奖等多项奖励;获霍英东教育基金会高等学校青年教师奖(研究类,二等奖);享受国务院政府特殊津贴。此外,他还获得中国青年科技奖、中国青年优秀科技创新奖、中国优秀博士后奖励基金、留学回国人员成就奖等多项奖励。

然而,面对如此多的荣誉,马军都淡而处之,即使是在获得"青年科学家"这一荣誉称号之后,他提到最多和反复强调的仍是"责任"二字。他认为,对于青年科学家来说,责任和兴趣一样重要,有时候甚至是交织在一起的。科学需要探索、利用规律去解决生产难题,为整个社会的科技进步提供一定的条件,并不是全民都有这个机会去从事这个神圣的职业。

马军说:"我们国家的水资源相对来说是比较匮乏的,人均水资源拥有量只为世界平均值的四分之一,有些地方水资源拥有量甚至比以色列还要缺。作为一名从事城市水质安全保障与水资源开发利用方面的科研人员,我们的责任是保护我国珍贵的水资源。"

可以说,马军作为科技工作者的这种责任感体现在他工作的各个方面。这种责任激励他去努力学习,这种责任激励他去忘我的工作,这种责任也使他对未来国家的一些发展战略进行积极思考。寻找经济、高效、低耗、适合我国国情,又易于推广应用的饮用水除污染技术,成为他科研工作的主导方向。2002年,他研究的"高锰酸盐复合剂除污染技术"获国家技术发明二等奖。这一技术可显著地降低基建与设备投资。2005年,他主持研发的臭氧催化氧化除污染技术再次获得国家技术发明二等奖。其科研成果的应用还被列入《城镇供水行业2010年技术进步发展规划及2020年远景目标》中。

许多人都还记得,2005年11月,吉林市双苯厂爆炸,松花江水受到硝基苯和苯的污染,以松花江为饮用水源的哈尔滨市面临水污染威胁。

情况万分危急！哈尔滨市政府承诺停水3天后，要让放心水重新进入千家万户。这项任务落在了马军和相关科研人员的肩上。

正在外地开会的马军闻讯连夜赶回哈尔滨，家也没回，直奔水厂的水质中心现场。72小时，哈尔滨人能否喝上洁净安全的水？顶着巨大的压力，马军组织近30名博士、硕士分组夜以继日地开展小型模拟试验。功夫不负有心人，马军和同事们按时拿出了最佳的处理工艺技术参数，在水厂提交专家组会议审核，最终被确定为进行恢复供水生产试验的技术参数，为保证按时恢复供水提供了技术依据。

谈到当时的感受，马军显得很平和："我负责水厂工艺试验方面的工作，要尽可能地考虑到风险和方案的可行性。为了抢时间，及时恢复供水，一些专家、老教师及省市领导和我们在一起，每天开会到凌晨。我感觉责任重大，但因为平时研究的积累，我的信心非常足。在大家的同心协力下，方案很快形成。"

在随后的北江镉污染事件及其治理中，马军的水研究成果被沿江的22座水厂采用，保障了沿岸居民的饮水安全。

2006年2月，牡丹江市水源地出现大量不明絮状物体，引起了市民的恐慌。马军应黑龙江省建设厅的邀请，作为专家组组长前往牡丹江，对水质进行调查处理。经过省环保局、省建设厅专家组的共同努力，查明絮状物体是一种水生生物，并及时制订了水厂供水应急方案。原来，海林市一家酒厂向海浪河里排放了大量酒糟，此时正逢当地气温突暖，酒糟发酵，促进了水生生物的加速生长，这些水生生物随着河流解冻流入牡丹江。在专家们共同努力查明水质污染情况后，马军及其专家组成员与政府部门及自来水公司一起，经过紧急协商提出了一套治理方案。经过对水厂工艺的改造处理，情况明显改观，消除了市民的恐慌情绪。

2007年"两会"召开前夕，马军作为"两会特别节目"《小崔会客》的特派义工，前往陕西省志丹县的一个偏远山村，其主要工作是对陕西农村水资源状况和饮水问题进行调查，在进行研究后形成可行性的治理方案。"我以前主要从事的大多是城市水资源开发利用方面的工作，而对农村饮用水状况以及水质问题只有一个大概的了解，但没想到会那么困难。城市所面临的主要是水质问题,而有些农村所面临的是没水或严重缺水问题,有些地区往往处于一种水资源极度缺乏的状况。"在亲眼见到当地的饮水状况后,马军由衷地感慨道。

让他印象深刻的是,因为陕西农村缺水很严重,许多农户甚至要半夜去深沟里找水,因为太阳一出来,沟里的水蒸发速度快,可能会打不到水,经常排长队等候沟里少量的渗出水。同时,这些地方的水质也存在很大的问题。很多农民以水窖水作为水源,且很多年一直在用这种水。水窖水是对雨水进行收集后,经过一定时间储存后使用的水。这种水中含有悬浮物,还有细菌、微生物等,浊度很高,当地居民喝后腹部普遍感觉发胀。

马军调查的山村在改水前长期饮用沟底水和水窖水,水质差,牲畜的生育能力大受影响,甚至不能正常繁殖,往往要将牲畜带到水质略好的地方养一段时间才能牵回来,这也导致当地极差的生活质量。"我到的薛大爷家在当地还算是比较富裕的。他家里的摆设看起来很简单:土炕、炉子、水桶,还有一根扁担。改水前年收入仅为1 000~2 000元"。马军教授说,"农村改水不但能解决饮水问题,还可以调整农村的产业结构,使西部农民走上致富道路。"

结合当地的实际情况,马军在认真研究之后提出了一个方案:水窖

马军(左二)在陕北做义工

里面储存的水在一定的高差作用下靠重力流到用户,此时水仍然具有一定的压力,所以可通过一定方式在终端对它进行处理,如采用慢滤等方式。之后,他做出了一个决定:完全免费为陕西农村供水提供各种服务,指导他们如何获得经济、低耗、简便的饮用水水质处理方法,包括通过办班的方式为当地农民介绍基本的饮用水处理常识,为当地农民培训水处理技术方面的业务骨干等。

"我一直对农村的净水问题很感兴趣,也在沂蒙山区等地做过类似的研究,并有一些中小城镇净水工程在生产中运行,但像这么缺水的农村还是头一次遇到。我想利用这次义工的机会通过实地考察,了解是否能使上劲儿,如果能帮助农村饮水做点事儿还是很有意义的。这对我来说,可能是举手之劳,但对当地农民来说,却可能解决大问题。"当被问到做义工的意义时,马军如是说。他还说,搞水不能光搞城市,对农村饮用水问题也应该给予高度重视。为此,有两方面的工作要做,一是农村净水技术的研究,二是农村净水技术的推广,而后者可能更为重要。他相信通过各方面的共同努力,找到一些简便、经济又适合当地条件的水处理方案完全有可能。他一直在为此而努力着。

教学之路　一马当先

"忙工作"几乎是马军生活的全部内容。他不仅要搞科研工作,还有很多其他的"职务":他现担任市政环境工程学院副院长;兼任国务院学位委员会学科评议组成员,中国给排水协会理事,国际臭氧协会IOA-EA3G理事,中国土木工程学会水工业分会理事,《中国给水排水》、《给水排水》等期刊编委。

在完成以上工作的同时,马军还承担着繁重的教学任务。他要给本科生、硕士和博士研究生上课。他认为,作为学校来说,第一任务是培养高水平、专业化的人才。教学和科研之间有非常强的互补性,彼此可以相互促进。科研工作提供了很多机遇,让你在接触科学前沿的同时,提高自身的水平,形成自己特有的认识和思路,这对教学是有帮助的。你可以用科研的新方法、新发现和学生进行交流,使之对行业的发展趋势有更深的了解和思考。

2004年,市政工程系要求教师竞争上岗,并在全校率先推行责任教师制。马军主动请缨,和系主任韩洪军教授共同成为"水质工程学"课程的责任教师,为给排水专业的所有本科生讲授这一主干课程。马军的课受到本科生的欢迎,很多外校甚至外省的学生也专程赶来听他的课。2005年底,"水质工程学"被批准为国家精品课程。

对于马军的"忙",他的学生深有体会。在实验室的时间里,找他的电话不断。一位学生说,他出差前的几分钟还在实验室。马军几乎把所有的时间都花在了学术研究和人才培养上,而对于生活享受方面则看得很淡。几个曾去过马军家的学生描述到:没去他家前,以为会是特别豪华,等到了一看,却发现完全是另一番景象。不大的家中,到处都是书,甚至连客厅布置的乒乓球桌上都是。一位学生说,去过马老师家好几次,觉得挺挤挺小的,在客厅讨论问题时,还得要搬凳子。更奇怪的是,竟然每个人都没有看见电视放在哪儿。

马军虽然给人的印象是很忙,但他一有时间就到实验室和学生一起讨论、一起做实验。他特别喜欢学生和他谈论学术问题。有个学生晚上12

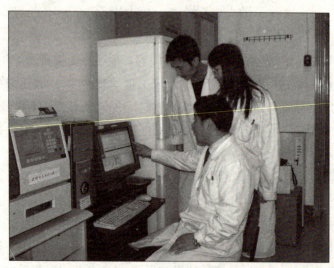

马军(左一)正在指导学生做实验

点给他发电子邮件,第二天一早,他就打电话给学生,边吃东西边和学生讨论。有的学生因为怕马军教授忙,有一段时间没和他联系,他在食堂偶然碰见该学生后却说:"你们千万不用怕我忙,就不找我,谈课题是正事。"即使再忙,如果他答应今天找学生谈话,他从来不会拖延到明天。他经常告诫学生,要踏踏实实做好每一件事情。他一有空就挨个打电话给学生,询问他们最近资料看得怎么样、科研上有没有什么新的进展、国际动态如何等问题,却从来不和学生拉家常,谈论和学术无关的话题。对此,一个学生回忆道,有一次中午去食堂吃饭,碰见了马老师。马老师一开口就问他课题进展的情况,两个人竟然站着讨论了半个多小时。还有一件事情让学生们很感动。去年7月份,马军教授刚做完阑尾炎手术,第一天打电话给学生说要看看论文,第二天就把学生的论文拿来批改,到了第三天,他就跑到实验室和学生讨论。一位学生让他回去休息,马军却说:"我一躺在病床上,就觉得难受。"

在学生的眼里,马军很平易近人,丝毫没有一种居高临下的感觉。同时,他对学生要求也非常严格,总是强调科研数据要准确。有些同学刚开始的时候感觉很有心理压力,但慢慢地,越往上走越觉得这种严格是有好处的,因为自身也学到了一些东西。而他每次开完国际会议,回来都会给学生讲他的感受和收获。他的每一个学生都对马军充满了敬佩之情,因为他总是那么精力充沛,甚至连轴工作好几天也不会累。有一次,他刚从美国开完会回来,一下飞机就去学院的会议室和学生一起开例会。一位学生感叹道:"对于我们来说,不用说马老师所取得的成就,就是他那种全身心投入工作的精神也是我们所达不到的。"

整日忙于工作的马军是学生的良师益友,可对于已上大学的儿子来说,他却是个"最熟悉的陌生人"。因为他常年在外奔波,孩子也习惯了父亲不在家的生活。用他自己的话说,每次回来,儿子都没有那种兴奋的感觉。在谈到如何平衡工作与家庭的关系这个问题时,他用杠杆作为比喻:"比较起来,还是工作重一些。做事情总得有投入,有时候牺牲也是必要的。同样,要把事业做好了,总得有牺牲。尤其是做我这种工作的,哪有事就得往哪儿跑。只要你觉得心情愉快就行了。"

这就是马军,他因为兴趣而与"水"结缘,又因为责任而与"水"紧密相连。作为水处理专家,马军在科学研究上也具有水的特质,那就是百折不挠、永不停息。正像他告诫学生时所说的那样,搞科学研究不能停留在一个小圈子里,要把自己的研究放到世界中去比较衡量,他也是这样要求自己的。

他说,"我感觉现在的年轻人从事科学研究,或者说从事工程应用,应该说机会在逐渐增加。比如说我的孩子,我感觉到他在中学时期学的很多内容,比我们在中学时学得深入得多。我觉得对于学生来说,一是要有比较明确的方向,特别是有一个志向;二是要有比较严谨、踏实的科学精神,能够有扎扎实实做事的态度,才能够把自己培养起来,逐渐掌握一些技能或技巧,或形成自身的优势,满足社会需求,具备为社会服务的本领。"如今,几乎囊括了中国科技重要奖项的马军仍在为人们能喝上清澈、纯净的水而不停努力着。

谈到对"学生"马军的期望,李圭白教授说:"青出于蓝而胜于蓝。科学就是要后一辈不断地超越前一辈,这也是科学和宗教的区别所在。宗教认为鼻祖最高,没人敢怀疑,而科学则认为任何事物都是发展的。院士只是一批优秀的科学工作者中有代表性的几个。所有的头衔都是阶段性的,而科学是无止境的,社会也是在不断前进的。任何一个科学家都要不断地攀登高峰,特别是将科学成果转化为生产力,贡献给社会和人民。我希望他不断地努力,做出更大的贡献,这才是永恒的。"

马军简介 1962年出生,黑龙江宁安人,中共党员。教育部"长江学者奖励计划特聘教授",主要从事受污染水净化处理方面的研究。现担任市政环境工程学院副院长,城市水资源开发利用(北方)国家工程研究中心常务副主任,国务院学科评议组成员,国家级有突出贡献的中青年专家;首批入选国家百千万人才工程,入选教育部跨世纪优秀人才计划,国家创新群体"城市水质转化规律与保障技术"和教育部创新团队"城市水质保障与水资源可持续利用"项目学术带头人。2002年和2005年,以马军为第一完成人研制成功的"高锰酸盐复合剂除污染技术"和"臭氧催化氧化除污染技术"先后荣获国家技术发明二等奖。

辅导员李飞

"花的事业是尊贵的，果实的事业是甜美的，但还是让我们做叶的事业吧，因为叶的事业是平凡而谦逊的。"我们这个世界上从来不乏伟大的人物，但伟大的人物往往容易被铭刻在传说上，即便耳熟能详，到底叫人难以亲近。倒是我们周围一些人，他们并不伟大，只是用心去把自己分内的事情做到了、做好了，而且一直坚持做下来了。学生辅导员李飞就是这样的人，在李飞身上你可以看到所有善良、正直、平凡人的影子——

做学生成长的奠基石

——记全国高校优秀辅导员李飞

□ 吉星

德国教育家赫巴特在《普通教育学》中指出:"如果不坚强而温和地抓住管理的缰绳,任何功课教学都是不可能的。"哈工大之所以是哈工大,哈工大出来的学生之所以能够为社会广泛认可,这与活跃在哈工大校园里一群深谙学生工作的年轻人的忘我工作是分不开的。有着长达17年教龄的基础学部副处级辅导员李飞就是"管理育人"工作中的一位佼佼者。开朗而又不失稳重的她,脸上总是洋溢着阳光般灿烂真诚的笑容,诲人不倦的她总能春风化雨般做好学生心灵深处的转化工作。"桃李不言,下自成蹊",青春在李飞身上闪烁着最耀眼的光芒。

爱岗敬业,无私奉献:做马祖光式的哈工大辅导员

17年,一个人短暂的生命中能有多少个17年?况且这17年还是人生中最美的一段年华。而李飞却无怨无悔地将这宝贵的17年毫无私心

地献给了她所牵挂的学生,她所热爱的学生工作。生性不喜张扬的李飞早就决心要做一名淡泊名利、甘为人梯、无私奉献的马祖光式的哈工大辅导员。她的同事至今还记得她在支部学习马祖光精神座谈会上的发言:"如果我们对生活还存有报怨,那一定是因为我们奉献得还不够彻底。做辅导员也要向马老师一样做一个有师者心态、有大家风范的教育工作者,蜡炬成灰,鞠躬尽瘁。"

李飞的实际行动就是对她发言的最好诠释。自1993年毕业留校以来,李飞一直活跃在学生工作的第一线,将奉献作为自己的一种工作习惯,对待学生工作热情始终如一,在辅导员岗位上毫无怨言、勤勤恳恳、踏踏实实地一干就是十几个春秋。从第一年做辅导员开始,李飞就在新生报到前将他们的档案烂熟于心,新生来报到时她马上就能叫出他们的名字,并准确说出他们住的寝室和床位。新生们对此感到诧异,同时也感到温暖,"老师叫着我们的名字,让我有种家的感觉"。

李飞(左一)在迎新时热情接待新生和家长

在交通学院做辅导员的时候,有一届学生非常喜欢打篮球,当时还是"篮球盲"的李飞受学生感染,没日没夜地跟学生一起研究规则、战术,积极参与学校比赛。"现在想来,如果不是因为学生喜欢,我肯定不会有那么大的热情",至今一看到篮球比赛,她就想起当年交通学院和建筑学院那场冠军争夺战,最后获胜的情景还是那么让人刻骨铭心。"其实对夺第一、争荣誉我自己看得很淡,但是若关乎学生们的集体荣誉感,我愿意为之倾尽全力。"

"我和04级同学的接触从评选奖学金开始,之后是运动会,之后是评估项目中期检查,之后是发展党员谈话,集中搬迁等。这就像是一场场大的歼灭战战役一样,让人一口气还没有喘过来就又来了下一场。这期间我更多地在工作的熟悉与交接中,边学习边工作,边工作边思考,边思考边改变,给基础学部的学生工作做了一些小结性的材料整理工作,也按照自己的想法提供了诸如评教评学相结合的意见与建议。"2005年5月,学校调李飞前往基础学部担任辅导员,负责一年级近4 000名本科新生的教育管理,主抓心理健康教育和助学工作。

在基础学部,李飞始终以严谨的态度和创新的精神对待每一天,用高度的责任心圆满完成了学生党员发展、辅导员队伍培训、一年级学生心理健康教育计划的策划实施、助学工作体系构建、一年级学生预警干预机制创设、迎新工作策划、各级各类奖学金评选、绿色通道贷款审核发放以及军训等专项工作。在她和同事们的共同努力下,基础学部没有一名同学因为家庭经济贫困而辍学,连续两年学生心理问题发现干预成功率为100%。

一年级的工作内容纷繁复杂,迎新准备、新生入学、军训、入学教育、入党启蒙教育,任务一个接着一个,有时甚至要同时完成多项任务。当把这些工作全部完成时,李飞和其他的一线辅导员老师们已经连续工作7周没有休息,而且每天平均工作12小时以上。尽管工作强度大、内容多,而且年复一年,周而复始,但是大家没有在困难面前回避,没有在疲惫面前厌战,而是迎难而上,始终牢记"一个党员就是一面旗帜",坚守着自己的操守和信念,在学校育人的工作中,贡献着自己的青春、智慧和力量。

润物无声,凝聚精神:做学生思想政治教育的优秀工作者

"高雅的人看背影就知道,奋进的人听脚步声就知道,和善的人看笑容就知道,优秀的人看辅导员就知道!"的确,这句话用在李飞身上最贴切不过了。

精神的力量

李飞（右二）和同学们交流

说起李飞老师，认识她的同学们很容易想到的就是熟悉的微笑、温暖的话语和细致投入的工作作风以及发自内心对学生的爱。在工作实践中她用乐观的笑容感染身边的每一个人，用不断学习进取的行动影响身边的每一个人，用无私奉献的爱心温暖身边每一个人，甘心做一块学生成长成才的奠基石。

2003年4月，李飞因工作需要正式离开交通学院到校团委任专职团委副书记。培养优秀学生工作干部队伍是校团委的重要工作内容，与优秀的学生工作干部合作需要指导者付出更多的智慧、时间和爱心。李飞在带队伍的工作过程中增加了三多三少的内容："三多"是多调研、多学习、多肯定；"三少"是少批评、少推脱、少空谈。凡是同学愿意找她来谈工作、谈理想、谈困惑，无论是学习的、生活的还是工作的，李飞都尽量给予满足。两年来，李飞给学生组织做了很多的义务讲座，也给很多的同学做了义务咨询。

"虽然我不是她直接带的学生，但大学期间，我最感激、最难忘的老师就有校团委的李飞。"现在已经在黑龙江省电视台工作的于昊淼谈起李飞来似乎有说不完的话，"求学异乡，遇到困难挫折，难免会一时心灰意冷，这时候遇到李飞老师你会觉得是一种幸福。"

到基础学部后,李飞的主要岗位职责是负责部里的学生工作办公室管理、学生思想教育、评奖评优、勤工助学、特困生工作以及学生心理健康教育工作。思想上的引导、学业上的指导和心理上的疏导是辅导员工作的重要组成部分,这其中又以思想引导尤为重要。

"她给别人的爱是一种常态,润物无声。"校电视台张滨楠因为工作的原因经常跟李飞打交道,"有一次我们需要录一期关于贫困生的节目,在基础学部找了一些学生,李飞老师事先都跟这些学生做了细致的沟通,她对每一个学生都认真负责。"

有人说德育是把盐,人人都需要,但是直接吃不行,要做成菜,熬成汤才能够让人们悦纳吸收。在实际工作中,李飞始终坚持"多动笔、勤动脑、多动手、勤动脚"的工作作风,通过网络平台、一对一个别交流潜心研究自己的教育对象,在潜移默化中陶冶学生情操,渗透教育思想。

《中共中央国务院关于进一步加强和改进大学生思想政治教育的意见》中明确提出:"辅导员按照党委的部署有针对性地开展思想政治教育活动。"如果这只是最基本的标准的话,那李飞已经做得非常出色了。她将思想教育内容融入同学喜闻乐见的校园文化活动中,创造性策划组织完成了以"团支部风采展示"为主要内容的学院支部大舞台,组建爱国歌曲合唱队参加校第十五届中兴艺术节大合唱比赛并获得金奖,创作排演以引导同学志愿服务西部为主题的小品《西部情》并荣获校艺术节金奖,支部大舞台节目也获得银奖。同时,李飞还策划组织完成了"党史清、民魂融、国运兴"学生大型系列社会实践调研活动。

"我可能没有实力去参加全国大赛,但是我鼓励我的学生们做到"。她组织学生参加的校"诺基亚实现可能创意大赛"获得一等奖,并代表学校参加全国大赛获得银奖。

深度关爱,悉心引导:做学生们的知心朋友

巴特尔说:"教师的爱是滴滴甘露,即使枯萎的心灵也能苏醒;教师的爱是融融春风,即使冰冻了的感情也会消融。"高尔基说:"谁不爱孩

精神的力量 ★

李飞在会上作报告

子,孩子就不爱他,只有爱孩子的人才能教育孩子。"如果说做一个好的辅导员也需要秘诀的话,那么李飞可以告诉你,这个秘诀就是"来自教师的爱"。

"从她身上找不出轰轰烈烈的大事件,她不是那种英雄式的女性,在她身上闪耀着的是母性的光辉,她理解每一个人。她给你的虽然不是前进的技术,却是一个温暖的后方。她有一种魔力会让你依靠自己的勇气去克服困难,奋勇前行。"接受过李飞帮助的人几乎都这么说。

于昊淼上学时曾经加入过校学生会,那时李飞还在校团委工作。有一次于昊淼负责组织一个大合唱节目,正好赶上身体不舒服,压力还很大。这时李飞出现了:"昊淼怎么了,是不是身体不舒服……""李飞老师当时并没有主管这项活动,但她还是过来看我们了。她对学生的关爱是那种知心好友式的关爱,让人觉得很温馨,即使事隔多年,现在想起来心里还是暖暖的。"于昊淼如是说。

无论是否节假，无论是否午休，无论是否已是夜晚，在基础学部的办公室里，总有一群学生和几位年轻辅导员的身影，经常能听到他们之间深入交流的谈笑风生。在基础学部，每天踏进303办公室找李飞老师谈心的学生很多。李飞大可以因为工作繁忙，偶尔对来访同学敷衍一下，对她而言也不过是千分之一的失职。但李飞说："对学生而言就将是百分之百了。每次看着学生们带着各种各样的疑问，怯生生地张开口，我就觉得必须先解决学生的问题，再忙自己的。"

　　一年级的工作对象是每一年都在变化的，对于李飞来说，他们有初入校门的迷茫与热情，也有属于他们这个年纪的成熟与漠然。他们带着新奇的眼神观察着学校环境，也用防范和要强的心劲儿打量着身边的同学。如何使得新生适应期最短，在适应期内损耗最小，需要李飞他们制订全新的入学教育方案。从策划到实施，从编写入学指南到召开班主任大会，从年级大会到军训训练、搭建展示舞台、规范纪律和行为、打开眼界和思维、构建崭新集体与归属，一切从零开始。这就像在白纸上的任意挥毫，快意写生。

李飞参加学生活动

"大学阶段正是学生们成长的关键时刻,往往老师们不是很刻意的一句温暖的话语、一个鼓励的眼神,对学生而言就会产生非常积极的影响。在老师也许是举手之劳,学生却可能因此终生受益。"正是李飞对学生一往无返式的关爱赢得了学生们的信任和真情。跟她接触过的同学都会有一个共识——李飞,即可做良师,亦可为益友。所以,同学们都愿意将生命当中最隐私的秘密与她分享。一名有自闭倾向的同学在李飞的帮助下完成了"从只关注自己到关爱他人"的蜕变。一次新生军训,该同学在骄阳下的体育场上找到李飞,问:"有什么我能帮老师做的?"李飞说不用,这名同学又说:"看老师嘴巴都干了,我去帮老师买瓶水吧。"媒体系的同学从一区专门跑到二区来向她咨询考研问题。其实李飞并不是什么考研专家,但是学生觉得心里的话只要跟她说出来,问题就解决一大半了。好多同学毕业后离开哈尔滨,分散在祖国各地,可是他们会经常打电话给李飞,跟她分享生活的点滴快乐,对她倾诉成长中的烦恼。

"我用的小灵通号码就是我学生毕业时给我的。"李飞说这话的时候笑得很幸福。爱就像一缕金色的阳光,让人间处处充满温情。

不断学习,追求卓越:做学生们的人生导师

别林斯基说:"教育者多么伟大,多么重要,多么神圣,因为人的一生幸福都操纵在他手中。"有时候何止是"一生的幸福"!年轻人血气方刚,很多时候容易冲动做傻事。一位同学因为失恋陷入了深深的焦虑和抑郁情绪中无法自拔,李飞不顾自己怀有身孕连续两个星期跟该同学谈心,最后经过耐心地开导终于打消了他的自杀念头。

培养人永远是高等教育中最为重要的任务。为了更好地帮助同学们解决成长困惑,探索心理健康教育与德育相结合的新途径,做一名合格的人生导师,自 2002 年起,李飞开始潜心钻研心理健康教育的学科特点与规律,经过刻苦学习获得了国家心理咨询师二级和国家职业指导师二级的资格认证,担任了校心理健康教研室兼职教师。2003 年起,她为了满足同学需求,面向全校开设拓展心理训练选修课,用体验式学习方法解

决学生自我认知与人生规划等问题。

04级一位同学在课后留言中这样写道：在短暂的时间内我收获到了真诚、信任与快乐，学到了人生的真谛。我想人生其实很简单：就是"学习＋感恩＋计划"，从生到死，学习把我们从一张张白纸变成丰富多彩的作品；因为感恩，我们有了快乐，懂得珍惜，开始关怀别人；计划成为一种实践前的蓝图，是生活的动力。谢谢您的启发与引导。希望毕业后还可以参加您的课程，看望您。

业余时间做很多义务工作已经成了李飞的一种习惯，几年来她大约为200多名学生及教师提供了个体心理咨询的专业服务，作义务讲座报告20余场，为大约50多个各级各类学生组织作过专业的团队训练，为研究生开展人生观与价值观探索为主题的团队训练63学时，主持编写了训练标准化教案，得到同学与同行的一致好评。

李飞注重教育方法实践，善于探索德育与心理康教育的有机结合，并取得了骄人的科研成果。2004年她的论文《体验式学习方法在心理健康工作中的应用实践》获得省高教学会优秀高等教育科学研究成果一等奖。《关于高校心理健康教育与德育关系的几点思考》等4篇文章获得省论文二等奖。她参与的省高等教育学会"十五"重点研究课题"心理学研究在人才培养实践中的应用"获得了省高教学会研究成果三等奖；《关于构建我校一年级学生心理危机防控体系的几点思考》发表在全国大学生心理咨询委员会第十届年会论文集中并获得优秀论文二等奖。2006年11月，李飞参与申报中国高教学会教育科学"十一五"规划重点研究课题"高校学生心理危机预警与干预体系建设研究"立项成功。2007年1月她参与的"研究生团队训练"获得学校研究生优秀教学成果一等奖。

"转眼间时光飞逝，回首来时路，匆匆忙忙，只有累并快乐的感受萦绕心头。细细品来，翻翻工作手记，才发现可以书写的东西是那么多，纷繁复杂的工作的确没有哪一条线索可以全部连接，这大概也是基础学部学生工作的基本特色吧。"李飞如是说。

精神的力量

采访手记

在采访过程中,李飞不止一次说,"我的工作跟学校其他辅导员老师的一样,没有做什么特别的,况且我自己也是在享受这个过程。"事实上,李飞不仅仅是学生们爱戴的辅导员,还是基础学部辅导员们的"辅导员"。基础学部原团委书记曹云峰介绍说,许多刚留校的辅导员对业务还不是很熟悉,经验丰富的李飞自然就成了这些辅导员的"辅导员",事无巨细,手把手地教。由于从事心理咨询服务,许多辅导员都会把一些学生直接带过来交给李飞,甚至有些辅导员自己有"闹心"的事情也会去找她,"李飞老师从来都是很高兴地接待"。

李飞这种平常心的态度受到学生的爱戴、同事的好评和领导的认可。时任基础学部主任张爱红在谈到李飞时称赞她踏实、好学。她说:李飞老师一直在基层岗位上踏踏实实去做,不浮躁,不急于求得别人的认可,实属难能可贵。另外李飞能从学生的角度出发,为了跟学生深入交流,利用自己的业余时间去学习,去工作,去帮助每一名需要解决心理问题的学生,最后得到这个荣誉。她的例子能给大家很大启迪。

在工作实践中用乐观的笑容感染身边的每一个人,用不断学习进取的行动影响身边的每一个人,用无私奉献的爱心温暖身边每一个人,甘心做一块学生成长成才的奠基石。想来想去还是李商隐的诗句最适合李飞——"春蚕到死丝方尽,蜡炬成灰泪始干"。有师如此,她的学生都应该为此感到自豪和庆幸吧。

李飞简介 1973年生人,共产党员。1993年从交通学院毕业留校,2002年10月起担任校心理健康教研室兼职教师。2003年4月至2005年4月任校团委副书记,2005年至今为基础学部副处级辅导员。曾先后获得省高校工委优秀思想政治工作者、校优秀专兼职学生工作者标兵、校优秀专兼职团的工作者标兵、校优秀专兼职学生工作者标兵、校工会活动积极分子、省高校工委优秀思想政治工作者等荣誉称号和奖励。2007年荣获全国高校优秀辅导员称号。

杨振岭

他从苏北农村走出来，虽家境贫困，却自强不息；他从点滴做起，在平凡中抒写着朴实的精彩；他坚守天道酬勤的信念，谱写出不懈求索的篇章；他以无私奉献的精神，创造了一个生命的奇迹。他———就是为患白血病的17岁女中学生捐献造血干细胞的哈工学优秀大学生杨振岭。

跨越生命的奉献

——记全国三好学生标兵杨振岭

□ 邹波 黄超 闫明星

杨振岭不知道,就在捐献造血干细胞手术前,白血病女孩写下了这样一行字:"拉住我的手,不要让我走。"杨振岭信守承诺,没有放弃,他始终"拉着"她的手,一刻也没有松开……徐州、哈尔滨、漠河,3个相隔千里的地方因两个年轻的生命而联系在一起。那是一个生命对另一个生命的呼唤,那是一个生命对另一个生命的奉献。

缔造生命的奇迹

2005年3月,杨振岭在校园里快乐地学习、生活着,尽情体会着大学生活的丰富与充实。一天下午,他刚上课回来,二舍前楼楼长叫住他:"杨振岭,有个红十字会的人找你。"他一边感谢,一边上楼,一边纳闷着:"红十字会?什么事情呢?难道是……"回到寝室,他赶紧去翻书柜,找到那本白色的证书——《志愿捐献造血干细胞证书》,他有些振奋。

这个白色的证书,是他第一次献血时的"副产品"。那是2003年,学校在全校范围组织一次紧急献血活动。他看到学校的捐献宣传后,立即拉了几个同学就去了。他跟同学说,献血是件很光荣的事,很简单但意义很大。献血的时候,血站的同志向他介绍说,我们也正在举行征集志愿捐献干细胞的活动,欢迎您加入捐献造血干细胞的行列。他献完血就开始研究那些资料,当得知每年有数百万患者等待着造血干细胞移植时,杨振岭毫不犹豫地在捐献志愿书上签下了自己的名字,还把这个项目介绍给了其他同学。晚上回到寝室后,捐献造血干细胞立即成了卧谈会的主题,大家对于能够有这份意外的贡献而感到高兴。

如同身边很多同学那样,杨振岭总惦记着如何回报社会。他像同龄人一样,对这个社会的进步倍加关注,包括造血干细胞移植挽救白血病患者等事迹,让他感叹生命自身的神奇力量之余,对于生命和科学都有了比较浓厚的兴趣。可当他看到自己证书时,偶尔也会微笑着摇摇头:这几百分之一、乃至几十万分之一的几率,真的就会落到自己的身上么?

红十字会的电话很快打过来了,询问了他的学习情况和身体情况,很快就转入了正题。"现在有名白血病患者,急需移植造血干细胞。我们从检索中发现你有适合配型的可能。不知道你是否愿意捐献?"听着真切的电话,杨振岭有些意外,又不意外,甚至有些激动。后来他才得知,这位白血病患者是黑龙江省漠河的一位17岁女中学生,她的母亲听说脐带血能挽救女儿的生命,为了抓到这一线生机,已经39岁的母亲毅然决定要冒着风险再次怀孕。可不断恶化的病情已经等不到10个月的期限了。黑龙江省造血干细胞管理中心在接到他们的求助后,开始寻找适合的骨髓配型。终于,他们的目标锁定到杨振岭身上。

杨振岭开始配合红十字会的工作,忙碌在校园和红十字会之间。每次检测过后,都有一些消息传出来。刚开始时,医生告诉他说,他的配型只有5个HLA相符,可能最终用不上,从病人角度考虑,要争取找到6个以上HLA相符的配型。回到校园后,他把这个消息告诉同学时,甚至还为自己的配型不够指标有些失望。又过了段时间,红十字会的人又打来电话说,高指标的配型没有找到,病人急需进行造血干细胞移植手术。他很快就又去了红十字会,配合进行新阶段的配型检测。

直到基本确定配型相符时,他决定把这个消息告诉父母。可当远在苏北农村的母亲得知儿子要捐献造血干细胞,出于对儿子健康的担心,犹豫不决。他开始想尽办法说服父母,跟父母谈起那个不幸的女孩,谈起白血病治疗的昂贵花费。他对父母说:"她能找到配型合适的骨髓的几率是三十万分之一。大家担心捐献造血干细胞可能对我的身体造成一些损害,但我是她生命的唯一希望。如果我不给她捐献干细胞,她没有适合配型的干细胞移植,可能就会死去!"为了得到家人的支持,杨振岭几乎每天都往家里打电话,向母亲讲解造血干细胞的基本知识,让父母去找当地的医生了解这项技术,让父母了解造血干细胞移植手术是一项很成熟的医学技术,不会对供者的健康造成伤害,医院的技术和设备也是让人放心的……

哪怕是在母亲最犹豫的时候,他都坚持着捐献造血干细胞的志愿承诺。这名大学生对科学的信心和对生命的关爱,让负责接待他并与他谈话的医生都很感动。在历次捐献者谈话记录中,杨振岭始终意志坚定地表示:作为当代大学生,就应该相信科学,尊重生命,在关键时刻勇担使命,用实际行动回报社会。他不愿看到花季生命因自己的犹豫而枯萎,他要做那个延续女孩生命的人!

已经不知是多少次通话,父母终于被他的勇敢和坚定打动,母亲含泪点了头。全家经过激烈的思想斗争做了一致的决定,他们要做杨振岭的坚强后盾,全力支持他救助那个患病女孩。母亲和弟弟甚至还在移植手术前,从苏北农村赶到哈尔滨,坚持陪伴着他进入医院,坚持陪伴着他完成整个移植手术。

8月5日,杨振岭住进了哈尔滨血液病肿瘤研究所病房。8月8日,医生开始为他注射动员剂,以便加速生成造血干细胞,并使之达到外周血中,以利于采集。注射动员剂是采取造血干细胞的关键环节,动员剂又叫人类白细胞刺激因子,通过这种药物的作用可以加速生成造血干细胞,并使之扩散到外周血中以利于采集,但是这种药物对人体有一定刺激。药物的副作用一度使杨振岭感到有些不适,在身边陪护儿子的母亲看着心疼,总是忐忑不安。杨振岭微笑着对母亲说:"这是正常反应,我能

精神的力量 ★

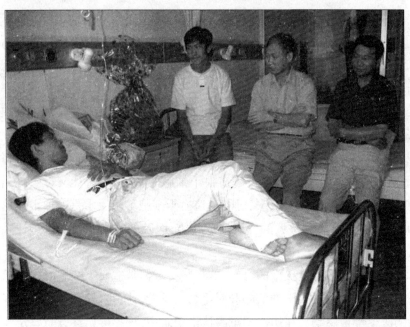

哈工大领导和老师看望在医院捐献造血干细胞的杨振岭同学

挺得住。患者现在已经进入隔离舱,身体所有的白细胞都被杀死了,没有任何免疫能力,她在等待着我的造血干细胞,无论怎么困难我一定要坚持下去。"

经过4天的动员剂注射,杨振岭外周血中的白细胞数量达到了要求。即将走上手术台的杨振岭不但没有丝毫畏惧,反而急切地盼望手术快点进行。他知道,有一个生命正在等待他的血液点燃起重生的希望!8月11日,杨振岭躺在手术台上。通过血细胞分离机近4个小时的分离,医生顺利地从杨振岭外周血中采集到含造血干细胞的50毫升救命血液。

当人们翘首期盼着移植手术成功时,从患者那边传来的消息却不容乐观。由于患者病情严重,还另外需要含造血干细胞的血液50毫升。当需要进行第二次采集的消息证实时,人们都把关注的目光放在了杨振岭身上。大家都担心,连续两天大量分离可能会对杨振岭的健康造成损伤,更何况在首次分离后杨振岭出现了低烧和头痛现象,再次捐献可能会造成身体更加不适。此时,始终为儿子担心的母亲劝杨振岭放弃,可杨振岭却坚定地表示要进行第二次采集。

8月12日,医生再次向杨振岭身体注射动员剂,再次进行造血干细胞采集工作。面对坚强、执著、始终微笑面对的儿子,母亲流泪了。

在整个移植过程中,杨振岭的坚强给探望他的师生们留下了深刻的印象。在医院就医的很多患者及其家属也来到病房外,关注这个无私、勇敢的青年学子,对他无私奉献的精神给予无声的敬意。手术过后,由于转氨酶偏高,医生要求他留院观察。老师、家人和朋友关心的是他的健康,而他心里想的、眼里看见的却是别人的难处。当他得知因为医院缺少病床有些病人只能在走廊搭床时,他几次找到医生要求早日出院,以便把病床让出来。

当100毫升救命的液体输入到患病女孩体内时,白血病女孩的妈妈流泪了,她说:"我们全家都感谢这位大学生,他给了我女儿第二次生命,好人一生平安!"同样的母爱,同样年轻的生命,在这一刻共同谱写了壮丽的人生乐章。这是一次跨越生命的奉献,因为奉献,缔造了一个生命奇迹。

其实,杨振岭不知道,就在手术前,白血病女孩写下了这样一行字:"拉住我的手,不要让我走。"杨振岭没有食言,没有放弃,他始终拉着她的手,一刻也没有松开……正如杨振岭所说:"大学生应该多承担些社会责任。如果每个人都去承担一份责任,每个人都为社会贡献出一份力量,我们这个社会就会更美好,更和谐。"

谱写求索的执著

杨振岭常说:"我是农民的孩子,进入大学学习是我今生最大的幸运,我要真心拥抱生活,感激她给我带来的充实与快乐!"除了每天坚持自习外,当多数同学进入梦乡的时候,杨振岭还经常在清冷的走廊里坚持苦读。他以坚韧不拔的执著,在知识殿堂里不懈求索,每学期都获得奖学金,并以优异的成绩被免试推荐直接攻读硕博连读研究生。

杨振岭兄妹3人都在读书。作为家中的长子,为了减轻父母的压力,

精神的力量

他从大二开始就勤工助学，很长一段时间里，他同时兼做3份家教。也是从大二开始，他就再没有向父母伸手要过一分钱。他深深懂得父母的艰辛，始终保持着艰苦朴素的生活习惯，从不追求新潮，从不因为穿着、购置电脑等事情而伤神。他开玩笑说，每次去买衣服，他都是带着任务而去，看中一件买了就回来。对他非常了解的同寝同学高宁说："在我们看来，杨振岭是一个很普通的人，他不会故意鹤立鸡群，不会张扬特立，他只是诚朴踏实地走好生活的每一步。"

3年多来，他每月的生活费总是控制在200块钱左右。可自从进入大学那天起，杨振岭始终把学习放在首位，利用一切条件把学习搞上去。从上第一节课开始，他从不迟到、早退。教室第一排最中间的几个位子，总会出现他的身影。在课余时间与老师讨论时，他总是最活跃的一个。只要提起那个问题多、思维快的男生，没有老师不记得他的名字。

杨振岭学的是光信息科学与技术专业。这个专业偏重理论学习，同学们都感觉有些枯燥。为了学好专业课，杨振岭下的工夫也格外

杨振岭在学习

多，除了正常上课外，每天坚持自习是他的必修课。在老师们的眼里，杨振岭在学习上总是一丝不苟，从不在作业上拖拉、欠账。对于课后近乎繁多的作业，他总是仔仔细细地完成，一丝不苟地严格要求自己。但杨振岭却说："开始的时候，由于对专业知识的理解还不够，我的作业质量也不高，而且，我的字写得不好，肯定让老师费了不少劲。"甚至在大学四年级

时，他还念念不忘自己的字写得差，不时提醒自己要多练练字。

一分辛苦一分收获，3年多来，他每学期都获得人民奖学金，被同学称为"奖学金专业户"。"我是农民的孩子了"，杨振岭曾对老师说："很幸运能进入大学学习，也很幸运能在哈工大这所有着悠久历史和优良传统的大学里成长。只有多学些知识和本领，才不会辜负父母和社会对我的期望。"

杨振岭(右一)在报告会上与同学们交流

课堂学习只是他的"主战场"。在完成课程学习之余，他还在大学里广泛涉猎其他知识。校园里有各种讲座活动，有大批的专家学者、成功人士走进哈工大，这为杨振岭的生活增添了无尽的乐趣。他很关注"201讲坛"和"院士博导论坛"等高水平讲座活动，只要有时间，他就会积极参加并且认真记录，还将笔记整理成册与其他同学共同分享。

杨振岭也曾和同学一起打过"ＣＳ"，尽管在学习上游刃有余，在打游戏上他却是个"差等生"。与他一起打过游戏的同学说，杨振岭并不是不喜欢打游戏，而是在学习和玩之间他总是能够理智把握住度。他和同寝室同学一起，很关注形势政策和时事热点，寝室的"卧谈会"成了他们分享感悟和观点的桥梁。有时候因为观点的差异，同寝兄弟争得面红耳赤，可他们却乐在其中，习惯于在辩论中开拓思维、增长见识。

2005年春季学期，杨振岭还和系里的其他同学一起，参加了本科生科研创新项目，选了"扫描隧道显微镜探针制备"做题目。这个课题需要较强综合能力。为了做好这个难度比较高的课题，杨振岭看了许多论文和专业书。尽管课内学习紧张，还要去做家教，但他一有时间就往实验室跑,吃饭的时候还和其他同学讨论课题的事情。为了充分利用零散时间,他还把课题所需的软件装到了寝室的电脑上。在捐献造血干细胞住院观察期间,他还从医院悄悄溜回学校,继续课题研究。每当遇到困难,他总鼓励其他同学说:"即使难以完成,我们也要尽最大的努力,这样会得到更多的锻炼。"

2006年1月,杨振岭以优异的成绩被推荐直接攻读硕博连读研究生。已经被同学们戏称为"杨博士"的他,在"卧谈会"上向同寝同学描述自己的理想:毕业后留在学校,留在哈工大物理系,将来要做一名哈工大的教授,为物理系的建设与发展做出自己的贡献。他总是这样,很明确自己的努力方向,朝着自己学习目标坚持不懈地耕耘着!

铸就朴实的精彩

杨振岭的同学说:"作为哈工大的学生,我没见过马祖光院士,但能与杨振岭一起学习、生活,没什么遗憾了。"是什么让大家这样感动?做好一件事不难,难的是坚持不懈地做好每一件小事。杨振岭就是这样的人,他3年如一日地收、交物理作业,3年如一日地履行好寝室长的职责,3年如一日地全心全意为同学服务,书写着一份朴实的精彩……

如杨振岭的同学马少桢所说:"他就是这么一个人。可贵的就是在别人需要爱的时候,他总是能够慷慨地给予。"对于熟悉杨振岭的人来说,他能够无偿捐献造血干细胞并不是一件令人意外的事,生活中的点滴总能体现出他的朴实、坚毅、乐群与奉献。

在同学眼中,杨振岭很有"人缘儿"。同学们都说,杨振岭很懂得谦虚礼让,以诚待人。在历次评优中,杨振岭从来没有主动要求推报自己,最后都是大家投票把他推选出来。刚进大学时,杨振岭做了班级的物理课代表。作为物理系的主干课程,物理课要开设4年,每天的任务就是收齐同学们的作业。在担任课代表期间,他默默地为同学服务,无论严寒酷暑都要从学生公寓把作业送到教学楼,有时一天要跑好几次。同学郑兴林说起杨振岭担任物理课代表的经历时说:"3年多来,他每次都认真收、交作业,从来没有发生过漏交情况。当谁的作业没有及时完成时,他总会耐心地等一等,不让一个同学掉队。事情不大,但是3年如一日,这股认真劲儿确实值得我们学习……"

杨振岭还有一个"绿豆"官衔——寝室长,寝室的大事小情都是他张罗在前面。每个寒冬的夜晚,当大家回到寝室时就会发现,所有的暖瓶都装着满满的热水;寝室3年都没有停过电,因为总有一位细心的寝室长及时把电卡充好;寝室里从未缺少过欢笑,因为总有一名同学用自己的朝气活跃着寝室的气氛。在年龄上,杨振岭在寝室8个人中排行倒数第三,然而他却一直被寝室同学戏称为"老大"。在寝室里,他总是以"老大"的身份照顾好每一个同学,总是带动寝室形成良好的风气。一个20出头的小伙子,杨振岭和其他同学一样,喜欢热闹,风趣幽默。《天下无贼》播放后,杨振岭便和同寝同学上演《天下无贼》"生活版",范伟的扮相当推杨振岭莫属,当那句"IC、IP、IQ卡,统统告诉我密码……"的台词从他口中脱口而出时,着实让人忍俊不禁。杨振岭所在的寝室是一个优秀的集体,3位同学已经被免试推荐攻读研究生,一名同学考取了研究生。

杨振岭也有苦恼,他有时会为自己的一些言行失误而自责、内省。在

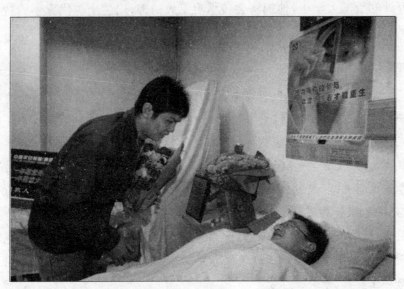

杨振岭看望继他以后哈工大又一位造血干细胞捐献者刘建明同学

杨振岭的心里，一直装着这样一个歉疚："那是在四级备考冲刺阶段，我总是回去得比较晚。我睡在上铺，上床时总要影响下铺的同学。是我打扰了他的休息，一直觉得挺对不起他的。"这件事情对杨振岭的影响很大，从那以后，他对同学更加坦诚、热情。他说："对人要好一些，要更好一些。多为别人着想，大家的烦心事就会少一些。"

在班级里，杨振岭是各项活动的骨干。有一次，班级承办预防艾滋病的宣传活动，杨振岭连午饭都顾不上吃就冒着大雪去贴海报。全校的宣传栏大大小小有十几处，他忙了近一个小时才贴完。做完干细胞移植手术回来，班级要办一份手抄报纸，杨振岭四处选材，与其他同学一起一字一句手抄下来。用同学钱学波的话说："我们不会因为杨振岭捐献过一次造血干细胞就会觉得他有多么伟大，在点滴生活中就体现了他的许多可贵品质。"

在哈工大熙攘的人流之中，当杨振岭的背影渐渐模糊在数以万计的哈工大学子之中时，我们或许不会知道这个青年曾经用自己的血液拯救过别人的生命，不会知道他的大学生活曾克服过多少艰辛，也不会知道他的心里埋藏着对哈工大多么挚深的热爱。然而我们坚信，正是这数以万计的哈工大学子，他们将会传承哈工大精神，用这个时代青年的特质赋予这所古老校园以崭新的时代内涵……

杨振岭简介 现为哈尔滨工业大学理学院光学专业博士研究生，中共党员。2005年8月11日，他冒着危及自身健康的风险，先后两次进行造血干细胞采集，救助一位素不相识的17岁患白血病女孩。他虽然家庭贫寒，靠贷款上学，但他自强自立，乐观向上，刻苦学习，成绩优异，每年都获得奖学金，并被免试推荐为硕博连读生。他的事迹在当地广为传诵，哈尔滨工业大学、黑龙江省委高校工委先后发出了向杨振岭同学学习的号召，并组织报告团赴黑龙江省各高校作报告，杨振岭成为哈工大保持党员先进性教育活动典型和"2005年感动哈尔滨人物"。杨振岭同学曾先后荣获"哈尔滨工业大学三好学生标兵"、"黑龙江省十佳大学生"、"全国三好学生标兵"等荣誉称号。

陈 苏

"用一年不长的时间做一件终生难忘的事",这句响亮的宣传口号使陈苏义无反顾地踏上了支教之路,在实现儿时梦想的同时也成为全国首位支教的博士研究生。"爱,就是在别人的需要上看到自己的责任。"在山西浮山县寨圪塔乡支教的一年里,国际著名志愿者德兰修女的这句话激励着他,思考如何让那里的教育面貌发生彻底改观。2008年,陈苏幸运地成为了一名奥运火炬手。在他眼中,奥运精神和志愿精神是相通的,都是人类最高尚的精神财富。

支教博士生的幸福人生

——记我国首位支教博士生、全国三好学生陈苏

□ 商艳凯

2008年7月13日,北京奥运会圣火在美丽的"鹤城"——齐齐哈尔传递。在当天参与传递的208名火炬手中,一个年轻的身影吸引了很多人的目光,他的脸上始终洋溢着幸福的微笑。这个年轻人便是陈苏,哈尔滨工业大学材料学专业博士生。经中国青年志愿者协会确认,他是我国实施扶贫接力计划以来,第一个参加支教的博士研究生。

陈苏对奥运最早的记忆是1988年的汉城奥运会。当时上小学一年级的他,对那届奥运会上脍炙人口的主题歌《手拉手》记忆犹新。火炬手选拔通知一出,他就报了名。最终能够成为一名奥运火炬手,陈苏说是"莫大的荣誉",而他要把这一荣誉献给一个光荣的集体——哈工大研究生支教团。

在陈苏眼中,奥运精神和志愿精神是相通的,都是人类最高尚的精神财富。他说,因为支教当上了火炬手是幸运的,而哪怕没有当上火炬手能去支教也是幸运的。虽然那段经历已经过去两年多时间,但支教的记

精神的力量　★

奥运火炬手陈苏(右一)在哈工大校园里

忆却在他心中挥之不去,甚至深深融进他的血液里。这也不难理解,刚回到哈尔滨时,陈苏每天都会做同一个梦:在幽静的大山里,天空正下着雨,自己和队员李开聪没有带伞,远远地看到那些娃打着伞跑过来,把伞往他们手里一放,自己就顶着雨跑回去了。

当睁开眼时发现周围全是高楼大厦,他才顿然醒悟——自己已经回到城市里了。但他还是一闭上眼就以为自己还在深山。因为他担心那些男娃娃们打架、受伤,女娃娃们失学、害病。而这心里面压不住的牵挂,又怎是"想念"两个字就能了得呢?他真想飞回到他的娃娃们的身边,一个一个地抱起来……那些穷的连新衣服都穿不起一套,连肉都吃不起一口,连香蕉橘子都不知为何物的孩子们都是他的宝贝,都是他的娃娃,都是他这辈子放也放不下的牵挂……

儿时梦想终成真

早在很小的时候,每当父母讲起他们当知青的经历,那些北大荒战天斗地的生活,那些村子里朴实的人们,就会在他幼小的心里萌发出一种天然的亲切感,以及对那些至今穷困的父老乡亲深深的同情。母亲是一名中学教师,每天晚上他都会看见母亲微笑着坐在书桌前,给学生批改作业。小时候的陈苏总是这样想着,如果自己能坐在乡村的教室里,给孩子们批改作业,一定是特别幸福的事情。

然而,从立下支教的愿望,到踏上支教的征程,陈苏等了整整3年时间,从本科毕业直到博士在读。

1998年,团中央在全国高校发起"青年志愿者研究生支教团扶贫接力计划"。2003年的春天,哈工大正式组建研究生支教团,面向全校首次招募支教队员。消息传出后,立刻在全校同学中引起强烈反响,很多同学都踊跃报名参加选拔,大家都不想错过这个在大学时代直接为祖国和人民服务的好机会。陈苏从小的愿望也一下子被激活,遗憾的是,他当时恰好在外地实习,实在赶不上校内选拔。看着自己的同学张晓东通过选拔成为支教队员,还当上了支教队队长,他的心里是又羡慕又无奈。那年寒假,当张晓东从山西浮山返校时,陈苏隔三差五地就去寝室找张晓东,话题只有一个——支教。

从首届支教队员口中,陈苏对山西浮山的印象变得清晰起来,而他支教的愿望也随之变得更加强烈。2003年10月,已读研究生的陈苏终于盼到第二届研究生支教团招募了,他毫不犹豫地报了名,"激动得一夜没有入睡"。可谁知,第二天一大早,当他兴冲冲地到院里交报名表时,却被刚认识不久的女朋友知道了。看着女朋友的眼泪噼里啪啦地掉在自己的肩膀上,陈苏的心一下子软了。他只好再等一年。

此后一年,陈苏将更多的精力用在了学习上,并直接进入博士课题研究,成为一名博士生。同时,他天天都在盼望着第三届支教团招募的消息。终于有一天,招募的海报贴出来了,陈苏挤在最前面伫立良久,把每一个字都读到了心里。"'向西追寻梦想,奉献星火燎原',我觉得这张海报,就是为我而写的!我觉得我有责任去,我必须去!"他一直保存着去年填好的表格,贴上照片后就直接交了上去。

面试时,评委们问陈苏:"你都是博士生了,为什么还选择去支教?你如何克服继续学业与去西部支教之间的矛盾?"他诚恳地向评委谈了自己从小的理想,谈了自己对志愿者的认识和理解,谈了自己目前的博士课题进展。谈到动情处,他说:"我选择志愿服务,因为这样做能使我感到快乐!我愿意用一年的时间,去圆一个儿时的梦想,去做一件终身难忘的事！"

陈苏纯朴的想法打动了评委的心。他成为哈工大第三届研究生支教团的队长。在享受梦想成真的喜悦时，他也受到了一些人的不解和置疑："中断自己的博士学业，到大山里去做志愿者，和一群'土坷垃'孩子们摸爬滚打在一起，陈苏病得不轻。"这是很多人对陈苏此举的不解；"不是有什么别人不知道的好处吧？"这是很多人对他此举的猜测；"博士支教？用得着么？"这是很多人对他此举的置疑。可是，只有他自己知道，支教是他梦想了3年的志愿。

博士生支教在深山

为什么要做一名志愿者呢？陈苏也很多次这样问自己，却始终没有得到一个清晰的回答，直到踏上黄土高坡，真正体验了支教生活的酸甜苦辣后，陈苏才懂得了国际著名志愿者德兰修女所说的一句话的真正含义，也真正明白了自己当时的内心感受。这句话就是："爱，就是在别人的需要上，看到自己的责任。"

哈工大研究生支教团服务的山西省浮山县是享受国家西部扶贫政策的贫困县。第一届和第二届支教团到浮山县时，考虑到条件艰苦，县教育局把志愿者都留在了县城的中学里工作。2005年8月，当陈苏带领着队员们来到浮山时，却主动请缨到乡下："就让我们到最艰苦的地方去吧，那里的孩子可能更需要我们！"在支教队员的强烈要求下，县里终于同意了他们的请求。陈苏与年龄最小的李开聪主动要求到距县城最远的寨圪塔乡中学。

寨圪塔乡距离浮山县城30公里，地处深山，当地人民生活水平十分落后。陈苏在做了一番摸底调查后了解到：寨圪塔中学除办学条件艰苦外，师资力量薄弱成为制约学校发展的最大瓶颈。这些不利条件导致了该校教学成绩多年来始终为全县垫底。陈苏草草地打点了自己的行李后，一大早就挤上了开往山里的班车。司机师傅告诉他，等离开县城，再经过一个多小时险峻的盘山车程后就可以到达目的地了。

初到山里,那里的贫穷和落后让陈苏为之一震,望着山里娃娃们恶劣的生活环境和一张张灰土土的纯真笑脸,他忍不住心头一阵酸楚。他暗暗在心里下定决心,"这就是我的家,孩子们就是我的亲弟妹。"也就是从那一刻起,陈苏真正开始了他艰苦的乡村英语教师生活,与山里的苦娃娃们吃住在一起。

在支教一个月后,陈苏掌握了更多关于寨圪塔中学的"一手"资料:由于山区人口稀少,所以学校中本地教师比例较小,只占教师总数的10%。而由于这里物质条件艰苦,其他地区的优秀教师都不肯到这里教书。师资的匮乏导致教师所教科目不固定,大部分老师都是采用"现学现卖"的教学方式。而几乎所有老师都是身兼数个科目,如陈苏一个人就要教英语、历史、美术和体育4门课程,有的时候还要代上语文、数学、政治。师资条件严重不足也导致学校教学水平低下。每年能考上高中

陈苏给学生上英语课

的学生少之又少,大部分学生初中毕业后只能选择就业。面对这样的景象,陈苏时常会产生想代所有科目的冲动,冷静下来后,他只恨自己的精力有限,力量太渺小。

更让陈苏感到揪心的是,学生的生活条件和学习条件一样艰苦。大部分学生家离学校较远,晚上住在学校安排的宿舍里,每间宿舍有一间教室大小,四面墙中有两面都是窗户,到处漏风。床板是直接铺在地面上的,学生们一个挨一个睡在上面,躺满为止,大概有1/3的学生要睡在两

张床板之间的夹缝上。宿舍里阴冷潮湿、异味极大,每次去学生宿舍,陈苏都禁不住要流下泪来。学生们平时几乎不洗漱,脸上、脖子上、手上都是脏兮兮的,几个月也不换洗衣服。最让陈苏过目难忘的是学生们吃饭时的情景。他们每个人吃饭时都是狼吞虎咽,走近一看碗里只有米汤和馍,而所谓的汤也只是飘着点菜叶的白开水。

"这一切使我更加清晰地看到自己的使命,更加深刻地认识到来这里的目的,更加直接地感到了肩上的重担。我的工作不是向团中央负责,不是向母校负责,不是向受援地负责,我的工作最主要地是向这些孩子负责,只有向他们负责,才是向所有人负责。"在支教一个月的总结中,陈苏写下了这样一段话。

下定决心后,陈苏开始全身心地投入到教学工作中去。作为一个"新兵",他虚心地向当地老师请教。他对此有着清晰的认识:"在支教之前,我们几乎没有什么教学经验,所以在教学方面当地老师身上有很多我们应该学习的地方。另外,虚心的请教也能帮助我们很快地在受援地顺利开展工作。我们的目的是通过自身的努力工作带动当地老师的工作积极性。榜样一定要是服众的,所以我们必须用真诚打动当地的同事,与他们做朋友,让他们觉得我们和他们是一样的,我们能做到的,他们也能做到。"一年下来,他的这种谦虚诚恳的态度使他结识了很多朋友,有当地的老师,也有校长和村民。

在工作初期对当地情况有所了解后,陈苏意识到学生成绩差的主要原因是一方面学生基础较差,另一方面则是教师教学方法不得当。为此,他用心制订了有针对性的教学计划,可以概括为"坚实基础、针对中考、强化听说"。他有着自己独特的一套想法:山区孩子从来没接触过英语,开端是很重要的,坚实基础是为后续的学习做准备。而山里的娃要走出大山只有两条路:要么出去打工,要么考入高中。所以此时的教育不可避免地要针对应试。但英语有英语的学科特点,这是一门语言,应用性很强,虽然要针对应试,但不能只教给学生哑巴英语,所以还要强化听说。在他的课堂上每天都有听写,学习语言的唯一捷径就是背诵。再有就是考试,每个单元结束都要测验,每个月都有月考。除此之外,其余所有时间都留给学生,用很多活动充实他们的课堂:情景对话、单词朗读比赛、课文背诵比赛。学生的积极性一下子被调动起来,教室里出现了"震耳欲聋"的齐声读英语的场面。看着娃们的那股认真劲儿,陈苏自然是笑得合不拢嘴,在他们大声练习准备时,他甚至会假装躲到门外去。娃们见后准备得更起劲了。而在正式比赛过程中,学生经常为一个小问题争得面红耳赤。

这件事让陈苏深刻地认识到,在学习积极性方面,孩子的天性使他们和城里的同龄人在这方面没有差距。更让他感到欣喜的是,通过这样的训练,学生在听、说、读、写等各方面都有了很大进步。在初一第一学期的全县统考中,他所带班级成绩就位列全县40个班中的第13名,取得了寨圪塔中学历史上的最好成绩。一年后,他和队员李开聪所带的寨圪塔中学初一年级期末统考平均成绩列全县第一名,高出县里的重点初中3分多。

在陈苏支教的一年时间里,他和队员们亲眼见证了山区教学环境的大变革。支教前,他脑海里想象的是低矮的平房、漏雨的教室,到了当地以后才发现,大部分群众已解决了温饱问题。随着国家对"三农"问题的逐步重视,在寨圪塔乡,他能够真切地感到农民生活水平和学校教学条件的改善。学校盖起了新的二层楼房,学生们搬进了崭新的、有暖气的教室,国家免除了学生的学费和书本费,远程教育工程为山区学校配置了微机和多媒体教室。

虽然生活水平提高了,教学条件改善了,但山区学校每年极低的升学率使得学生对继续深造感到希望渺茫,学生心中普遍认为学习无用。在一次队内例会上,陈苏和队友们达成一致共识:"我们来这里支教,不仅仅是教知识,还要教孩子们树立理想,坚定信念,追求目标!也许我们的一句话,就可能改变他们的命运"。

如何让山区学生对改变自身命运有更直观的认识呢?这是陈苏一直在思考的问题。从到学校的第一天起,他一有空就给学生讲外部世界,讲哈尔滨的发展历史,讲哈工大人为国家的贡献,讲太行山走出去的革命元勋……他把山区娃娃们认为最遥远的世界,活灵活现地描绘给他们

精神的力量 ★

陈苏(左三)给学生讲《平凡的世界》

听,告诉他们与这些有多远,告诉他们可以如何去达到。他身边的小听众逐渐越来越多,连最淘气的娃娃也开始严肃起来。

一天晚上,在准备给孩子讲故事的素材时,陈苏偶然发现作家路遥所写《平凡的世界》里的主人翁、地理环境和社会环境,跟寨圪塔乡极为相似:山区,水,产煤,农村娃。"下一个故事就讲它了!"想到这儿,他兴奋地跳了起来。周末一大早,他就迫不及待地骑车到了县城,跑遍了大大小小的旧书店,总算找到了这本厚厚的书。每到晚自习,他都会将学生召集到身边,把这部上百万字的书一章一节地读给学生听。烛光中,娃娃们托着下巴,就好像在听身边人的故事一样,似乎想把每个字都记下去,教室里只流淌着陈苏的声音。"任何时候都不放弃奋斗、不放弃学习,用自己的双手改变命运。"陈苏将这种精神,也将希望的种子埋在孩子们心中。

2006年元旦,天空中飘着雪花,陈苏就在操场上为全校师生及乡干部发表了一次演讲。"当我看到同学们住在民工宿舍一样的房子里,吃得还不如城里民工的伙食时,我的心在流泪,为你们生活在艰苦的条件下而心痛!但是当我看到你们中部分同学,上课不听讲,不写作业,甚至将老师赶出教室,下课胡闹、抽烟、打架、谈恋爱,甚至勒索、盗窃他人财物时,我的心都碎了,为你们不知道珍惜现在大好的青春时光而更加痛心!"陈苏说,"同学们,我们是来学习知识的啊!拿出勇气,拿出信心,把全部精力用在学习上。事实已经证明,只要努力,你们并不比城里的娃儿差,而且还能超过他们!"讲到动情处,他不禁热泪盈眶。在场的寨圪塔乡几位老干部也落泪了。他们说,落后山区要想脱贫,首先要精神上脱贫,陈苏的话发人警醒。

然而,山区教育的面貌要有一个彻底的改变,绝不是一朝一夕的事情。"呵呵,最痛苦的打击来自于春暖花开时啊。"陈苏在提起"抄家"事件时不无幽默地说。那年寒假,陈苏和队友回家过春节,当开学返回学校时,迎接他们的却是被"抄"了的宿舍。所有的书本、照片和文件都散落在地上,上面还撒着油盐酱醋糖茶,开水壶和锅碗瓢盆里都盛着由钢笔水、豆油、酱油和醋混合成的黑水。笔记本奖状被撕掉,抽屉里的物品被人用火烧毁……看着这等惨状,陈苏和队友的确心寒。

这次"抄家"事件是何人所为没有人知道。陈苏和李开聪估计,很有可能是上学期他们阻止了初三的大学生欺负初一小女生而惹来的报复事件。在村里,有些男娃娃往往初中毕业后就回家种地,然后娶媳妇。所以总有些初三的男生主动来找初一的女生半强制地交朋友,而家长的态度往往是"俺娃学习不好,你们老师还不让俺娃去拉个媳妇过来啊?"身为初一年级的老师,陈苏和李开聪赶走了前来寻事的初三学生,也因此惹来了这个麻烦。陈苏劝队友们说,"不能怪他们,他们也是受的教育不够,不懂事,才这么做的,教育有责任。"

通过这件事,陈苏突然感到这也许正是他们来到这里的目的——改变农村的面貌,关键在于提高人们的素质,而人们素质的提高关键在于教育。他对队友们说,"来到这里后,我发现有部分家庭的物质条件比想象的要稍好一点点,但学生的学习状态却比想象的要差很多。原来以为,贫困的孩子学习一定刻苦,实际上,他们被物质上的贫困摧残得精神也开始贫困!我们要为精神扶贫而努力!"

进入到支教的后半年,陈苏逐渐认识到,支教团只有10个人的力

精神的力量　★

陈苏在进行家访

量,只在4所学校工作,而全县学生都很需要这样的思想辅导。他和队员商量决定,在全县中学进行一次巡回演讲。他的这一想法得到了队员们的响应。2006年3月,由哈工大研究生支教团组建的"我的成才路"巡回报告团先后走进全县10多所中学。一个个生动的报告传达出这样的信息:不论做什么都需要技能、需要知识,同时结合自身情况告诉他们知识是如何改变命运的,并结合国家政策向他们讲解上高中、上大学并不是唯一的出路,国家现在大力发展职业教育,这正好是这里的学生可以大展身手的舞台。支教队员所讲的自身成长经历,给山区的孩子们带来了极大的震撼。许多学生激动地说:"原来以为博士、硕士是可望而不可即的,而现在他们就在我们身边,是我们学习的榜样!"

在山西浮山这座小县城里,陈苏越来越为干部群众所熟悉,他的事迹和工作也越来越被认可。有次山西临汾团市委开会,当同志们站在大门口,远远看见陈苏骑着自行车过来,纷纷惊讶地问他:"难道你是从浮山骑上来的?"陈苏就是从寨圪塔骑下来的,沿途有70多公里山路,他说是为了欣赏沿途的风景,可实际上是为省下路费资助娃娃们。刚到浮山不久,陈苏就买了辆二手自行车,靠着这辆自行车,他在太行山里骑行了400多公里,走遍了寨圪塔乡的村村落落。

陈苏眼中的志愿服务

陈苏不止一次地说过,选择志愿服务,因为这样做能使他感到快乐,这种快乐是在你为别人提供帮助以后从心底里油然而生的一种幸福感觉。在他眼中,这种幸福是世界上任何一种幸福都无法与之比拟的。而他的确在自己所教授的山区学生身上找到了这种幸福!

那还是开学之初,陈苏主动承担起初一英语的教学任务,却不得不面对这样的窘境——由于学生几乎没有英语基础,他与学生们在上下课时只能暂时用汉语问好。突然有一次,当他说完"下课",正等着学生们说"再见"时,讲台下面的30多个学生齐刷刷地站起来,面向他深深地鞠了一躬,用响亮的声音说道:"Goodbye teacher! Thank you teacher!"被这样一个"意外"袭击的陈苏竟愣愣地站在讲台上很久,一句话也没说。并不是他不知该如何回答,而是他被学生们的举动惊呆了!这几个单词,学生们一个也没有学过,陈苏万万没想到,他们会偷偷地向高年级学生学习怎样问好,甚至还排练了很多遍。而学生们这样做就是为了给老师一个惊喜!学生们竟然会用这样一种方式感谢自己的付出,这让陈苏平生第一次感到幸福的泪水随时可能涌出的那种感觉,30多个纯洁心灵的问好也使他欣慰地看到自己的付出有了回报!

2005年冬天,恶劣的生活环境加上落后的医疗条件,让从小在城市长大的陈苏无数次因严寒而发起高烧。山里没有药卖,学生病了可以回家休息,可陈苏为了不耽误学生的课程,几乎没有请过一次病假。就在他高烧不止的时候,一些学生送来了自己家从山上采的连翘,让他们的陈老师熬成水喝。"虽然药效不大,"躺在病床上的陈苏对前来看望的队友们说,"但我心里可暖和着呢!这帮娃娃有啥都想着我,能不高兴吗?我干啥也值啦!"

山区孩子们的纯朴是永远都道不尽的。还有一次,放学后突然下起雨来,陈苏和队员李开聪没有打伞,孩子们看见了,便跑着打伞过来,将伞往他们手里一放,就顶着雨跑开了。一想到这样可爱的山区孩子,陈苏

精神的力量

陈苏在山区学校的宿舍中备课

就感到从来没有过的幸福。想着他们塞到自己手中的山核桃，想着调皮的娃娃故意淋湿借机等老师给他们穿上自己的外套，想着男娃儿给自己抓来的小猫，想着女娃临别时流满脸蛋的泪水，想着这一生能有机会与面前的30多个孩子成为师生，他甚至有时在上课时看着他们都会偷偷地笑出来，而想到这些孩子也许是他今生唯一的学生，陈苏幸福着，快乐着。他说，我给了娃娃们真爱，而他们给了我更多的真诚情感，我觉得我就是最幸福的人。

一年的支教生活，也让陈苏对志愿者有了更深刻更全面的理解。在一篇博文中，他以一种近似哲学思辨的方法，全面剖析了社会对志愿者的一些误解。第一种误解是"神圣化"。在他看来，这个世界并没有圣人，每个人都能够成为志愿者，我们来做志愿者，是因为想要追求一种快乐，一种在看到别人因你的帮助而生活得更幸福时感受到的一种快乐，这种快乐是每个人都能够感受到的，只要你愿意帮助别人。第二种误解是"廉价劳动力"。他认为，志愿者和"廉价劳动力"有本质区别，志愿者撒播的是爱心，收获的是希望，而"廉价劳动力"追求的则是维持生存低廉的薪金，或是积累些工作经验。第三种误解是将志愿者看成一帮闲人，不愁衣食，有大量空余时间。他以反问的口吻写道："我们是哈工大的在读研究生，对于推迟毕业的时间压力，怎么能说是衣食无忧、无所事事呢？"

在这篇博客中，陈苏用更大的篇幅描绘了自己对志愿者工作未来的美好憧憬。在他看来，志愿服务，即爱心驱使下的社会分工是对利益驱使下的社会分工的一种补充,如果说后者是社会发动机的燃料的话,前者就是润滑油。不得不承认,当今的人类社会发展的动力还是主要由燃料提供的,但没有了润滑油,这个发动机也很难正常运转。但随着社会文明程度的向前推进,当人类所积累的物质财富逐渐增多时,原有的社会分工难以满足人们的需要,爱心驱使的社会分工将逐渐增加。"也许在不远的将来,社会生产极大丰富,公民素质提高,以爱心主导的社会分工成为主流,志愿服务工作在生产中占主导地位,以经济利益为推动力的社会分工退之次席,大部分人按照别人的需要进行生产和服务,就相当于按需分配,这样的社会也许就是马克思预言的共产主义,也许志愿服务体系将是共产主义的主要实现形式吧!"他在文章最后这样写道。

是的,支教是一种选择,选择了这条路的人只有一个名字——志愿者。"我就像海里的一滴水,千千万万的志愿者汇到一起才是一股强劲的海流,激起浪花的不是我,是'我们',而这平静的大海终会波涛天,所有人都会汇入我们,那才是真正的大海。大海需要你这一滴水。"陈苏在他的一次报告中这样说道。

后　记

完成支教任务回到学校的陈苏并没有给自己放假,因为他还有很多事情要做。第一件事是宣传志愿服务。返校后的半年时间,他参加宣传志愿服务活动的校内外讲座达十几场,还随"在西部基层工作的优秀大学毕业生事迹报告团"到全国各高校巡讲。"作为一名志愿者,我有义务去宣传志愿服务,我对志愿者的认识也是在不断深入的过程。我将做一名终身志愿者,继续在我的岗位上践行我的责任,奉献我的终生。"他不止一次这样发誓。

第二件事是攻关博士课题。陈苏在去支教之前就在进行着某种国防新材料的预研工作。为尽量减少支教对项目进程的影响,陈苏一直没有停止对博士课题的关注。"支教虽然拖延了我的博士工作,但这也给我以很大的压力和动力去更加努力工作,我要尽力将这一年补回来,争取对国防领域材料学科发展做更多贡献。"

第三件事是请愿赴灾区支教。四川汶川特大地震发生后,陈苏和其他两名博士研究生联名给胡锦涛总书记写了一封请愿书。"我们是学生党员,坚决拥护党的领导,听从党的安排。我们是博士研究生,都承研着国防、航天等领域的重要项目,我们一定会尽全力完成本职工作。我们还是青年志愿者和老支教队员,我们愿意时刻准备着奔赴灾区,做一名普通教师,为灾区重建贡献一份力量。"陈苏随时准备报效国家。

陈苏曾说过这样的话,"我很荣幸走进社会的第一年能以志愿者的身份开始,终身志愿者已经成为我的誓言。我也相信,不论今后从事何种工作,在何岗位上,我都会将推广志愿服务精神继续下去,这是一年的支教经历带给我的终生财富。"

如今,已博士毕业的陈苏走上了哈工大共青团工作岗位,成为一名共青团工作者。对于"80 后"出生的陈苏来说,这意味着,他将有更多的机会以行动去践行自己曾经许下的诺言。

陈苏简介 1980 年 4 月生人,中共党员。2005 年 8 月至 2006 年 7 月在山西省浮山县寨圪塔乡初级中学支教一年。他是我国第一位参加研究生支教团的博士研究生。他用一年时间将寨圪塔中学初一英语成绩从全县垫底提高到全县第一;他用一年时间带领支教队员将"我的成才路"报告会开遍浮山县的所有中学;他用一年时间为学生朗读了长达一百万字的小说《平凡的世界》;他用一年时间手把手教,让寨圪塔乡中学所有老师都掌握了计算机辅助教学实用技术。《中国青年报》《中国教育报》《中国教育电视台》《黑龙江日报》《哈尔滨日报》《临汾日报》等各级媒体也相继报道了陈苏和他的队员们的事迹。先后荣获哈工大学生"五四"奖章、黑龙江省十大杰出志愿者、全国三好学生等称号。

何晓波（右）刘峰（左）

　　面对生死，置个人安危于不顾，坚定地选择舍生取义、奋不顾身，救助别人的生命，这不仅需要勇气，需要对生命的关爱与对社会的责任。在乍暖还寒的初春，面对冰彻入骨的江水和随时可以崩溃的冰窟，让我们看看哈工大何晓波、刘峰两位同学是如何用生命托起责任——

用爱与责任谱写青春之歌

——记全国见义勇为大学生何晓波、刘峰

□ 闫明星 黄超 邹波

他们有着明确的学习目标,执著地追求着自己的理想;他们主动融入班级和集体,总在别人困难的时候伸出援手;他们在危急关头勇往直前,沉着冷静地救出掉入冰窟窿的两名女孩;他们在面对各方赞誉时不居功,仍然保持着平常心——他们就是哈尔滨工业大学航天学院复合材料专业学生何晓波和刘峰,一对上下铺的同窗好友。当家长们带着两位被救起的小女孩来学校表示感谢时,小姐妹泣不成声地说:"是两位大哥哥给了我们第二次生命!"。

> 当听见生命的呼救时,他们置个人安危于不顾,救助了别人的生命。对生命的关爱与对社会的责任,使他们在关键时刻挺身而出,这是高尚的,纯粹的……

2008年3月8日那天,初春的天气阳光明媚,何晓波和刘峰约了同班6名同学一起去松花江边放风筝。他们一行乘坐公共汽车,来到松花

江畔。江边游人很多,非常热闹。同学们买了风筝,在江畔放了起来。何晓波和刘峰走在后面,放眼望去,茫茫的大江非常壮观。来自江浙的何晓波和刘峰,尽管在哈尔滨3年了,还没见过冰封的松花江。他们被这壮丽的景色打动了,何晓波还拿出手机,边走边拍摄着……正当他们兴致盎然地欣赏着松花江的壮丽景象时,突然听见前边有人惊呼:"有人掉进冰窟窿了!"何晓波回忆说:"几乎同时,我们隐约听到右前方传出'救命!救命!'的呼救声。我们马上意识到出事了。"

"快!快!快!"两人几乎同时喊出来:"快去救人!"他们立即向事发地点跑过去,何晓波速度快,跑在前面。刘峰紧跟其后,大声提醒何晓波:"小心别掉下去!"事发地点离他们有100多米,何晓波飞速跑到近前,看到一个女孩正在江水里挣扎,另外一个女孩趴浮在水里。情况很危急!马上救人,这是那一刻他们的第一反应。

何晓波赶紧蹲下身子,把手伸向正在挣扎的女孩,大喊:"把手伸过来!把手伸过来!"这时,意外发生了,只听见"咔嚓"一声,脚下的冰面突然塌进江里,何晓波掉了下去,刺骨的江水猛地卷了上来。机灵的他迅速用双手撑住冰面,从冰窟窿里跃了上来,浑身已经湿透了。"这样不行!"他们立刻感觉到。

刘峰看到水里有一件棉衣,马上提醒晓波:"水里有衣服!快把衣服甩过去!用衣服拉她!"何晓波捞起衣服,朝女孩手边甩过去,试了几次都不行。因为女孩的手已经冻僵了,根本抓不住。情况越来越危急,女孩的手正在慢慢往下沉!何晓波随即俯下身来,趴到冰面上。刘峰立刻拽住他的脚,两人匍匐着向冰窟窿靠近。何晓波在前边使劲地伸着手,朝挣扎的女孩喊道:"快!快!把手伸过来!"女孩听到喊声,吃力地把手伸过来。一次,一次,又一次……终于抓住了那只冰冷的手,何晓波立即大喊:"我抓住她了!快拉我!快!"刘峰拽着何晓波的脚,何晓波拉着女孩的手,就这样第一个女孩被拉上了冰面。

当他们再去救第二女孩时,冰窟窿已经很大了。两人再次爬近冰窟窿,脆弱的冰面开始"嘎嘎"作响,水里的人脸朝下,漂浮在水面上,已经昏迷了,离冰沿也更远了。为了能抓到她,何晓波用尽力气把上半身都探进冰窟窿里,后面的刘峰几乎拽不住了。这时,一个热心人赶了过来,两人一起拽着何晓波,继续向前探去……终于,何晓波的指尖碰到了那女孩的腰带,他一把抓住,吃力地拉到冰沿时,却拽不动了。原来女孩在水里时间过长,身上的棉衣已经被水浸透,身体卡在了冰沿上!"我既怕越拉越危险,弄不好冰面还会坍塌,又怕冰沿划伤她的头。于是,我马上把双手伸进水里,努力把她的头抬出水面,再伸手把她的双肩托起。身后,刘峰他们开始用力往后拉我们……"何晓波现在想起来当时的情景还有些后怕。

当女孩被救上来的时候,已经窒息了。何晓波、刘峰他们立即用自己所学的知识进行急救。在做腹部按压时,女孩呛出了几口水,开始有了微弱的呼吸。他俩赶紧脱下外衣,裹在两个女孩身上,背起她们向近处的太阳岛物业管理所跑去。在请工作人员帮助安置好后,他们又马上拨打了120急救电话。这时,何晓波和刘峰忽然想起还在江边放风筝的同学,担心他们会在冰面上走动,出现危险。刘峰马上掏出手机,给他们打电话,告诉他们:"冰面很脆弱,千万不要在冰面上走,已经有人掉进冰窟窿了。非常危险!"看见两位女孩都安全了,他们才悄悄地离开物业所,返回了学校。

刘峰回忆说:"在回来的路上,我们绷紧的神经总算是松了下来。我看看他,他看看我,可能是因为刚才太紧张了,也可能是因为都太累了,好半天谁也没说一句话。过了一会儿,晓波问我:'你怕不怕?'我说:'当时只想着救人,也顾不得害怕了,现在想想,确实有点后怕,特别是你咔嚓一下掉了下去,可把我吓坏了。'晓波说:'现在想起来我也有点后怕,那冰窟窿的水可真冷,江水还很急,还好我及时跳了上来,要不然可就麻烦了。'我对晓波说:'好在咱们闯过了这一关,保全了两个女孩的性命,咱们也没出什么事,不管当时有多危险,咱都得去救人!'"

一路上,看着来来往往的行人,看着春天充满生机的景色,回想起冰面上那危机的关头、那惊险的一幕幕,他们忽然感到,生命是如此的珍贵,而有时又是那么的脆弱。也许正是因为生命的脆弱,才愈显生命的珍贵。

精神的力量 ★

两位被救女孩和母亲向两位大学生敬献鲜花

回到寝室，班长看见他们湿漉漉地回来，关心地问："你们是不是掉进江里了？"何晓波笑着告诉他："是啊！我们是掉进江里了！"他们本以为事情就这样过去了。

3月10日，从安徽来哈务工的孩子家长一行10余人，手捧鲜花、带着写有"奋不顾身，舍己救人"的锦旗和感谢信专程赶到学校，向救命恩人致谢。孩子的母亲满含热泪地说："孩子还不会走路的时候，我们就带她从安徽老家来到哈尔滨，每天出早市做生意，赚的钱差不多都用在孩子身上。如果孩子出点事儿，真的不知道该怎么活下去。刘峰、何晓波是我们两家的救命恩人，感谢哈工大培养了道德如此高尚的学生。"

直到这时，老师和同学们才知道他们救人的感人事迹，才知道当时多么的危险，大家都赞不绝口。同学们骄傲地说："我们和英雄生活在一起！"可他们却平静地说："当时事发突然，我们完全没有准备，我们只是做了应该做的，如果其他同学在场，也都会这样做的。""如果那天不救他们，我们会后悔一辈子；尽管很危险，我们救了他们，就一辈子都不后悔！"

全国见义勇为大学生何晓波、刘峰

在充满爱的校园里，在近90年积淀的优良办学传统和哈工大精神的熏陶下，在"当代知识分子的楷模"马祖光、全国优秀大学生杨振岭等先进人物的引领与感召下，爱与责任的意识在他们心中生了根、发了芽……

"大学需要学习的东西很多，首先要学习如何做人、做事，不断学习如何做学问，作为大学生就应该勇于承担责任，把自己培养成为一个合格的建设者与接班人。"杜善义院士在新生入学教育上的一席话他们至今记忆犹新。

来自江浙的何晓波、刘峰，都是家里的独生子。刚来哈尔滨时，父母总是很担心他们不适应。而实际上，他们很快就适应了大学生活，不仅自立自强地面对大学中遇到的问题和困难，还经常在别人需要的帮助的时候就出现在大家面前。同学李博说："我是在松花江边长大的，知道在冰窟窿救人很危险，而且刘峰还不会游泳。但他们救人并不让我们感到意外，因为他俩平时就乐于帮助同学。"大一暑期，何晓波没有回家，为了减轻家里负担，找了份家教。在他的介绍和带动下，班级其他同学也开始做家教，刘峰做的第一份家教就是晓波介绍的。何晓波做事永远是为别人想得多，为自己想得少。他的家境并不富裕，本可以申请助学贷款，然而当他看到更困难的同学需要帮助时，悄悄地藏起了写好的助学金申请表。事后，有人发现此事问起他的时候，他说："那些同学比我更难，学校的助学机会应该留给他们，而我还可以做家教赚钱。"在何晓波的故事里，虽没有"雪中送炭"，但却有"雨中送伞"。一日正在寝室看书的他，看见屋外大雨如注，想起下自习被大雨拦在教学楼里的同学，再也坐不住了，借了六七把雨伞便冲向教学楼。他的同学说，当时看到何晓波满头是汗、气喘吁吁的样子，有种难言的感动。

在生活中，何晓波是个热心乐观的人，有他在的地方就会让人感到其乐融融。一位同班同学说："他平时看起来沉默内向，可是大家一起讨论问题时，总能发表自己独到的见解。"让同学们印象更为深刻的是，何晓波跟大家聊天总是幽默风趣,经常让讨论的气氛变得活跃起来,成为大家的"开心果"。时间长了,周围的人都很愿意跟他相处。有一次班上有位同学遇到件不开心的事,整天闷闷不乐,何晓波知道了就跑去安慰他,可用尽了办法都不行,这可把他愁坏了。聪明的他对那位同学说:"你看我都江郎才尽了,要不你打我一顿发泄一下?免费的!"说完还极力瞪着他那双小眼睛使劲看着那位同学。那位同学被他的真诚感动得笑出声来,轻描淡写的打了几拳,情绪好转了许多。对此,何晓波说:"我们走到一个集体不容易,要把快乐尽量带给别人,去共同面对生活的困难。"

刘峰为人正直热心,无论谁遇到困难,他都会站出来。有一段时间,班级成绩不理想,在班委会换届时,刘峰主动提出竞选学习委员。学习委员是个"苦差事",经常要同时收几样作业。在每次交作业之前,刘峰总是提前一两天通知到每个寝室,每次都抱着厚厚的作业本往返于寝室与教室之间。

同学们说:"刘峰是个细心的人,经常会做一些让我们感动的事情。"刘峰的同学李博最难忘记的就是大一上学期期末回家前,刘峰在他枕边放下的那张小卡片。卡片上面写着:"大胖,相处半年了,兄弟跟你

何晓波(右三)、刘峰(右二)在与同学们交谈

说一句,要昂起头做人,无可厚非;但要低下头做事,有时候戒骄戒躁,你会更加完美。我要回家了,感谢你尽地主之谊,下学期回来了,我给你带家乡的特产啊。"其实,刘峰给许多同学都送了卡片,那些卡片都是他上火车之前写的,里面装着刘峰感谢同学的话语,也有他为同学提出的中肯建议。很多同学都说,看过之后,心头一暖。有一次课题组一起讨论问题,去的同学比较多,中间休息喝水时,水杯正好少一个,刘峰说什么也不要,坚持让给了别人。平时,他觉得学习生活需要调节时,就约上同学搞些户外活动,组织同学去打篮球、踢足球……被亲切地称为"组织委员"。

为了提高班级学习成绩,他俩上自习时总是招呼大家一起去。在他们的带动下,全班同学经常在图书馆集体自习,遇到疑难问题互相讨论。同学们愿意向他们请教,他们也总是很热心地跟大家探讨。"弹性力学"课考试前一天晚上,寝室已经熄灯了,同班一名同学在复习中发现有的题还不会,在走廊灯下看书时都急哭了。何晓波看见了,主动为他辅导到凌晨。

在班级和寝室同学眼里,何晓波和刘峰都是可信赖的好同学。何晓波幽默睿智,刘峰热心直爽,他们共同把快乐带给集体,把方便带给他人。

> 在知识的殿堂里,他们追寻着航天人的足迹,感受着哈工大为祖国科教事业做出贡献的喜悦与自豪,而取得这些成就的许多人就是生活在他们身边的老师和学长,这让他们既感到亲切,更增添了沉甸甸的责任……

学习是学生的天职,何晓波和刘峰在学习上从来没有懈怠过。同学们说:"他们每天都坚持自习到很晚,学习成绩也在班级名列前茅。"上学期,刘峰的成绩在全班名列第一,何晓波也取得了很好的成绩。在老师眼里,这两名同学非常注重学习方法,对学的东西不仅要知道是什么,还要

精神的力量

何晓波在图书馆学习

弄清楚为什么。比如学数学,他们不仅要记住公式,还要动手把公式推导一遍。

学习不能盲目,不能没有目标,经过大一一年的学习后,他们对此有了深刻的体会。寒假里,何晓波在家乡一家IT公司进行社会实践,开始对计算机技术和管理领域产生了兴趣。经过与老师、同学的深入探讨,他觉得自己在"致用"方面更有潜力。刘峰也向学长们求教,觉得自己更乐于"穷理",愿意搞科研。在同样的假期,上下铺的两兄弟努力地挖掘自己的兴趣和爱好,对大学生活进行了新的规划和设计。

目标明确了,学习就更有劲头了。新学期开始后,大家发现他俩对学习有了更大的投入:每天早上,何晓波和刘峰都会早早地起床,何晓波拿着电脑书籍去图书馆上早自习,刘峰拿着英语书到室外朗读。除了学好专业课,何晓波还从C++语言开始学起,努力钻研起计算机知识。他说:"我希望能够在新兴技术与传统行业结合点上做点事情,这些东西特别让我着迷!"刘峰对自己也提出了更高的要求,踏踏实实地学好每门专业课,开始为考研做准备。

随着学习的深入,他们越来越感到要加深对专业的理解,提高运用知识的综合能力,单靠课堂

刘峰在宿舍看书

学习是不够的。航天学院在大三时开始通过双向选择为本科生配备导师,何晓波的导师是赫晓东教授,刘峰的导师是李垚教授。刘峰在导师的指导下,选定了一个航天新材料制备新工艺的科研项目,并入选了学校本科生科技创新项目。刘峰说:"刚参加课题组学术讨论时,发现自己有很多东西都听不懂。老师让自己独立设计实验方案,更感到要学得东西还有很多。"课题组的实验室在科学园,每次讨论他总是担心迟到,怕耽误了实验进度,下课后就气喘吁吁的向实验室跑去。经过坚持和努力,这个项目的关键问题已经得到了初步解决。

何晓波和刘峰说:"学校和老师给了我们很大的支持,我们对知识的兴趣越来越浓厚,理解越来越深刻。"他们对知识的渴望和执著,让他们更加紧迫地投入到新的学习生活中去……

> 家庭与学校教育总是影响着一个人最基本的道德观。"父母教导我善良,班级带动我助人。"朴实的话,正道出了何晓波、刘峰在危难面前奋不顾身、对他人无私帮助、对知识孜孜以求的原因……

当何晓波的母亲知道他救人的事情后,对他勇敢行为自豪的同时,也不禁深深地担心:"救人是应该的,要注意安全。"何晓波说:"爸妈始终教育我,善良是做人的根本。"在刘峰看来,责任意识也是从小在父母的言传身教中慢慢建立起来的。他说:"我父母常说,人要对得起自己的良心。从我记事起,就看到父母对长辈孝顺,村里人有困难,他们总是尽力帮忙,他们的言传身教让我懂得什么是责任。"

如果说父母的言传身教在默默地影响着他们,那么在哈工大的点点滴滴就让何晓波和刘峰懂得了什么是真正的爱与责任。他们总是骄傲地说,生活在一个温暖的集体,哈工大的老师和同学们给了我们数不清的关怀。何晓波回忆说:"入学之初,我听了马祖光院士感人至深的报告会,他高尚的品德和求实的精神震撼了我的灵魂,他的奉献精神让我由衷钦佩。大一时我属于基础学部,辅导员任老师像姐姐一样关心我们,班级有位同学遇到紧急情况,她特别着急,整晚陪伴她。"刘峰至今难忘的是,大一时他得了重感冒,是同寝室的人帮他敷毛巾,两名室友更是背着他打车到医院打点滴才退烧。何晓波和刘峰说:"老师、同学们竭尽所能地帮助我们,生活在这样的集体里,当看到有人需要帮助时,救人是一种本能,我们不是英雄。"

在采访中,两个人说得最多的就是"因为我是哈工大人":因为我是哈工大人,所以我懂得自己的责任,如果见死不救,就不配称哈工大人;因为我是哈工大人,所以我明白只有和祖国共命运,才是真英雄;因为我是哈工大人,所以我将这件事看得很淡。也许你会有疑问是什么让他们对"哈工大人"如此挚爱?只有当你走进哈工大这座知识的圣殿你才会深深体会他们的这份深情。

走在哈工大校园的每一个角落,从老教授创办的航天馆,到丰富的航天科技创新活动;从"当代知识分子的楷模"马祖光到"全国优秀大学生杨振岭";从20年磨一剑获得国家技术发明一等奖的"超精密光电仪

何晓波(中)、刘峰(左)与同学在宿舍学习

器工程研究所团队"到哈工大自主研制的"试验卫星一号"研制并发射成功……这是个英雄的校园。作为航天学院的学子,何晓波和刘峰对航天更是有着独特的情感——那是来自于哈工大与中国航天血脉相连的感情。他们兴奋地说:在祖国的航天事业中,有哈工大毕业生近万人。探月工程总设计师孙家栋、"神五"载人航天工程总指挥李继耐、"神六"飞船系统总设计师张柏楠、总指挥尚志都是哈工大校友……何晓波说:"我为自己是哈工大人而骄傲,在我心中,这些为祖国做出过突出贡献的师长们才是名副其实的英雄,他们是哈工大精神的杰出代表,是我们前进路上的航标。"而刘峰则对英雄有另一种理解:"那些把飞船送上天的工作人员,还有校园里满头银发的老教授们,他们为祖国、为社会默默奉献着自己的一生,是'关心祖国命运,主动适应国家需要'的哈工大精神的真实写照,是我最敬佩的无名英雄。相比之下,我们做的事太微不足道了,我们不是英雄。"

　　有人说:"爱,就是在别人的需要上,看到自己的责任。"何晓波、刘峰用他们日常生活的点点滴滴,用他们在关键时刻的勇敢果决,诠释了当代大学生对爱与责任的理解。在哈工大数以万计的学子中,他们只是普普通通的两位,与其他同学一样,他们沐浴在哈工大充满爱与责任的氛围中。同时,他们也在用当代大学生对生命的关爱、对社会的责任,不断传承着哈工大精神,升华着对社会和人民的承诺……

他们用真诚与行动挽救了两名小女孩的生命,他们更用爱与责任感动着冰城人民,感动着高校师生,感动着社会……

　　自3月8日何晓波、刘峰两位同学冰窟勇救两姐妹韩佳丽、李情情后,两位学子理想坚定、信念执著的人生追求,刻苦钻研、自立自强的进取精神,充满爱心、淳朴善良的优秀品质,奋不顾身、勇担责任的高尚情操引起了社会的广泛关注。中央电视台新闻频道(新闻社区)、(午夜新闻)、黑龙江电视台、哈尔滨电视台等电视台;中央人民广播电台等电台;

精神的力量

人民日报、光明日报、中国教育报、中国青年报、黑龙江日报等报纸；人民网、新华网、国防科工委网、中青网、搜狐网、腾讯网、中国教育新闻网、东北网等各大网站……近百家媒体以视频、文字、电台、网络等形式，纷纷报道了何晓波、刘峰的先进事迹，充分展现了当代大学生的精神风貌，弘扬了当代大学生的社会责任感与时代精神。

何晓波、刘峰两位同学冰窟勇救两姐妹的先进事迹在黑龙江省内引起了强烈反响，感动了冰城。4月8日，省委宣传部、省委高校工委领导专程来到哈工大，学习座谈何晓波、刘峰先进事迹。4月23日，黑龙江省优秀大学生何晓波、刘峰先进事迹报告会在哈工大科学园国际会议中心报告厅隆重举行。报告会上，何晓波、刘峰用朴实的语言真实再现了3月8日寒江中英勇救人的惊险一幕。哈工大师生与全省50余所高校的近10万名大学生通过视频直播收看了报告会。为了表彰何晓波、刘峰同学的先进事迹，黑龙江省委高校工委、中共黑龙江省教育厅党组联合下发了《关于授予哈工大何晓波、刘峰同学"黑龙江省优秀大学生"称号的决定》。

何晓波、刘峰同学在人民群众生命受到严重威胁的危急关头，不怕

何晓波、刘峰事迹报告会后两人与被救女孩、省教育厅领导、校领导合影

牺牲,挺身而出,事后面对各方赞誉不居功,仍然保持平常心的先进事迹,不仅感动了高校师生、感动了冰城人民,更引起了社会的广泛关注。5月,教育部做出决定,授予何晓波、刘峰同学"全国见义勇为优秀大学生"荣誉称号,同时号召广大青年学生向何晓波、刘峰同学学习,学习他们热爱人民、理想坚定的崇高品德,奋不顾身、不怕牺牲的英雄气概,乐于助人、淳朴善良的优秀品质,刻苦学习、立志成才的进取精神,自信镇定、沉着理智的科学态度。

面对种种荣誉,何晓波、刘峰仍然很淡然,在他们心中,在危难关头舍己救人是一名大学生的责任,是一件小事。他们说:"我们始终牢记我们是学生,只有努力学习,才能更好地服务社会与人民。"

何晓波、刘峰所在班级——航天学院复合材料专业0518401班把学习活动付之行动。同学们共同提出,要用爱来延续这份难得的缘分,促进被救的两个孩子健康成长。4月13日,他们把崭新的书包、文具送到了韩佳丽、李情情两姐妹的家中,他们不仅送去了学习用品,他们更送去了要长期免费为李情情、韩佳丽辅导功课的好消息。班级同学和姐妹们共同制定了详细的学习计划,让小姐妹真正学会知识,学会做人,和大学生哥哥姐姐们一起成长。

轻轻地捧起你的脸	我们共风雨
为你把眼泪擦干	我们共追求
这颗心属于你	我们珍存同一样的爱
告诉我不再孤单	……
我们同欢乐	真心地为你祝愿
我们同忍受	祝愿你幸福平安
我们怀着同样的期待	

一首《让世界充满爱》唱出的不仅仅是动情的旋律,更唱出了何晓波、刘峰两位哈工大学子"真善美"的内心。他们用勇敢和智慧诠释了爱与责任的深刻内涵;他们用真诚与行动践行着青年的神圣使命;他们是我们的榜样!将激励一代代哈工大学子前行。

精神的力量　　　★

何晓波简介　哈工大航天学院复合材料专业0518401班学生，来自江浙，中共党员，为人热心乐观、同学眼中的"开心果"，乐于"致用"。2008年3月8日置个人安危于不顾，冰窟勇救落水姐妹，荣获"黑龙江省优秀大学生"、教育部"全国见义勇为优秀大学生"等荣誉称号。

刘峰简介　哈工大航天学院复合材料专业0518401班学生，来自江浙，中共党员，为人正直热心，同学眼中的"组织委员"，乐于"穷理"。2008年3月8日置个人安危于不顾，冰窟勇救落水姐妹，荣获"黑龙江省优秀大学生"、教育部"全国见义勇为优秀大学生"等荣誉称号。

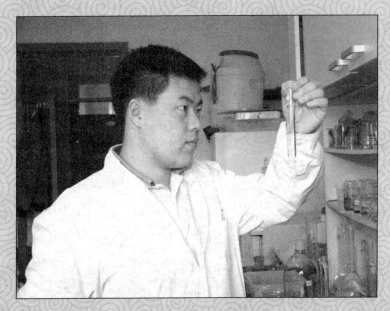

张 健

在我们的身边，有这样一位大学生——在一次偶然的献血经历得知自己是罕见的"熊猫血"后，他就一发不可收拾，坚持义务献血一献就是6年，挽救了无数重症患者；每天清晨，他总是第一个出现在教室里，刻苦的学习让他几乎每年都获得奖学金，他将"为广大同学服务"当做自己朴实无华的理想，只要有什么困难，大家第一个想到的就是他；他虽家境贫寒却自强自立，高中时曾出外打工贴补家用，上大学后，就再也没有向家里要过一分钱。他就是"中国大学生自强之星标兵"张健。

中国大学生自强之星标兵张健

丁香花因青春而绽放

——记"中国大学生自强之星标兵"张健

□ 商艳凯

◆ 题记

在一次浏览市政学院的网站时,我无意中发现了转载自某省内媒体对张健事迹的报道,当时就被深深地震撼了:一年内7次"血"中送炭,并坚持无偿献血达6年之久。这该是怎样的一名大学生呢?带着强烈的好奇和探求的心理,我对他进行了采访。那是我们的第一次面对面的接触,采访就定在市政学院二楼的一个小会议室里。坐在我面前的是一个再朴实不过的大学生——朴素的衣着、憨厚而略带羞涩的笑容,说话时能清晰感觉到他充满真诚的目光。他就是张健,已累计无偿献血16 600毫升的大学生志愿者!

张健的事迹再次报道后,在哈工大师生、在社会中间产生了更为强烈的反响,也有更多的人被深深打动。为了深入挖掘他的先进事迹,在一年多的时间里,我先后采访了他在本科和研究生时的同学、带过他的研究生协理员、市政学院的领导、哈尔滨红十字中心血站的负责人、他高中时的班主任和任课老师以及他的家人,每个人眼中的张健都不一样。他们的讲述为我提供了丰富的资料,让我在感动之余可以塑造出一个形象更为丰满的当代优秀大学生。

> "鲜花、荣誉和掌声并不是我的目的,我需要的仅仅是帮助他人、救助他人所得到的快乐与欣慰。"

6年内累计无偿献血16 600毫升,他的事迹是对无私奉献精神最生动的诠释——

"舜,何人也,禹,何人也,有能者,亦为是。"这是张健曾在文章中引用过的一句古语。问其何意,他呵呵一笑:"我哪有那么大的野心啊,只是不甘心生活无味,希望它在自己手中变得丰富多彩。于是,我努力地追寻着我心中的梦想,努力的生活。"

2008年9月8日的一个下午,我走进了哈尔滨红十字中心血站,想寻找一些张健在这里留下的足迹。原本约定好采访稀有血型负责人张春庆,没想到却在办公室邂逅了中心主任王军。提起张健,王军竖起了大拇指:"他是这里为数不多的大学生志愿者。"一细问才知道,由于志愿服务要求相对充裕的时间,因此血站无偿献血志愿工作者服务组织成立至今,大学生志愿者加入的寥寥无几。"张健接受新事物比较快,又热心于公益事业,他用自己的行动带动更多人参与到无偿献血中来。这样的大学生志愿者正是我们所需要的。"

正说话间,张春庆回来了。他带我来到大厅,将手指向橱窗的宣传栏,顺着手势,我看到了一个熟悉的面孔,一股暖流顿时涌上心头。原来,在前不久由黑龙江省血液中心主办的"支援奥运黑土红心杯"稀有血型有奖征文中,张健写的文章《我与无偿献血》获得了二等奖。

我们之间的谈话也从"获奖"说起。献血这几年来,张健拿了大大小小的奖牌、证书。这里有因献血量达到8 000毫升以上获得的全国金奖,还有6月卫生部颁发的"拯救生命奖",等等。

中国大学生自强之星标兵张健

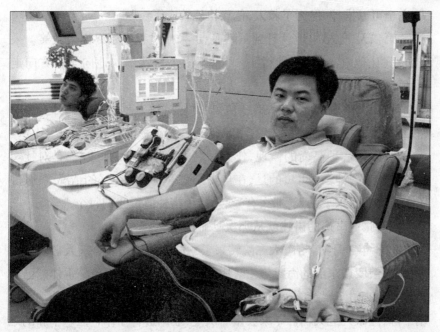

张健在献血

张春庆说,他最早认识张健是在2005年。当时,为了抢救一个病重的孩子,他拨通了张健的电话。"行,我这就过去!"一听说是抢救病人,张健二话没说,放下手中的事情赶到血站。

在他的印象中,张健只要一有时间就来血站做"义工"。所谓的义工,说白了,就是无报酬工作,主要是做讲解员,"充当连接献血者的纽带"。据张春庆介绍,稀有血型互助会有几十名大学生,但由于大学生的流动性,成员更新很快,所以像张健一样能坚持到现在的少之又少。

在大家眼中,一向不善言谈的张健却是互助会中不折不扣的活动"积极分子"。不论是组织互助会内部的联谊会、茶话会,还是通过论坛、讲座等方式"现身说法"培训新招募来的志愿者,都有他活跃的身影。张健还提出了建QQ群的想法并当起了管理员,如今已有80多名稀有血型者加入了这个群。

令张春庆印象最深刻的还是救治外国友人的那次献血——

"那是一个礼拜天的晚上,我紧急打电话给张健。当时他正在准备考试,完全可以推掉,但为了救人,他痛快地答应了。"

"第二天,他早早地就赶到了献血点,采血过程中始终面带微笑。采完血,我让他吃点东西,他说了一句'不用了',就匆匆地向学校方向走去。"

"在当天献血的5人中,有3位是女同志,每人献血200毫升。为了保证血量够用,张健毅然献出了400毫升。多么憨厚朴实的孩子啊!"

"救人是一种高尚的体现,作为一名大学生,是一种荣誉,是对社会的一种奉献精神。更可贵的是,在自身家庭条件不是很好的情况下,张健还能做到那么乐于助人,那么有爱心,这种精神值得我们每个人学习。"

我对张健事迹的讲述就从那次献血说起——

2008年3月初,哈医大二院转来了一位特殊的病人。病人名叫伊琳娜,来自俄罗斯东部的海参崴。据其家人介绍,伊琳娜身患脑垂体瘤已有3年之久,却由于当地技术有限,迟迟没有做手术。近一年来,她的视力急剧下降,左眼几近失明。专家会诊后决定,立即进行手术!但一个新的难题又摆在了面前——伊琳娜的血型为罕见的RH阴性B型血,医院血库里未储存该血型的血液,而病人的女儿又是RH阳性血,不能与其配型。医院向哈尔滨红十字中心血站请求支援。

经过紧急搜索,在血站注册的400多名成员中,最终有6名志愿者与其血型相符,张健便是其中之一。3月7日,正在教室上自习的张健接到了血站打来的电话。3月8日,他赶到建筑艺术广场旁的献血车上献出了400毫升血。当晚,新闻夜航、都市零距离、黑龙江省新闻网等多家新闻媒体及门户网站第一时间对此进行了报道。第二天,哈尔滨以及全国多家报纸也纷纷做了报道和转载。几天后,从医院传来好消息,伊琳娜手术成功,很快就可以出院。

这是一次跨越国界的献血行动!6名志愿者献出的不仅仅是新鲜的血液,更是生命力量的延续。他们很好地传承了中华民族的无私奉献精神,更是在中俄之间架起了一座友好的桥梁。作为其中的一员,张健无疑是几万名哈工大学子的骄傲。"我一直相信,救人无国界,只要自己身体允许,无论谁有需要,我都会尽我自己最大的努力去帮助每一个人。我一直在坚持的,仅仅是为生活而努力,为自己、为他人、为所有需要我帮助的人而努力。"

作为献血志愿者,张健可以算得上是一名年轻的"老"志愿者了,因为他坚持献血已经有6年的时间了。经过一番换算,张健的献血总量达到了16 600毫升,比3个成年人全身的血量还要多,这些血量足够挽救至少22个人的生命。张健对此却看得很淡然:"其实对于这些数字的罗列,在我心里并没有'量'的概念,因为我在做这件事的时候,就是为了帮助那些需要帮助的人,支持那些需要支持的人。"

张健在血站做志愿服务

至今,张健对自己的第一次献血经历仍然记忆犹新:"有人说献血挺恐怖的,可是我却觉得挺新鲜的。那是刚开学不久,当时全班只有我和同寝的两个人去献血。献完后,身体上也没什么异样的感觉。"拿到《义务献血证》的张健先是开心,因为他到今天才知道了自己的血型,而后又转为疑惑:B型后面怎么有一个小尾巴呢?他还以为是打印错误。直到这年冬天,他接到了血站的电话,才知道"小尾巴"象征着,自己的血型竟然是稀有血型!他又上网一查,RH阴性血又被人们形象地称为"熊猫血"。这种血型在西方国家的比例高达15%,而在汉族人群中的比例不足千分之三,是实实在在的稀有血型。

张健被邀请参加稀有血型联谊会。"参加联谊会回来,我查阅了大量关于稀有血型的资料,这才知道,具有这种血型的人非常少,在医学治疗上，稀有血型需求一直都比较紧缺。既然紧缺，我觉得自己应该再献一次。"这之后很长一段时间，张健一直怀着期待的心情，等着血站再次打电话过来，可始终也没有消息。

时间转眼到了2006年。再也按捺不住的张健决定"主动去献"，身为班长的他当即组织了8名同学到血站献血。当得知他是RH阴性血时，一位护士问他可不可以献血小板，他欣然应允。"根据规定，一个人平均一年献血最高次数为4次，而机采血小板可以一个月献一次。我原本想每个月都去，可是血站的大夫劝我说，因为血型稀有，还是等到应急的时候再献吧。"张健后来得知，需要输血小板的病人多为重病化疗患者。

此后的每个月，他都会给血站的大夫发短信，询问"有没人需要"。而只要接到血站打来的电话，即使再忙，他也会按照约定的时间到血站献血。一个普通的电话在张健看来却如同接到"命令"，因为他心里清楚地知道，"肯定又有患者急需用血了"，所以不论多忙，他都会及时赶过去。仅用了不到一年时间，张健就成为到血站义务献血最多的大学生。由于一次打电话不小心说漏了自己献血的事情，家里人怕他吃不消，又舍不得花钱补身体，反对他继续献下去。他开始给家人讲解献血的常识，在他的耐心解释下，家人总算不再阻拦他献血了。

2006年7月1日，血站成立了无偿献血志愿工作者服务组织，张健在7月18日便加入了这个集体。平时只要有时间，他就会去参加组织的活动，竭诚为每一位献血者服务，为献血者讲解献血知识，使他们在献血的同时，享受到热情周到的服务，并且能够了解到相关的献血知识。那年暑假，张健放弃了做家教赚钱的机会，几乎天天在血站做服务。张健对志愿服务的热情和诚恳打动了血站的负责人。不久，他被聘为稀有血型招募组组长。在不到一年的时间里，张健累计志愿服务300多小时，被哈尔滨红十字中心血站评为"2007年度二星级奖"的荣誉称号。

再后来，血站号召成立了稀有血型互助会，张健成为了第二批加入该志愿服务组织的一员。"献血不仅能帮助别人，对自身的身体也有好处，而加入互助会，你在帮助别人的同时也能得到别人的帮助。"每逢节假日，张健会和其他志愿者一起走上街头，向路人讲解献血常识、宣传无偿献血精神。

张健也有被无偿献血者的热情感动的时候。"那是去年暑假，一个女孩在男友的陪同下来献血，你可以明显看出她在发抖，可是她仍坚持献血，因为她想为别人做些事情。这个女孩的血管偏细，曾经有过扎了几十针没有找到血管的情况，最后一针扎进去了，可是她也晕了。从此，她便对针头产生恐惧。可是血站的护士技术很熟练，一针便扎好了。从那以后，她克服了晕针，也成了第五批无偿献血志愿者。"

乍一见到张健，感觉他身体很结实。但让人想不到的是，他平时却很少从事体育锻炼。"大部分精力都用在了学习上。虽然很少运动，可我有时一年也感冒不了一次。"说到这里，张健略显黝黑的脸上露出了憨厚的笑容，"做志愿者让我心情愉悦，对我来说，志愿服务是一种最好的放松方式。"为了省下两元钱的车费，每次去血站，张健都是走着去，来回要一个小时，可是他却乐此不疲。

从最初的"只是想有一次献血的经历"到如今"愿意帮助更多的病患脱离危险"，张健完成了自己人生观、价值观的一次完美蜕变。

> "我深深地明白，作为一名学生党员，只有踏踏实实地做好每一件事，认认真真地完成每一项任务，才能在同学中起到良好的模范带头作用。"

先后担任班长、辅导员助理等职务，他是师生眼中团结友爱精神的象征——

早在高中时，张健就向党组织递交了第一份入党申请书。从那一刻起，他就始终以一个共产党员的标准严格要求自己——不仅要在思想上，更要在行动上向党组织靠拢。大一初始，由于表现优异，他成为第一批加入中国共产党的学生党员。

作为一个"老"党员，张健立场坚定，遇事沉着冷静。有时在网上看到一些偏激的言论，他会组织大家讨论，并首先表态："虽然当前存在一些问题，但党和政府正在解决这些问题，未来还是很光明的。"

张健与同学探讨问题

学习是学生的天职。张健始终将学习放在第一位，认真学习文化课和专业技能，每天往返于图书馆、教室之间。而每次上课，他总是很早就来到教室。林长喜是张健在本科时的同班、同寝同学。"他给我的印象是非常忙，学习也非常刻苦。每到周末，早上七八点钟，寝室就不见他的身影了。"本科4年，张健一直保持着优异的成绩，每学期都获得人民奖学金，并多次获得单项奖学金。他还争做改革创新的"尖兵"——大一那年，他申请进入实验室，报名参加本科生科技创新活动，一举获得一等奖；他与众多专业选手角逐数学建模竞赛并获得三等奖。大四那年，他被免试推荐攻读本校硕士学位。在接受记者采访时，张健的研究生导师刘惠玲对自己的爱徒更是赞赏有加，用"认真、踏实、勤奋、刻苦"来描述她对张健的评价和印象。"由于刚进实验室没多长时间，他还没到出成果的时候，但可以肯定的是，他在专业研究方面具有很大的潜质。"如今，张健已经留校直接攻读博士学位，刘惠玲对爱徒的未来充满信心。

除刻苦钻研之外，张健还有着一个朴实无华的理想——为广大同学服务，进而服务整个社会。本科期间，他担任过生活班长、班长、党支部组织委员、辅导员助理等职务。在张健眼中，这些岗位为他提供了一个锻炼自我和实现理想的机会和平台。"他没有做过让人印象深刻的大事，但光是点点滴滴的小事积累起来就太多了。"林长喜说，"作为党员，他发挥着自身的先锋模范作用；而作为班长，他让班级成员间充满着团结友爱。在我看来，他像兄弟一样平易近人。"

柳成才也是张健在本科时的同学。他回忆起这样一件事情——那是2007年冬天，学校发困难补助，身为贫困生的张健却不在名单中。他只是说自己"钱够花"，其实他的支出经常是负的，但他总是先想到别人。"在我看来，他更像一个保姆，竭诚为大家服务。如我有时去踢球忘了带球鞋，就会打电话给他，他会第一时间送到球场。"柳成才说。

那么，女生眼中的张健又是什么样的呢？陈悦佳平时和张健接触很少，但张健给她的印象是"感觉他这个人特别朴实，特别踏实"。后来，陈悦佳渐渐地发现，表面看来张健长得五大三粗的，其实他是一个很细心的人。她回忆说，前不久，班级参加羽毛球赛，张健特意找来了一台数码相机，不厌其烦地给大家拍照。比赛结束后，大家纷纷向他要照片："张健，照片呢？"而他总是笑着说："马上给你传！"他从来都是把别人的事情当成很重要的事情来办，无论大事小事。虽然有些事情拖了很久，大家都忘了，他却还记得，没办成的事，他会不住地道歉。

时间长了，大家有什么事都愿意直接找他，不仅因为他是班长，还因为大家觉得他值得信赖。有一次，学校要求全体学生换牡丹卡，很多人因为嫌麻烦，不愿意换，这让很多班长感到左右为难。可这却难不倒张健。他先是在群里发消息，然后一个一个地做思想工作。陈悦佳从家回来看到消息，打电话问他："这个卡有什么用啊？"他不厌其烦地讲了一大堆好处，最后还不忘加一句："我个人建议你办一张"。

"他做什么事情，都是为了让自己的生活变得丰富多彩。我很羡慕他的充实，他一直都在很努力的生活，而且他在自己过得充实的同时也给别人带来快乐。他是一个非常平凡、普通却总能带来惊喜的人。"陈悦佳对张健给出了这样的评价。

王冬梅是张健现在研究生的同学。她也和别的同学一样，遇到什么事情,第一个想到的就是张健,因为"他会给你提出很多很好的建议"。"他做事认真负责,特别有热情。如果你心情不好,他会像大哥似的和你聊天,和他说话特别开心,他的乐观会让你也深受感染。在他的生活中似乎没有伤心、失望,在这个世界上似乎也没有他办不成的事。"王冬梅的话语间充满着敬佩之情。

作为班长,张健对自己的利益看得很淡,能推就推,可一旦涉及班级的荣誉,如评奖评优,他却很在乎,从来不谦让。他说,"我们班很需要这个,我必须努力争取。"2007年,他所在的班级荣获"校三好班级标兵"称号,成为市政学院近几年来涌现出的为数不多的硕士班先进集体之一。

一个班级有才华的人很多,但是把大家凝聚到一起却不是一件容易的事情。在去年的"环保时装秀"上,张健所在的班级荣获一等奖,被邀请在校礼堂演出。当时大家都在忙着考试,要在那么短的时间里排出一个短剧谈何容易。张健开始做大家的思想工作:"其实这是一个机会。通过这一全校性的活动,我们可以把班级推向一个新的高度。"在他的动员下,班级有一半的人表示愿意参加演出。他将写剧本的重任交给了文笔出色的陈悦佳,并许诺:"你放心去写吧,需要多少人,我给你找多少人!"陈悦佳欣然接受。在整个排练过程中,需要大量的服装、材料,张健拍拍胸脯说:"需要什么我去买!"而花了多少钱,他从来不说。虽然后来学院发了一些补助,却远远抵不过他实际的支出。通过这次演出,班级的凝聚力大大增强了。

在市政学院,张健也是老师们公认的"好学生"。张蕊馨是张健现在的研究生协理员,她向我讲了张健的3件小事——

有一次,学院要求对全体贫困生进行摸底,大多数的班长都是报几个人名了事,而张健却足足汇报了3个多小时。原来,他找每个人都谈话了解情况,哪些是特别贫困的,哪些是一般贫困的,哪些家庭还可以,他都一清二楚。

还有一次,学院发放冬装补助,考虑到他的家庭情况,张蕊馨就把张健加入了名单中。他找到办公室,说:"张老师,把补助给女生吧,男生没有那么娇贵,挺挺就过去了。"

2008年春季学期开学初,研工部要求各学院上报先进典型,张蕊馨第一个想到的就是张健,要求上报一个事迹材料。两个月后,他到办公室"诉苦":"张老师,我不知道自己哪好,所以写不出来,我觉得自己没什么特别的。"

"在我的印象中,他能非常认真对待生活中的每一件事,而交给他的每件事,他都会努力去做到最好。如今,像张健这样踏实、上进的学生真的很难得。他的抗压能力特别强,无论各种经济、心理问题,他都能沉着、冷静地面对。"张蕊馨说。

如果说,服务广大同学是张健实现自己理想迈出的第一步,那么,服务整个社会才是他始终不渝地追求的最终目标。他一直在默默地朝着这个目标努力着。"他从来不张扬自己,直到血站打电话说采访的事情,我们才知道他一直坚持义务献血。"市政学院党委副书记孙慧丽说。

据和张健同一寝室的同学反映,每次上网,他的QQ群的小图标总是闪个不停,后来才知道,其中好多都是和献血有关的群。前一段时间,他也很关注长春小娇的病情,每次听完广播后,都会给大家讲。张健说,"如果我的血型合适,我一定要献血给她"。

柳成才至今还清楚地记得,大二那个暑假,张健和自己都没回家。张健整天说自己忙,问忙什么,他也不说。后来,他才知道张健是到血站做志愿者。张健还笑着说,"这件事情很有意义。"张健还经常为公寓阿姨的孩子做近乎免费的家教服务。每天早自习,他会和清扫楼道阿姨交谈,询问她们的孩子是否需要家教辅导。时间长了,公寓的阿姨和叔叔见面总跟他打招呼。

"记得刚认识他时,在我眼中,他很普通。直到大四快毕业时,我偶尔看到一篇关于他的报道,那些数字让我感到很震惊。"对于张健献血这件事情,家在哈尔滨的陈悦佳一直都没听人说起过。直到有一次,爸爸的朋友在吃饭期间偶然提起:"你们学校有一个叫张健的学生义务献血很多年,你知道吗?"陈悦佳这才反应过来:"啊,那是我同学。"爸爸的朋友还说有机会一定要认识一下张健。

在学校,张健总是"不失时机"地传播献血常识。有好几次,他劝陈悦

精神的力量 ★

张健(右二)在校园传递大冬会圣火

佳去验一下自己的血型,还不忘补充一句:"不管你是否献血,这对你都会有帮助。"很多女同学都对献血有着天生的恐惧心理。在张健的影响下,班里有一个女同学决定去献血,却因体重不够一直未如愿。后来,已经到北京上学的她再次回到学校,还不忘和张健一起去血站献血。

> "我知道,奉献是一种无形的精神力量,在服务他人的同时也能推动自己的进步。"

生活的艰辛磨不掉进取的决心,他的奋斗历程是自强不息精神的完美体现——

位于黑吉交界的镇赉县有一个偏远的村庄。村庄很小,全村仅有300多户人家;村庄很穷,盖得起砖房的不到20户。张健一家4口就住在3间土坯房里。由于父亲体弱多病,不能干太重的农活,小小年纪的张健就和弟弟承担起了地里大部分农活。为不耽误学习,兄弟俩每天都得起早贪黑下地干活。"面朝黄土背朝天",这种常人似乎只有在电影里才能看见的画面,在张健的生活中一次又一次地出现。

1998年,张健以优异的成绩考上了高中,可一场大水让庄稼颗粒无收。为了让两个孩子安心读书,好强的父亲从来不在孩子面前说起家里的难处。而此时面对孩子的学费和家里的生计等问题,每天也只有唉声叹气。懂事的张健看在眼里,他决定中止学业,外出打工以贴补家用。尽管父母很舍不得,但是面对着无情的大水,他们也无可奈何。

张健孤身一人来到了吉林市,在一家铝合金门窗的作坊里做学徒。他被分到了一间狭小的房间里做门窗。屋子里噪音很大,大家说话的时候都要大声喊。屋子里空气浑浊,到处都弥漫着铝合金粉末,让人喘不过气来。每天早晨5点多,他就得起来干活,一直要到晚上七八点钟才能休息。当他拖着疲惫的身体回到住处后,连满身满脸的灰尘都懒得去洗,倒在床上就不想动了。不久,他又被派到工地去安装门窗。这个工作需要半蹲着,往往一蹲就是一天,等到收工的时候两条腿都僵硬了,站都站不起来,更不用说走路了。就这样,张健做了将近两个月的学徒,所赚的300多元钱全部邮寄给了家里。

那段时间,张健吃了很多苦,这让他更加深刻的认识到:靠力气挣钱不是长久之计,只有知识才能改变命运!他又萌生了继续上学的想法。而此时一直在为张健辍学感到内疚的父母,也猜到了孩子的心思。当庄稼又可以耕种的时候,父母便召唤张健回家重新上学。能够重返校园,张健更加珍惜这来之不易的学习机会,经过3个月的刻苦学习,他又一次考上了高中。

2003年8月,张健不负众望考上了大学,而且是东北三省最有名气的大学——哈工大!这一消息立刻在村庄里传开了。无比激动的父亲眼里闪着泪光,拍着张健的肩膀几乎哽咽:"好孩子,真争气!"第二天一早,父母开始四处为孩子张罗学费。由于整个村子都不富裕,亲戚朋友也是满心高兴却使不上劲,借了一圈下来才凑上1 000块钱。年迈的父亲心急如焚:如果还凑不够钱,孩子只能眼睁睁地再一次放弃学业了。

就在全家人一筹莫展时,张健接到了入学通知书。看着通知书上写的"保证不会让任何一名考生因为家庭贫困而辍学"的承诺,他高兴得几乎跳了起来:"我终于又能继续上学了,我能上大学了!"父母紧缩的眉头也舒展开了,脸上出现了久违的、欣慰的笑容。临行前,父亲将1 000块钱塞到张健手中,语重心长地说:"家里就这些钱,你都带着,你一定要好好学呀!"

就这样,张健走进了哈工大的校门。新生报到当天,他通过"绿色通道"缴纳了学费和其他费用。而此时他身上的钱所剩无几。幸运的是,学校了解到他的家庭情况及时发放了补助,算是解了燃眉之急。上大学后,张健就再也没向家里要过一分钱。"申请了助学贷款,缴纳了学费,打工和奖学金的钱足够我一个月的生活费。"他说。为了维持生活,张健经常要把大量的时间投入到家教以及各种勤工助学的工作中,最忙的时候,他一天要做4份家教。"尽管有些辛苦,但是通过这些工作,我解决了自己的生活问题,减轻了家里的负担,生活也变得更加充实而有意义。"他一如既往的乐观。

张健一直觉得亏欠弟弟很多。弟弟辍学时才15岁,后来张健才从母亲处得知,当初弟弟干活时累得直哭,可还是咬牙干。"我感觉以前都是在索取,从没为别人、为社会做过什么。通过献血和志愿服务可以回报别人、回报社会。不计报酬,有一种很愉快、满足的感觉。"

◆ 后记

时间转眼到了2009年春。一个阳光明媚的早晨,我和宣传部以及校电视台的同事一行4人踏上了寻访张健家乡的征程。在3天的时间里,我们驱车总计行程一千多公里,先后来到张健曾经学习生活过的镇赉县一中和位于黑吉交界显得十分简陋的家中。这是令我们深深感动和震撼的3天!

"这么多年让我感动的学生不多,而张健在我印象中是最难以忘怀的一个。"张健在高中时的班主任丛志平面对记者的采访几次哽咽。在张健的母校,我们听到最多的是老师对学生的称赞。在老师们眼中,张健不是成绩最优异的,却是学习最刻苦的。"他早上4点多就来到教学楼上自习了。"很多人都记得这样一个细节:无论春夏秋冬,张健都穿着一件绿色夹克和一双回力鞋。一件小事让我们看到张健的爱心:一次,班上的一名同学在自习课时突然不省人事,张健想也没想,背起同学就往医院跑。

一个人优秀品质的形成,家庭的影响占有很大的比例。虽然只在那几间用土坯搭起的房屋里逗留了短短的几个小时,我却深深地感到:张健的纯朴、善良和他的家人是一脉相承的,因此,无论他做出什么样的爱心举动,都是再正常不过的事情。

在五四青年节表彰大会上,在优秀大学生先进事迹报告会上,张健说得最多的一句话就是"为何血浓于水,因为爱在其中!"在我看来,这种爱是对他人和社会的爱,是对同学和班级的爱,是对家人和生活的爱,而所有的这些"爱"都深深地根植于他的心中。

每年的四五月,漫步在哈工大校园,随处可见盛开的丁香花。微风吹过,丁香花散发出沁人心脾的味道。美丽的丁香花选择春天这样一个季节竞相绽放,不禁让人遐想到更多的意味:正值青春的哈工大学子又何尝不像这绽放的丁香花呢?他们不仅是为了自己的美丽也为了给他人带来芬芳而绽放。

在哈工大流传着这样一句话,马祖光像很多人,很多人像马祖光。全国优秀共产党、中国科学院院士马祖光的事迹感染着一批又一批优秀的哈工大学子。他们在成长中奉献,在奉献中成长。马祖光精神已经在他们心中生根发芽!

很长一段时间以来,社会对"80后"出生的这代人有着这样的论调:这是垮下的一代人。2008年发生的汶川大地震以毫无争议的事实证明:"80后"没有垮下,他们站得很牢!他们只不过没有适当的机会来表现他们的责任、爱心,地震"震"出了"80后"的社会责任,但其实社会责任感一直藏在"80后"的心中。我们欣喜地看到:越来越多的哈工大学子正在成为有着强烈社会责任感的"80后"!

张健简介 1982年出生于吉林省镇赉县丹岱乡大乌兰吐村,中共党员。2003年9月考入哈尔滨工业大学市政环境工程学院,2007年9月保送攻读硕士研究生,现为市政环境工程学院博士研究生。曾获得哈工大学生"五四"奖章、哈工大研究生"十佳英才"、黑龙江省优秀毕业生、黑龙江省优秀党员、黑龙江省优秀学生干部、国家奖学金、曾宪梓优秀大学生奖学金等荣誉。2008年7月,在由中共中央党校、教育部等十大部委组织的"优秀青少年中共中央党校党史教育活动周"活动中,获得"优秀青少年"荣誉称号。2008年荣获中国大学生自强之星标兵称号。

刘 佳

许多年之后，当她回忆起往事的时候，一定会想起在雪域高原上放飞青春与藏族孩子一起生活学习的日子。"用一年的时间，做一件终身难忘的事情"。刘佳，首批赴藏支教的大学生志愿者之一，在西藏拉萨师范高等专科学校支教一年。这位同样来自西部贫困山区的女孩，自强不息，以行动实践着志愿者无私奉献的精神，用丹心诠释着一份关于爱和希望的事业……

青春的梦想在雪域绽放

——记"中国大学生自强之星"刘佳

□ 吉星

当她还是个孩子,本该享受快乐童年的时候,却要撑起陷入困境的家庭,学会友善、勇敢和坚强;当她临近毕业,就要工作,挣钱补贴家用的时候,却毅然选择了用感恩的心真诚回报社会,奔赴拉萨支教一年。她就是"全国大学生自强之星"、哈工大第四届研究生支教团西藏队队员刘佳。

坚忍不拔,穷人的孩子早当家

刘佳,个子小小的她,总是带着阳光般的笑脸,热情活泼似乎有使不完的精力。但很少有人知道,在阳光灿烂的笑容后面隐藏了多少生活的辛酸。1984年,刘佳出生于贵州省金沙县一个偏远小镇上,生长在一个农民家庭里。一家6口人靠着仅有的1亩4分地生活,妈妈长年患病,日子过得十分清苦。但正是这清贫朴实的生活,造就了她勤劳朴实、坚忍不拔、不怕吃苦而又积极乐观的性格。

作为家里的第三个孩子,在父母眼中,她是一个懂事的好女儿;在姐姐心中,她是一个善良的好妹妹;在弟弟眼中,她是学习的好榜样。上小学起,刘佳就主动承担起家里的大小活,从洗菜烧饭到收拾家居,从下田插秧挥刀割稻,做家务活、地里活,她都是一把好手。

为了维持生计,家里在小学旁边摆了个小吃摊,每天天刚蒙蒙亮,睡眼惺忪的小刘佳就和妈妈一起为小生意忙活起来了。她先是把各种家什摆出去,等到一切就绪了,小学生们也陆陆续续来学校了,她才背着书包去教室。下午放学后,她还要帮着把东西都搬回去。到了晚上,她还得准备第二天要卖的小吃。寒暑假她也不闲着,为了尽可能地为家里分担一些压力,在骄阳似火的夏日里,沿街叫卖冰棍,在寒风凛冽的严冬中,摆摊卖菜。就这样,小刘佳忙忙碌碌地度过了她的童年。

"只有考上大学才能改变自己和家人的生活",就是这么简单得不能再简单的原因,这么多年来一直激励着刘佳。学习成了她生活中最重要的一件事,即使是农忙时候,也从没有耽误过。刘佳的成绩一直在年级名列前茅。1999年,她以全县第一名的成绩考入县城一中。正当她满怀信心准备迎战高考的时候,母亲病重,永远地离开了她。为了不辜负妈妈的期望,为了实现自己的理想,刘佳擦干泪水,更加勤奋地学习。2002年8月,她以全县第二的成绩考上了哈尔滨工业大学。

自立自强,天道酬勤求学路

2002年9月,刘佳攥着乡亲们七拼八凑的钱买来的车票,揣着少量的生活费和一张西部开发助学工程的资助证明,独自踏上了求学之路。踏上北上列车的时候,模糊的视线中只留下父亲斑白的双鬓。

离家千里之外的大都市哈尔滨的繁华让刘佳为之眩目,一切都是那么新鲜和陌生。看着同学们新奇的手机和他们身上漂亮的服装,听着他们讲述那些自己从没听说过的新鲜事,刘佳觉得他们的生活离自己好远。还来不及思量这些反差,更现实的生活问题摆在了刘佳的面前——一贫如洗的家里不能再给她更多的支持了,如何填饱肚子,成了她的首要问题。

于是,刘佳开始利用一切机会拼命打工赚钱。最多的时候她一天要做8个小时家教。"周末,我一大早起来坐近一个小时的公交车赶到红旗家具城附近去做家教,上午的家教结束之后,还要赶着去亚麻厂附近做第二份家教。为了节省时间,中午在公交车上啃个馒头就算是午饭了。虽然这样的生活很苦很累,但是我靠自己的努力养活了自己,不用家人再替我操心了。"

"天行健,君子以自强不息",这句话一直是刘佳的座右铭。从离家上大学起,刘佳就再也没有向家里开口要过一分钱。她总是在忙碌的学习中挤出时间,在学校做勤工助学,做家教,做兼职翻译,艰难地赚取生活费。在最困难的一段时间,由于父亲身体不

刘佳在航天学院演讲会上演讲

好,弟弟上学急需用钱,她每周做3份家教,一份兼职翻译。与此同时,她还担任航天学院学生会学习生活部副部长,学生会的工作一项也没有落下。勤工助学和学生会的工作占去了她周末和晚上的大部分时间,为了保证学习,只能挤出晚上睡觉的时间了。每天晚上,她总是在室友们都入睡后,一个人拖着疲惫的身体在宿舍楼的自习室里看书复习,常常一看就到一两点。室友戏称她是"神龙见首不见尾",因为她总是在她们还在熟睡时就离开寝室,晚上回来时通常大家已经躺下。

付出总会有收获。在大学4年里,刘佳认真学习每一门课程,取得了优异的成绩,大学期间共获二等国家奖学金一次、二等人民奖学金一次、三等人民奖学金3次、三等傲雪奖学金一次,获得"优秀团员"、"优秀团

干"、"优秀学生干部"等荣誉称号,2006年被评为国防科工委优秀毕业生及哈尔滨工业大学优秀毕业生。

助人为乐,实践活动展风华

在生活上,刘佳俭朴节约。身边有的同学三天两头逛街,可刘佳的课余时间,不是在做家教,就是在学生会工作,或者参与社团的活动。省下来的钱,她都寄回家给上高中的弟弟做生活费。同学们说她"对自己吝啬,对别人慷慨"——虽然自己舍不得花钱,但看见身边同学有困难的时候,刘佳总是尽自己最大的努力来帮助。校园里每次有募捐活动,她总会送上自己的一份心意;第一届支教团的王建同学生病,刘佳和队友们慷慨解囊表达对王建的关心;大学期间,刘佳隔壁寝室的一位同学生病住院一星期,她组织班上的同学每天到医院看望,轮流给同学打饭,在医院陪护,无微不至地照顾同学。热心为同学服务,热情帮助同学解决学习和生活上的困难,同学们眼中的刘佳是一个热情活泼而又乐于助人的好同学。

由于经常早出晚归,和宿舍同学很少见面,有什么事情宿舍同学只能留纸条给刘佳,4年下来,她积攒了很多的纸条。这些纸条有些是告诉刘佳班级的通知,有的则是同学的问候和挂念。让她印象极为深刻的是,有一次,宿舍大姐在纸条里严正申明:"佳,你这家伙真是神龙见首不见尾啊!都一周没见了,我们都想死你了,再看不见你,咱寝就把你开除了!"一次次,看到不同字迹的纸条、枕边出现的水果、暖水瓶中的开水,刘佳的心暖暖的。

不但学习成绩优异、生活俭朴、自强不息,活泼好动的她还积极参加各种实践活动,历任航天学院体育部、学习生活部副部长。在体育部任职期间,她组织并参与了各类体育活动,获"航天魂"军事定向赛女子组第一名。就任学习生活部部长期间,她策划、组织的大型活动"七色花"风采之星大赛,获得圆满成功。2004年,刘佳代表航天学院参加哈工大定向越野比赛,获得女子组第四名,被誉为航天学院的"小神鹿"。大四时,刘佳同时担任校团委书记助理,有条不紊完成各项工作。在增强共青团员

中国大学生自强之星刘佳

意识主题教育活动中,她响应上级团组织号召并结合本校实际策划开展丰富多彩的活动,并编辑整理活动简报6期,因其突出表现被评为哈工大"增强共青团员意识主题教育活动先进个人"。在哈工大第十五次团代会筹备及召开期间,刘佳参与会务组和计票组的工作,圆满完成了任务。她的工作得到了大家的一致认可,在校期间被评为"优秀团员",获得"优秀学生干部"、"优秀团干"的称号,并于2006年6月通过党组织考验,光荣加入了中国共产党。

面临抉择,毅然踏上支教路

临近毕业,读研还是工作,是多数同学难以抉择的问题,但刘佳却从未有过这样的困惑。4年间,她一心想着的都是尽快工作,挣钱补贴家用。直到看到团中央关于"中国青年志愿者扶贫接力计划研究生支教团"的招募公告,海报上那些孩子渴求知识的眼神深深触动了她。刘佳犹豫了。

来自贵州农村地区的刘佳,从小学初中到高中,看到太多身边的同学因为家庭贫困含泪离开课堂,更让她触动的是高三那年回老家时见到的一个10来岁小女孩。那时正值腊月,在路边破烂的草棚屋下,小姑娘只穿着一件破旧的薄衬衫。刘佳问她,"你读几年级了?"小姑娘冻得瑟瑟发抖,牙齿打着架的回答道:"如果上学,该读三年级了……"

那些苗寨小学里赤脚上学的小孩,那个草棚下的小姑娘的身影又在刘佳眼前浮现。她知道,这是一个机会,自己可以去帮助那些需要帮助的人。"选择西部,选择支教,因为我从那里来,因为那里需要我。回想起自己走过的路,曾经我和他们一样,只是我比他们更幸运,得到了西部开发助学工程的资助,圆了大学梦。"她想起了学校老师对自己的谆谆教导,想起了周围同学对自己的热心帮助,想起了所有善良的人对自己无私的帮助和真诚的关怀。于是2005年10月,刘佳毅然报名参加哈工大第四届研究生支教团,首选的服务地是西藏。

经过院系初选推荐、英语口语测试、身体检查、校领导面试等多个考核环节,刘佳最终成为第四届支教团的一员。直到此时,她还没跟家里提过自己要去支教的事情,她怕家里反对。"有时候,我心里还会谴责自己,觉得我很自私,只顾及自己,没有考虑到家人。当接到支教团最后录取的通知时,我知道,再也不能回避了,我必须向家里解释清楚。"刘佳给家里打了电话,姐姐心软,舍不得她去西藏吃苦,哭着不让她去,刘佳跟姐姐解释了很久,姐姐好不容易才含泪答应了;爸爸不是一个感情外露的人,跟他说了支教的想法后,刘佳分明感觉到电话那头爸爸内心的犹豫与不舍。漫长的沉默过后,爸爸只说:"你想好了?想好了就去吧!我支持。"那一刻,刘佳的眼泪刷地就流了下来。

初到雪域,直面苦境不畏艰

作为赴藏支教团里唯一的女生,刘佳受到了全校同学的关注。认识她的朋友会问她为什么会选择去西藏,要知道,那是多么艰苦的一个地方。面对同学朋友的询问,她总是淡淡一笑,"因为我想去那里,那里有我的梦想!"谈论的时候,偶尔旁边会有几个陌生的同学突然以无比惊讶崇拜的语气说:"你要去西藏啊?真伟大!我也想去支教,可是我没有勇气,我就做不到!"她会很认真地对他们说:"每个人都有自己的选择,我来自西部,我只是想回到那里。"没有夸耀,她始终以一贯的平静面对。

在同济大学接受了一周的培训之后,2006年8月25日,刘佳和队友登上了飞向拉萨的航班。在飞机上,他们有按捺不住的兴奋和期待——"美丽的西藏,我们来啦。当我们感觉到飞机急剧下降的时候,从窗口望出去可以看见飞机几乎是擦着雪山顶在飞!雪山,这就是我们梦想中的雪山!刚下飞机,我们就感受到了高原阳光的炽烈和藏民的热情。戴着洁白的哈达,我们开始打量西藏。拉萨的天空比想象的还要清澈高远,那种透明的蓝色纯粹得让人感动。"

按照自治区团委的分配,刘佳和几名志愿者一同被分配在拉萨高等师范专科学校支教。学校在教学及师资方面存在很大不足。全校普师班和大专班共有29个班级,英语课是必修的,但全校近200个老师只有6个是英语专业毕业的。师校几乎所有老师都教过英语,数学老师教过,甚至音乐老师也教过。由于英语老师严重缺乏,刘佳被分配到英语教研室,任大专班英语教师,同时在师校团委开展相关工作。

上半年,刘佳教088、089两个普师班以及07级大专汉7数7高班的英语。这3个班以汉族学生居多,和学生沟通相对比较容易。

"下半年,由于英语教研室4名江苏籍支教老师服务期满回内地,我们的教学任务也更重了。"按教务科的安排,刘佳带大专班的英语课程:07级汉7数7高班,08美术专业班和09汉语专业班。还是3个班级,却是3个年级3个进度,虽然每周课时和上半年一样,但备课量比以前翻了一番。

刘佳第一次站在拉萨高等师范专科学校的讲台上

拉萨平均海拔约为3 700米,平均氧含量是内地的50%到60%,在西藏平地走路都不能用快节奏,走100米就像在内地走1 000米。爬楼就更考验人,上一层楼比在内地爬3层还累。刘佳所教的班级都在教学楼4层,也就是顶层,每天上课必须提前10分钟走到教室门口,喘好气再进教室。

刚开始站在课堂上的时候,常常讲了十几分钟就得停下来大口喘气,刘佳他们的经典台词是:"同学们先自己看看书,老师喘口气再讲……"

"最考验人的是一上午4堂课,4堂课上下来,见谁都像有仇似的,一句话都不想说。记得刚到学校就有一个先来的志愿者告诉我们,在西藏上一节课相当于在内地上一天课……亲身经历了,我们才知道这绝对是真实的!"

精神的力量
　　★

在西藏,稍微走快一点就呼吸困难,恶劣的自然条件让很多人望而却步,但雪域高原的艰苦并没有让这个小个子女孩低头。相反,她凭借自己顽强拼搏的精神,付出了外人难以想象的努力,征服了调皮的学生、恶劣的环境。许多年以后,每每想到当初要离开西藏时,孩子们依依不舍的表情,以及他们滑落的眼泪,刘佳知道,自己的一切付出都是值得的!

奉献社会,用行动诠释梦想

　　拉萨高等师范专科学校是西藏自治区师范类的重点院校,但其教学管理却遵循中学的模式。由于学校毕业生由政府统一分配,压力的缺失让一些学生整天无所事事,白天逃课在街上闲逛,晚上则溜出校门通宵上网。

　　刘佳认真向有经验的当地老师请教,学习适应当地教育现状的教学方法。她积极参与教研室的讨论和听课活动,虚心请同事对她的课堂教学提意见,得到了许多中肯的建议。此外,她也经常和一起支教的其他志愿者交流教学经验,谈论教学工作方面的话题,从中获得许多宝贵的教学经验。这些为她的教学工作顺利开展奠定了坚实的基础。

　　在教学中,刘佳配合教室里已有的多媒体设备,准备了丰富的幻灯片课件,用直观的图像吸引学生兴趣。针对学生缺少练习的情况,她自己从参考书或者互联网上寻找相关的习题,印发给学生,通过做题,加强他们对知识点的理解。藏区学生大多比较腼腆,针对这

刘佳在给同学们上英语课

一情况,她在上课时鼓励同学当众朗读课文,学生既练习了发音,又克服了胆子小、怕羞的性格弱点。在学生的眼中,课堂上的刘佳老师是一个严厉的好老师,课下的她是一个亲切的大姐姐,班上的孩子亲热地叫她"小刘老师"、"佳佳老师"。

教学工作之外,刘佳所在的英语教研室每周两次的教研室活动开展得有声有色。每周二下午,英语教研室全体老师一起相互学习,互相参看教案写法,交流教学经验;每周四下午,刘佳在教研室为大家讲授多媒体课件的制作。

在团委工作方面,刘佳主要参与校园文化建设方面的工作。2006年10月,刘佳带领的学生在政史地教研室举办的模拟导游大赛中取得了不错的成绩;11月,英语教研室筹划举办的英文歌曲大赛取得了圆满成功。通过这样的方式,更激发了学生对英语的学习兴趣。"拉萨师专首届舞蹈大赛"、"五月的鲜花"大合唱比赛等丰富的活动极大调动了学生的热情,校园变成了欢乐的海洋。2007年5月中旬,刘佳及队友在自治区团委和拉萨市团委的领导下,义务为拉萨中学和拉萨北京中学的高三学生进行考前心理辅导,她从自己的亲身体验说起,把自己那些好的学习方法、复习方法毫无保留地与这些孩子分享:从考前每一门功课的复习,到临场应试技巧,以及如何调整心态、缓解紧张情绪,再到帮助孩子们排除对高考的畏惧、树立信心面对高考。

在完成各项任务的同时,刘佳不断加强自身的学习。在这一年中,她不仅看了离校时导师给的专业方面的电子书籍和研究资料,同时还到师校图书馆借阅了大量文学类及有关西藏人文地理方面的书籍。

活泼开朗的刘佳是大家的一枚开心果,她在支教团里是年龄最小的一个,大家都亲切地叫她小妹。细心的她是队里的财务负责人,每一项收入和支出,她都记得认真仔细。周末大家动手包饺子改善生活的时候,就是刘佳大显身手的时候,她做的饺子馅得到大家的一致赞赏。五一、十一长假期间,刘佳和队友到西藏的山南、林芝地区,看望在那边支教的队友。偶尔在地区的队友们也会上来,大家齐聚一堂交流在西藏的生活体会,谈谈各自支教的心得,探讨更好的教学方法。

精神的力量 ★

全力以赴，做学生的引路人

刘佳(中)和可爱的藏族学生们在一起

在学校里，学生英语基础普遍比较差，很多从初中考上来的学生以前甚至没有学过英语。每次考试，能及格的也就10来个，这是老师们不能对学生说的秘密。教学进度也比较慢，一般一个学期只上4到6个单元，一本书12个单元要2个学期甚至3个学期才能上完。但学校通常会在初中英语第一册还没有结束的时候把教材换成初二的，初二的还没上完又换初三的，甚至在同一个年级的班级也会有几种不同的进度。

生活上的苦和累刘佳他们没有抱怨，但有的学生对学习的消极态度常常会让他们懊恼生气。刘佳接手08级普师班的英语课时，班上的同学振振有词地说："老师，我们又会藏语，又会汉语，还学英语做什么啊？"

为了培养学生对英语的学习兴趣，在讲课文内容时，刘佳尽量把复杂的语法简单化，并用生活中经常出现的场景来举例。充分利用教室里的多媒体，制作漂亮的PPT给他们视觉上的冲击，还在晚上给他们播放英文电影，《南极大冒险》、《哈利波特》等系列影片，受到了同学们的热烈欢迎。

在培养兴趣的同时，刘佳也采取了强制措施，要求同学们记单词背

中国大学生自强之星刘佳

语法,打好基本功;鼓励学生在课堂上多提问题,鼓励他们开口说英语。在此之前,从来没有老师要求他们背单词听写单词,而他们更没有开口说的机会。

王占禄,汉7班一个腼腆的高个子男生,站起来脸红着怎么也不肯读。"没事,不会的单词老师先教你。加油,老师相信你!"在刘佳的鼓励下,他终于开了口,一个单词一个单词,读得磕磕巴巴,但坚持读完了一段。教室里响起了热烈的掌声,刘佳看到他坐下后在抹眼眶。

刘佳的学生们,已经完成了从最开始的躲躲闪闪怕老师提问,到自己踊跃站起来答题的转变。格桑平措和古鲁措姆,每次有练习他们总是争着到黑板上做,基础不错的课代表白姆自告奋勇站到前面给大家讲习题,用藏语给同学们解释英语语法。

学期快要结束的时候,刘佳收到好多学生写给她的纸条:"老师,谢谢您,现在我对英语学习有信心了";"老师,虽然我的英语成绩还不是很好,但我会努力学习的……"

支教回来后,刘佳收到09汉专班格桑平措的短信,"老师,我的英语第一次考及格了,而且是我们班的第一名!老师,我们班大部分同学都考及格了。"而在这之前,每次期末考试每个班四分之三以上的人是要补考的。

教师节的时候,收到07大专班的孩子发来的信息:"老师,您好吗?我们现在也到乡下了,条件有点苦,但是都习惯了,都上了两周的课了。老师,我们挺想你的,自己站在讲台上的时候,总想起您教我们的情景……"

自强不息,她和她的梦奔跑在路上

圆满完成支教任务,回到学校,开始新的学习生活,刘佳很快实现了从老师到学生的角色转变,出色完成导师布置的学习、研究任务。在研一期间,刘佳的平均成绩为87.43分。自立自强的她,获得"2007年度中国大学生自强之星"荣誉称号,是哈工大首位获此殊荣的学子。2008年,刘佳以自身优异的表现又获得哈工大"十佳英才——自强之星"称号。

作为大学生自强之星的代表,刘佳的事迹感动了许多人,也有很多同学深受影响。如今,刘佳和队友多次参加支教宣传活动,希望号召更多的人加入志愿者的行列。梦想激励着刘佳不断前行,她和她的梦奔跑在路上。

刘佳简介 1984年生,贵州金沙人,中共党员,哈工大航天学院电子与通信工程系2006级研究生。2002年,刘佳以全县第二名的优异成绩考入哈工大,在校期间刻苦学习,成绩突出,多次获得人民奖学金、国家奖学金;她热情助人,积极帮助同学解决生活学习困难,获得同学的一致好评;她积极参加社会实践,坚持勤工助学解决自己的学杂费用和生活费用,曾获哈工大优秀团员、优秀学生干部、增强共青团员意识主题教育活动先进个人、哈工大优秀毕业生、国防科工委优秀毕业生。

周定江

周定江，一个来自湖南省武冈市偏远山村的小伙子，是父母的辛勤劳作，举债供养，让他得以走进了大学的校门；是他的自强不息、刻苦攻关，使他在科研的道路上披荆斩棘，家庭的贫困、生活的艰辛并没有阻碍他憧憬美好生活、攀登科学高峰，反而成为一种动力、一种执著，为了理想他一路前行，走出了自己的精彩。

中国大学生自强之星周定江

为理想执著前行

——记"中国大学生自强之星"周定江

□ 闫明星

2010年2月6日,随着2009年度"中国大学生自强之星"颁奖会的举行,机电学院2009级硕士研究生周定江,这位来自湖南省武冈市一个偏远山村的小伙子,继获得2009亚太大学生机器人大赛冠军(团队奖)、2009全国大学生机器人电视大赛冠军(团队奖),成为2008首届全国大学生创新论坛十大"我最喜欢的项目"之一获得者、2007哈工大机电学院"联盟杯仿生机器人大赛"冠军、国家励志奖学金获得者、校优秀毕业生获得者外,又捧回了"中国大学生自强之星"这份沉甸甸的"果实"。这位以"机会总是垂青有准备的人"为座右铭的小伙子,秉着自强不息的精神,迈着踏踏实实的步伐,走出了一片自己的精彩天地。

他的最难忘瞬间:高举五星红旗高呼:"中国,我爱你!"

回想起这么多年走过的风风雨雨,周定江把最感动最难忘的瞬间定

精神的力量　★

2009亚太大学生机器人大赛中国代表队哈工大机器人小组东京合影，图中手举红旗的是周定江

格在了这一刻：与队友们一起代表中国以全胜的成绩获得2009亚太大学生机器人大赛（日本东京）冠军时，高举五星红旗对着各国媒体的镜头大声呼喊："中国，我爱你！"

　　手捧冠军奖杯，作为队长的周定江不禁想起一位师兄的话——"人的一生中能有几次身披五星红旗为祖国的荣誉而战？只要足够努力，你们就可以实现这个梦想！"正是这句话的激励，他和队友们在二校区的机器人实验室里奋斗了300多个艰苦的日子。

　　第八届哈工大学生竞技机器人团队于2008年10月组建，从那时起，周定江带领队友们开始了长达10个月的艰难而又充实的历程。他一开始研究机器人视觉系统，后来转到了机械组。在机械组，他仅用了短短一个月的时间就完成了一台机器人——"旅行机器人"的设计和制作。因设计合理，这个机器人身兼样机、过渡机、上场机3种角色，一直陪伴他们走到了最后的决赛。

　　经过此前一系列科技创新比赛的锻炼和经验积累，对于此次比赛的困难，周定江已做好充分的心理准备，但还是有许多让他始料未及的实际困难。按照比赛要求,机器人控制系统需要做出重大改进,无论是硬件还是软件都需要进行新的尝试和创新,而每一次尝试和创新都需要付出大量的工作。这届机器人小组的人数相对较少,为此,周定江和他的队友常常加班加点做实验、赶进度。有一次,学校通知第二天停电,为了不耽误电控组在第二天的正常调试,周定江和机械组的队员一起干了整整一个通宵!为鼓舞全队的士气,他还特意在实验室里挂上了一条鲜红的条幅:"向东京进军,我们一定赢!加油!!"这句话凝聚着全体队员的梦想,伴随大家度过了那段废寝忘食的难忘岁月,也一次次让快松懈的大家充满信心和力量。

本届全国大学生机器人电视大赛、亚太大学生机器人大赛的主题是"敲响胜利之鼓"。学生竞技机器人团队上下一心,历时8个多月,攻克了一系列难题,设计了"三兄弟"——两台轿夫机器人"极速"、"狂飙"和一台旅行机器人"飓风"。由于在结构和控制设计等方面进行了许多创新,"三兄弟"在学校场地的测试成绩非常理想,这让全队上下对于此次比赛取得好成绩充满了信心。

然而,好事多磨,就在一切就绪准备赴京比赛的前一天晚上,大家突然发现旅行机器人出现了怪异的行为。周定江与队友迅速对机器人进行仔细检查,认为是机器人车轮歪了的原因,立马进行车轮校正工作,可一直到凌晨3点多还没有丝毫进展。看着窗外蒙蒙亮的天色和散落一地的机器人零件,队友们心情沉重起来,一种可怕的绝望充斥在狭小的实验室里。"再过几小时就要出征北京了啊,不能放弃!"周定江心想。他一边安抚大家,一边强制自己沉下心来冷静思考,忽然想到会不会是电机码盘的问题?于是,他拿来示波器检查电机码盘的输出波形。纠结一夜的问题终于被找到了,看着机器人恢复正常,大家长长舒了一口气,也对身边的这位个子不高的队长充满了敬佩之情。

2009年6月23日,哈工大学生竞技机器人团队赴京参加比赛。就在大家准备实现梦想的时候,新的挑战出现了——在场地测试中,轿夫机器人运行非常顺畅,但旅行机器人却一直不能正常工作,几乎没有完成过预定路径。问题很严峻,如果处理不好,大家几个月的努力奋斗就将成为泡影,哈工大几年的梦想也会再次夭折。和组委会多次协商,他们赢得了更多的调试时间。经过细心检测,最终确定是鼓台的颜色的问题。在向裁判申诉时,裁判长虽然承认颜色与规则附图中的标准差别很大,但因没有破坏规则拒绝做相应的更改。经过商量,机器人队决定马上调试出一条新的路径。但此时离比赛只有两个晚上的时间,这么短的时间,又没有场地,能调试出来吗?调试出来了效果能保证吗?还有时间,就要放手一搏!于是,整个团队开始了两天两夜的艰苦而又紧张的调试。他们在旅店搭设简易的比赛场地进行测试,后又得到了北京航空航天大学的帮助,借用他们的调试场地。困了,就躺在地上打个盹;饿了,就吃一些饼干或面包……奇迹总是眷顾执著拼搏的人,天亮的时候,机器人终于调试正常了!大家顾不上休息,直接开赴比赛现场。

9场艰苦的比赛,哈工大代表队以全胜的成绩摘得了冠军,获得了亚太大学生机器人大赛国内唯一的决赛入场券。周定江和队友们抱成一团,汗水和泪水模糊了他的双眼。包括竞争对手在内的所有人,都在为他们鼓掌:他们以国内机器人电视大赛圈子里最高的技术水平和不屈不挠的精神获得了这个冠军,实在不容易!

2009年8月19日,哈工大代表队踏上了前往日本东京的旅程,代表中国与来自19个国家和地区的20支队伍角逐冠军。22日的比赛非常激烈,特别是日本队、越南队,实力都很强劲。身披五星红旗为国而战!这个时候他们代表的已经不是他们个人,他们代表的是中国的荣誉。在前4场比赛中,哈工大机器人队以全胜的成绩战胜了4个对手。决赛中,他们与中国香港大学对阵,最后,哈工大以18.5秒的成绩战胜香港大学摘得冠军,为哈工大九十校庆,为国庆六十周年献上了自己的礼物。

2005年8月22日,是周定江来哈工大报到的日子,谁也想不到,就在4年后的这一天,他和队友们在日本东京,代表哈工大、代表中国获得了亚太大学生机器人大赛的冠军,这是哈工大首次获得该项比赛的冠军,并且实现了中国队三连冠的梦想!

由于比赛中的优异表现,哈工大学生竞技机器人团队还获得了"2009亚太大学生机器人大赛ABU特别奖"。

他的理想：成为一名卓越的机器人专家

若问周定江他的人生的目标和理想是什么，他会坚定地告诉你：成为一名卓越的机器人专家。为了这个理想，他一直在努力，认真执著，披荆斩棘。周定江能够参加哈工大学生竞技机器人团队并成为队长，绝不是偶然的，而是在这个理想的激励下，长年的积累和沉淀的结果。

2005年夏天，周定江考入哈尔滨工业大学机电工程学院，就读机械设计制造及其自动化专业。在同学眼中，这个刚来报到的湖南男孩就显得有些与众不同：独自一人，没有父母的陪伴；陈旧的旅行箱除了几件衣服和生活用品外，装着一个万用表和一大袋子电烙铁、钳子、电路板、电子元件等工具和材料。别人的衣柜都放满了衣服，而他的衣柜却专门腾出一层用来摆放工具。同学们发现他最喜欢的事就是摆弄他的那堆"宝贝"，尝试着搞一些小发明、小制作。

其实，自中学学习物理之后，他就对电子产生了浓厚兴趣。有一次，他在家中尝试着给电池充电，看到冒出的火花，本来有些害怕的他，眼中却闪出兴奋的目光。这类事情常常出现，为此，他还被妈妈狠狠说过很多遍。但他对电子产品的兴趣却越发浓厚，接触的电器也越来越多。高一时，湖南省邵阳市组织了第一届青少年模型大赛，怀着巨大的兴趣，他报名参加了大赛中模型飞机小组。虽然比赛成绩不是很理想，但他也因此获得了一辆电动四驱赛车，他的爱好更是一发不可收拾。对于这个赛车，他爱不释手，经常把玩。后来，他又收集到了很多这样的小车。为了组装一台自己最满意的四驱车，他决定把所有的电机都拆开然后再重新组装。一个暑假的时间，他不仅达到的自己的目标——组装一台动力最强劲的四驱车，还把这种最简单的电机工作原理弄得非常明白。也就是在那个暑假，他还自己制作模型飞机，最简易的材料、最简单的工具，制作的飞机却有模有样，这让他身边的小孩子们羡慕不已。

进入哈工大校园不久，周定江就参加了业余无线电俱乐部，并在本科二年级时担任俱乐部的技术部长。在这里他遇到了一帮志同道合的朋友，他的能力也得到了大家的认可。有一次，一位俱乐部的同学邀请他参加航天学院组织的"单片机设计大赛",正愁英雄无用武之地的他,一下子就来了劲头。由于第一次接触单片机,很多东西还不是很明白,为此,他经常到图片馆查找资料,自学单片机知识,整整熬了一个月,他和队友的作品获得了比较好的成绩。他说:"通过这次比赛,认识了一些朋友,而且自己的眼界也开阔了。正是积累了这份经验,以后参加别的比赛就感觉更容易了。"

用哈工大学生竞技机器人团队队员的话来说,周定江是个"机灵鬼",脑筋活,能力强。可能是遗传了父亲的手艺,他做东西不仅快,而且好,不像是学生做的,更像是个老师傅做的。大一下学期,无线电俱乐部举办一个电路板焊接比赛,他焊接的电路板非常紧凑,用了不到别人一半的地方,就把许多元件都安排得有条不紊。周定江骄傲地说:"其实在参加无线电俱乐部之前,焊接电路板就已经是小菜一碟了。"

仿生机器人大赛时周定江(左)和队友合影

周定江是个要强的人,他的同学刘宝龙说:"他要玩就玩最牛的。在仿生机器人大赛中,在我们都用 SOLIDWORDS 建模时,他用的却是 Pro/E。"仿生机器人大赛,虽然仅仅是一个学院级的比赛项目,但却为周定江提供了进一步展示科技创新才能的舞台。那段时间,周定江异常忙碌。紧张的课程学习、繁忙的课外兼职,让他只能在有限的时间里挤出工夫准备比赛。经常是早上开始上课,晚上做项目,午夜的时候才能复习功课、做作业。暑假的时候,他甚至把寝室变成了实验室。整个寝室除了一些生活用品之外,摆满了实验设备和制作材料。由于经费有限,他支付不起额外的花销,所以不得不跑到二手市场去"淘宝",在一堆堆的废旧器材中寻找"猎物"。去的次数多了,市场的售货员们都认识了这个执著的男孩,也知道了他的难处。后来,不管周定江来到哪个摊位,大家都给他打点儿折扣。功夫不负有心人,在比赛中,周定江团队的"六足仿生机器人"拿到了第一名的好成绩。这是他在科技创新活动上得到的第一个"第一名"。这次的成功给了他极大的鼓舞与肯定,更坚定了他在为自己钟爱的机器人事业继续走下去的决心。

对学院组织的单片机设计大赛、仿生机器人大赛中的尝试和积累,周定江并不满足,对科技创新情有独钟的他开始尝试着向更高层次挑战。

2007年10月,他开始了一项国家大学生创新实验项目——"四足爬行与轮动机器人"。从项目获得批准的那天起,周定江就和队友一心扑在项目的开发和研制中。历经近一年时间,这个项目不仅在校科技创新比赛中获一等奖,同时,作品也被评

第一届全国大学生创新论坛中哈工大代表合影,右数第二位为周定江

选为优秀项目之一代表哈工大参加由中南大学承办的首届"全国大学生创新论坛"。因设计新颖独特,"四足爬行与轮动机器人"深受老师和同学们的欢迎。最终,该作品获得了首届全国大学生创新论坛十大"我最喜欢的项目"之一的荣誉。这荣誉的背后包含着许多情感,既有得不到完美答案的痛苦、巨大压力之下的烦躁,还有只身奋战在实验室的寂寞、面对困难时偶尔出现的脆弱和无助……这个机器人的控制需要使用的很多技术都是他的专业课所没有涉及的,而机器人的控制系统是整个研发工作的主要问题。为此他研究了很多机器人的控制体系,分析它们的特点,还跑到相关专业的课堂去听课。他和队友还进行了大量的实验和尝试。在

选择控制方式时，他们就曾犹豫不决——无线控制需要精力开发，而有线控制虽可直接使用但影响性能发挥。最初，他们决定使用无线，但项目进展并不顺利。经过一个月艰苦的无线模块调试，无线通讯始终没有成功。之后，他们又尝试了百米蓝牙串口，请教过 Zigbee 技术员，但都没有成功。无奈之下，他们只好暂时使用有线通讯方式进行后续的调试工作。后来，在参加省电子设计大赛时，他们才发现原来的无线模块本身就早已经损坏了。找到故障原因后，该项目很快就换成了无线通讯控制模式，项目得到进一步的完善。他说："找到毛病后，大家都很高兴。虽然投入了很大精力在一个本身就有问题的模块上因此没有丝毫进展，但这些经历，也一样是今后我们大家的宝贵财富。"对于项目获得的成功，他说："一个项目的成功不在于个人的能力有多强，而在于团队的能力有多强。非常感谢大家始终和我站在同一条战线上，始终战斗在最艰苦的环境下。"

他还获得了 2008 黑龙江省大学生电子设计大赛一等奖。"成为一名卓越的机器人专家"，也许正是这样一个理想，激励着周定江不断参加科技创新活动，而且在活动中不断成长着、进步着，攀登一个又一个高峰，取得一个又一个成绩。

他的座右铭：机会总是垂青有准备的人

在科技创新活动中，周定江是位不怕困难、一丝不苟的人；在生活中，来自农村的他深知生活的艰苦，从小就历练出吃苦耐劳、勤劳朴实而又乐观向上的性格。采访时，他脸上始终露出的淡淡笑容很能说明这一点。

周定江出生于普通农民家庭，他还有一个成绩也很优秀的姐姐。这个普通的农民家庭有着农村不一般的开明融洽的氛围。勤劳乐观的父母坚持送姐弟俩上到大学。对他这个在一般人眼里有些"玩物丧志"的爱好，家里给予了莫大的支持，而他也很懂事。2005 年考入哈工大之后，周定江就想，应该在大学里做一些能减轻家里经济负担的事情。他想到做到,一方面非常刻苦地学习以获得比较多的奖学金和助学金;另一方面积极抓住兼职的机会,以解决一些生活费用。就像他的座右铭"机会总是垂青有准备的人",因为从不放弃任何可充实自己、丰富自己的挑战,机会总是眷顾他。

大一时,刚刚迈进大学校门的周定江,得知公寓招聘公寓管理委员会委员,就积极报了名。为了确保万无一失,他又

生活中自信乐观的周定江

亲自向楼长阿姨推荐自己,最终如愿以偿地获得了这份勤工俭学的工作。对于这份上大学以来的第一份工作,周定江非常珍惜,干得特别认真。周定江说:"一个月工作25到30个小时,虽然辛苦一些,但能获得200元补助,这就差不多有一个月的生活费了。"此外,周定江还做了几份家教,他的认真与负责受到了家长与学生的充分肯定。周定江也是个非常有"生意"头脑的人。大一快结束时,同学们从学校二区搬到一区需要一些编织袋,他抓住这个时机和同班的一位同学一起开始在各宿舍销售编织袋。在此期间,为寻找合适的货源,他们俩跑遍哈尔滨的大街小巷,吃过苦头,受过磨难,有过筋疲力尽,经历过垂头丧气。"生意"几经颠簸,最后在很多同学的帮助下,他们成功完成了订购的销售任务。周定江说到这次经历很有感触:"虽然赚到的钱因经验不足损失了不少,但从中我们学会了很多做人的道理,同时感受到了同学间互相帮助,诚心相待的强烈气氛。"

周定江不放过任何一个做兼职锻炼的机会。大二上学期时,他成为学院网站"军事天地"栏目的发稿员。同时工作的还有其他5位同学,他负责协调大家的工作,收集找到的素材,每周在固定的时间登录学院网站,发布他们一周所有的工作成果。工作虽然不是很辛苦,但他们却工作

得非常认真,努力为同学们找出最新最好的新闻。他还积极争取学院的勤工俭学岗位,冬天下雪,学院召集扫雪队,他就成了一个有十几个同学的扫雪队负责人,坚持有雪必扫,一丝不苟地完成每一次扫雪任务。大二下学期,周定江又和另外一个同学做起了代理电话卡的业务。这次做代理其实很辛苦,客户量大,但收入很少,有时,货源还很不稳定,给他们的工作带来了很大的风险。尽管如此,他和同学依然奉行诚实守信的原则,全心全意为客户服务。每次做事情,都有一些收获。周定江说:"从中我们熟悉了网上电子商务的一般操作过程,同时也积累了很多实际经验,特别是在待人接物方面,更来不得半点马虎。得到一名客户很难,而失去一名客户则易如反掌。"大三下学期时,周定江又抓住了一个契机,他开始代理耳机。在以往做代理经验的基础上,这次他行事特别谨慎,在货源的甄别上十分小心,在售后服务上做得特别周到。产品质量和服务质量都受到了同学们的一致好评。不过为了抓住更多的时间学习,两个月后他放弃了这项工作。

虽然做过很多兼职工作,但周定江却没有因此而落下学习,对于周定江来说,大学本科四年的生活过得忙碌而充实,他说:"大学的这些经历,是我的宝贵财富,它将在我今后的人生道路上产生积极而深远的影响。虽然经历过困苦,但只要有信念,生活即可变得轻松。"

他的生活信念:自强不忘带领同学一起前进

周定江是个闲不住的人,他要努力学习,要进行科技创新,又要做多项兼职工作;同时,周定江更是个热心肠的人,他不仅在生活上经常用自己的技能帮助别人,而且自强不忘大家,带领同学一起搞科技创新活动,一起前进,这成为他的一种生活信念。

周定江平时喜欢摆弄万用表、电路板、电子元件等工具和材料,除了搞些小发明、小制作,他还义务帮助同学修理各种电子产品。慢慢地,同学们发现了他的"特长",从收音机到 MP3,从手机到电脑……出了毛病,都要先找周定江诊断诊断。有一次,有位同学买了个新型手机,却没有装

中国大学生自强之星周定江

系统,使用不了,后来他找到周定江。周定江二话没说就答应帮他搞明白。由于是新型手机,让本来对手机已经驾轻就熟的周定江犯难了。为此,他专门跑到图书馆借了两本书看,花了两天工夫,终于把手机收拾好了。就这样,他成了维修名人,不仅同学,连老师有些电子产品有了问题都会来找他。他的同学刘宝龙清楚地记得2008年5月的一个晚上,11点多了,他们团队马上要参加机械创新大赛,不想此时一台机器出现了问题,一时解决不了。这时,他马上想到了周定江,给他打电话,周定江听说后立刻就过来了,最后终于把问题解决,此时也已经是清晨。

在同学眼中,周定江不仅科研能力强,而且市场能力也强。在科技创新活动中,需要什么工具或材料,他都能找到而且很便宜。有一次,有位同学在科技活动中需要用舵机,当时他连什么是舵机都不知道,也不知道到哪去买,急坏了。周定江知道后,马上给他订购了一个。周定江还是个电子商务通,说他是班级电子商务第一人也不为过。他经常在网上淘弄既实用又便宜的东西。他说:"网上淘宝不仅方便,而且便宜。有的电子元件现实市场需要一元,而网上只需要两毛,甚至更少。"

周定江还有个芝麻大的官——寝室长。作为寝室长,他以身作则,平时就动手快,很卖力,监督也到位,谁有问题就直言不讳地说出来——卫生要好好打扫,被子要好好叠……同寝室的同学说:"一开始大家有疙瘩,后来成了习惯,互相挑毛病,感情也越处越深。"后来,大家养成了讲卫生的好习惯,他们寝室还专门买了地板革,有一次寝室卫生检查中,他们在班级排名第一,在学院里也获得了好名次,并因此获得了50元奖励。这50元奖励,他们没有乱花,而是买了个鞋架,这样寝室更整洁了。他们寝室不仅卫生搞得好,在学生科技活动中也是非常踊跃。他们寝室的同学,有的获得了黑龙江省机械创新设计大赛一等奖,有的获得省机械创新设计大赛特等奖,还有的获得全国二等奖。而这也得益于周定江的带领,同寝室的同学吕磊说:"他平时在寝室中经常摆弄电脑主板、电路板等,我们也就好奇,然后就想试试,没想到感觉还真不错。"

周定江热爱科技创新活动,在其周围形成一个磁场,带动一大批同学参与其中,这其中受益的不仅有同寝室的同学,还有许多人。尽管很忙,但周定江一直坚持为周围的同学做技术培训,为低年级学生作报告。为了能够把课讲好,他查阅了大量资料,认真备课。虽然这占用了不多时间,也使得他不得不放弃一些做兼职的机会,但他却认为很值得,能将自己的知识和经验分享给更多的人,是一件非常幸福的事情。在同学们眼里,周定江还是一个"软件达人",他总是能为同学们推荐一些新型实用软件。为了方便大家安装使用,他还总结一些文字资料给大家,有时还上门服务,耐心为大家讲解。周定江的寝室经常会有一些"不速之客",对此寝室同学早已习以为常,因为大家知道,这是别人科技创新活动中遇到困难来向他求助了。周定江所在的本科班级,80%以上都参加过科技创新活动,不到30人的班级,获得过省级以上奖励的就有23人次。班级同学提起这些成绩的时候,都会对周定江竖起大拇指:"他是我们班科技创新的发起人"。

如今,新一届竞技机器人队就要去北京进行下一轮的较量,周定江,还有竞技机器人队的其他几名老队员,承担起传帮带的使命。他们指导着这批求胜若渴的新战士们,为了梦想,继续执著前行……在他的成长道路上,我们看到了他不断前进的踏实步伐,看到了他自强不息的拼搏精神,看到了他古道热肠的生活信念。这就是周定江,一位中国大学生自强之星。

周定江简介 1987年出生于湖南省,中共党员。中国大学生自强之星。2005年就读于哈工大机电学院机械设计制造及其自动化系。2009年攻读哈工大研究生。他在学生科技创新方面取得突出成绩,曾获得2009亚太大学生机器人大赛冠军(团队奖)、2009亚太大学生机器人大赛ABU特别奖(团队奖)、2009全国大学生机器人电视大赛冠军(团队奖)、2008首届全国大学生创新论坛十个"我最喜欢的项目"之一、2008黑龙江省大学生电子设计大赛一等奖、2007中国三维数字建模大赛"UGS Solid Edge杯技能类比赛"省二等奖、2007哈尔滨工业大学"联盟杯"仿生机器人大赛冠军。此外,他还曾获得哈工大优秀毕业生、优秀团员、学生科技文化节组织工作先进个人、社会活动积极分子等荣誉称号以及国家励志奖学金1次、人民奖学金4次,国家助学金1次等。

孙 亮

　　爱的力量，可以战胜一切！
　　爱的力量，可以创造奇迹！
　　有一首歌，名字叫做《爱人》，其中的一段歌词我们不妨再回忆一遍："我选择了你，我从不后悔，相爱滋味两人慢慢体会，最初的诺言在心中准备，一生面对，长相随。"孙亮和李建的经历，还真就跟这歌词一样，面临再大的困难，他们也不后悔。爱与不爱，承担与不承担，坚持与不坚持，这都是我们的权利。同样的权利不同的选择，高尚和平凡的区别，就从那一瞬间的选择开始！

感动哈尔滨十大人物孙亮

牵 手

——记"感动哈尔滨十大人物"、博士研究生孙亮

□ 刘忠奎

博士生娶回尿毒症女友,用爱与责任守护着即将枯萎之花……没有豪言壮语,没有海誓山盟,孙亮,这位 26 岁的博士生,以东北人特有的血性,以哈工大人特有的内质,用并未坚实的肩膀,担起生命中那份沉甸甸的责任。他用朴实的语言和无声的行动,构筑起当代青年的爱情坐标,诠释着当代青年的高度责任感与高尚的精神境界。

重病举行婚礼 声声祝福饱含人们沉甸甸的爱

炎热的夏季,黑土地上举行着一场催人泪下的婚礼。

2005 年 7 月 30 日上午,黑龙江省肇东市四道街农机招待所礼堂正在举办一场婚宴。当高大健壮的孙亮带着娇弱的李建出现在众亲友面前时,所有的人都为他俩祈祷祝福。虽然没有花车玫瑰,李建身穿红色套装,像一只欢快的蝴蝶穿行在席间,心里充溢着无比的甜蜜和幸福。喝交

杯酒时,李建悄悄问孙亮:"我都病成这样了,你咋还要我呢?"孙亮回答:"因为我傻呀。"

命运似乎存心要考验两个人。2005年7月下旬,两个人回到了李建的老家肇东,向她的亲戚朋友宣布暑期结婚的消息。回哈尔滨不久,李建开始发现自己的双脚出现浮肿,也没太在意。7月24日,他们领取了结婚证。25日,孙亮和李建的表姐带着她到当地一家医院检查。当医生看了化验结果之后,表情凝重,哀叹无奈地说:"这孩子算是完了!"26岁的李建得了尿毒症,病情十分严重,而且已是晚期,双肾萎缩,她脆弱的生命进入倒计时!

晴天霹雳震慑了孙亮和李建的亲属,特别是孙亮,他忘不了两人以前一起吃苦奋斗、一起打工挣钱上学的日子。如今,相爱多年的一对恋人即将步入新婚殿堂,李建却突患重症。很多人知道此事后,都善意地劝孙亮放弃结婚的想法。就连李建亲属也劝说:"孙亮,你这样做担子太重了,放弃吧,我们谁都无能为力,巨额的医疗费用我们根本负担不起!""我不能这样做,哪怕有一点点希望都要把她救活,因为我爱她……"孙亮坚定地说。他还请求李建的表姐不要把病情告诉李建,只说是一般性肾炎,没什么大不了的。

不久,李建知道了自己的病情,显得出奇的平静。只剩两个人时,她跟孙亮说:"我可能几天就没了。我没了,你一定要找个好的。"孙亮含泪笑着说:"别说傻话,我要你健康地活着。你活着一天,就是我一天美丽的妻子。""你真不后悔吗?不怕我突然没了吗?"孙亮坚定地说:"我娶你,哪怕你只能做我一天的新娘,我也要拥你入怀,给你我的爱。不管有什么样的困难,我都要跟你在一起。放心吧,你的病换过肾就能好。我们一起渡过这个难关。"李建最大的心愿是:能穿上漂亮的婚纱,嫁给自己心爱的人。孙亮决心要满足她这个心愿。虽然李建坚决不同意结婚,但孙亮还是背着李建在学校附近租了一套新房。李建心里清楚,自己心爱的人一直都没有放弃自己,自己就更不能放弃了:"我一定要好好地陪着他,只要我活着一天,就要让他感到幸福。"

面对各方面的压力,孙亮毅然决然地选择和李建结婚。李建非常高兴：我终于可以嫁给孙亮了！但此时她心里却乱糟糟的：这会不会毁了他的一生？在孙亮的劝说下，他们的婚礼终于如期举行。李建暗下决心：在婚礼上我一定不哭，要让他看到一个漂亮、健康的新娘。

半个月后，8月8日，在辽宁省岫岩县孙亮的家乡，孙亮与李建举行了正式的结婚仪式。孙亮、李建的归来，使这个此前从来没有出过大学生的荒沟村热闹起来，父老乡亲为他们祝福，也为他们自豪。

回老家结婚时，孙亮没把李建的病情告诉家人，"为了供我念书，父母已经把所有的钱都拿出来了，知道李建有病他们也帮不上什么忙，我不想让他们再为我们操心烦恼。"

可恶无情的病魔，并没有击垮铮铮男儿的铁骨，更夺不去孙亮对女友的忠贞爱情。2005年10月24日，一场催人泪下的特殊婚礼在哈工大校礼堂举行，新人就是孙亮和李健。让人奇怪的是，每一位到场的嘉宾虽然面带笑容，却都眼含泪水。因为大家知道：这场简单的婚礼过后，面临的是生离死别。在一片喜庆的气氛中，主持人高声宣布："现在孙亮和李建正式结为夫妻。"孙亮和李建齐声朗诵起两人共同创作的诗篇：是你用爱点燃了一盏灯，照亮了我的生命之树，让它重新抽出新枝长成参天大树；因为爱我们走到一起，我选择了你，我从来都没有后悔。

在场的人都被他们真挚的爱情感动了。有的说：他们的爱感天动地；有的说：孙亮这样做，是需要很大勇气的；还有人说：这样的婚礼虽然简单，但很幸福，这种说不出来的幸福，是真正的幸福。

孙亮迎娶李建的高尚行为悄然传遍大江南北。《生活报》2005年8月30日一则《博士生娶回尿毒症女友》新闻报道后，受到校内和社会各界的广泛关注，各大新闻网站和电视、电台等新闻媒体纷纷登载和播出了哈工大材料学院博士生孙亮娶回患有尿毒症妻子李建，并竭尽全力救治其生命的报道。人们被博士生孙亮的高尚情怀所感动，纷纷为这对年轻人提供支援和帮助。2005年8月31日，孙亮所在院系和博士生班同学自发地为孙亮夫妇在食堂前设立了捐款箱，截至9月1日中午，两个捐款箱共收到师生员工捐款3万余元。"那时，我和我爱人经常被感动得泪流满面！"孙亮激动地说。

精神的力量 ★

爱可以穿越时空，可以在众人中相互传递。孙亮的感人故事见诸报端后，他们忠贞不渝的爱情故事在哈尔滨的大街小巷被争相传诵，感动着越来越多的人……材料学院办公室电话不断，

孙亮陪李建在病房中

许多人打来电话赞扬博士生孙亮高尚、朴实的情怀，表示要为这对年轻人捐助或去探望。各大新闻网站转载《生活报》的报道后，也接到了大量网友的电子邮件，询问孙亮的联系方式，表示要提供捐助。来自黑龙江省尚志市帽儿山镇的打工妹谭某来到医院，当场留下了200元钱。孙亮的导师、中国工程院院士赵连城为他们捐款1 000元。他们的爱情故事被广为传颂，成功入选"2005年感动哈尔滨人物（事件）"。此活动4家主办单位的干部职工在几日内自发捐款4万余元。在市委领导及相关

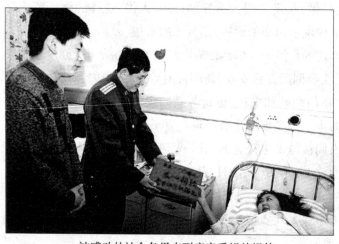

被感动的社会各界来到病房看望并捐款

部门人员的帮助下,短短数日就为李建捐款十四五万元。李建在京住院期间,中央电视台、《北京青年报》等媒体对孙亮的动人事迹进行了重点报道,人们纷纷献出自己的爱心,伸出援助之手,用爱呵护李建这朵即将凋谢的生命之花。

孙亮把每一笔捐款都记得清清楚楚。他说:"我感激这些好心人。等我有能力偿还时,我会加倍还给他们。我和妻子不是土生土长的哈尔滨人,但这座城市却给了我们世间最为宝贵的爱。李建说:"我从内心感谢哈尔滨人,感谢这座城市,因为有了他们,才有了我的第二次生命。等我康复后,我要把爱心献给更多的人……"

携手渡过重重坎坷 患难爱情坚定而从容

李建,来自黑龙江省肇东市农村,父亲曾在大庆油田工作,后因身体不好回到肇东一家企业工作,她的母亲曾是当地小有名气的中医大夫,李建是这对夫妇的独生女儿。李建16岁时母亲开始生病,1999年5月,在李建高考前夕,她的母亲不幸去世。这个沉重的打击令她发挥失常,最终只考取了哈尔滨一所专科学校。噩运接踵而至,就在李建大二的那年,父亲病逝,李建成了孤儿。父母的相继离去没有动摇李建求学的决心,她利用一切闲暇时间打工挣钱。从上大一开始,李建就做起了家教。有一阵,她为哈尔滨市南岗区建设街的一户人家做家教,每次晚上做完辅导,辗转回到学校的时候,经常是晚上10点多钟。此时,她还要复习自己的功课。2002年,李建终于通过"专升本"考试,成为东北农业大学的一名本科生,毕业后在哈尔滨一家外贸公司工作。

孙亮1979年生于辽宁省岫岩县偏岭镇荒沟村,父亲在矿上做核算员,母亲在家务农,有一个妹妹。孙亮小的时候,穿的衣服都是打着补丁,但他学习成绩特别好。1992年在镇上读初中时,父亲年龄大了,家境越来越差,父母想让他跟人去北京学修车,可孙亮坚持要读书。镇上学校的条件特别艰苦,40多人睡一个大铺,铁皮屋顶,夏天湿漉漉,冬天冻得睡不着觉,大家抱在一起取暖。伙食只有大馇子,没有菜,每周从家里带一罐咸菜要吃一个星期。正是在如此恶劣的环境下,3年后,孙亮以优异的成绩考到岫岩县满族高中。此时,家庭负担越来越重,当时正在读初中成绩比他更优秀的妹妹主动辍学到当地一家玉石作坊务工,担起了家庭生活和支持哥哥读书的重担。"我妹妹离开学校的时候,20多个同学哭着去送她,大家都觉得太可惜了。"孙亮略带伤感地说。

功夫不负有心人。孙亮顺利地考上了东北林业大学,而后又考取了哈工大的硕士研究生,2004年成为材料学院的博士生。两个贫寒子弟凭着自己的毅力追求着各自的青春梦想,编织着美好的未来,命运让他们不期而遇。

2002年11月1日,一个普通的日子,孙亮和李建相识了。"那个时候我觉得她非常聪明、善良……"孙亮回忆起往事依然很甜蜜。"在外人看来,李建是一个十分刚强的人,给我的最初感觉也是这样。但当你走近她的时候,你会发现其实她很敏感,很脆弱。"

没有玫瑰,浪漫的形式有千万种。孙亮用日记、情书、电子邮件打开女友心扉。在信里,孙亮亲昵地称呼李建为"我亲爱的小猪",李建叫他为"小傻"。2004年,孙亮所做的课题进入紧张阶段,李建一有时间就到实验室帮助李建,孙亮做好配方,李建负责做实验。你来我往,忙得不亦乐乎。

随着彼此的深入了解,孙亮对李建的身世更加同情,对她也更加珍惜。"不能让不幸和灾难都落在一个人头上!"孙亮决心尽自己一切所能让李建快乐,他要用自己的爱为她带来幸福。

生活是现实的,两个人没有家庭经济支持,要勤工俭学来供自己读书。那时候,孙亮打印出售化妆品的小广告,然后两人分别贴到自己学校的各个宣传栏,李建再去进货、送货。李建在东北农业大学就读两年,每年的学费3 000元。在两个人的共同努力下,李建顺利地完成了学业,应聘到一家私企任出纳,工作十分繁忙,但她觉得很充实。在双方的互相勉励下,孙亮的学业进展十分顺利。

孙亮决定与相知相恋了3年的李建结婚,让心爱的人重新感受到家庭的温暖。可是,在这之后发生的残酷的现实击打与考验着孙亮。他没有让大家失望,"我就是要让她知道,无论发生什么事,都有我在。"

不离不弃 生命之花再次绽放

从老家结婚后回到哈市,孙亮带李建来到省中医研究院接受中医治疗,当时李建的病情还比较稳定。但她的尿毒症已经处于晚期,双肾均开始出现萎缩,靠自身的功能,生命能维持一年、半年都说不准。要挽救她的生命,最根本的办法就是及时换肾。而换肾所需的费用至少要在三四十万。孙亮在医院里满脸堆着轻松的笑容陪伴着打点滴的妻子,而他的心里却被有生以来最大的一道难题困扰着:以一个博士生每月700多元的津贴,怎样挽救急需换肾的心上人。"我现在真的觉得走投无路了。"孙亮叹息着。

在入院治疗之前,李建曾通过摄像机对孙亮说出了埋藏在心里的一段话:"孙亮,其实有很多心里话我一直都没有机会说,但今天我要告诉你:在咱们的爱情即将结果的时候,我得了这种病是不幸的,但我又是幸运的,因为我碰上了你。是你给了我爱,这让我觉得我是幸福的、又是幸运的……在我患病的时候,有那么多人关心我,我们也一定要把快乐带给更多的人,让更多的人都和我们一样快乐起来……如果我真的不能再陪你的话,我会在天上祝福你、保佑你的。"每当听到妻子的最后嘱托,孙亮都会热泪盈眶,感动不已。

婚礼后,为救妻子孙亮四处借钱,他甚至打几份工。就在高额的医药费用压得孙亮透不过气时,李建的病情却突然恶化,被送往医院抢救。在医生的全力抢救下,李建的病情终

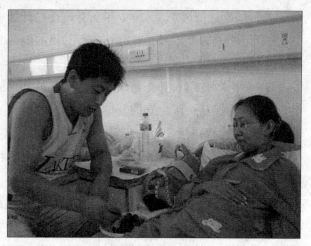

孙亮在病床前精心护理妻子李建

于被控制住。

为了安慰李建的情绪,孙亮每天"强颜欢笑"地护理着她,还要为她到处筹集昂贵的治疗费用,内心的焦急与悲痛只有他自己才知道。"我不能让她感觉到孤苦无依。"每天打完点滴,孙亮都陪着李建出去散心。已经知道自己病情的李建经常痛哭失声:"我还什么事都没来得及做呢,就要这么死了……"每到这时孙亮都强忍着不和她一起流泪:"不管想什么办法,我都不会眼睁睁地看着你离开我。你放心,啥时候我都不会丢下你……"

孙亮说,"在新婚6个月时间里,李建两次病危,亲友连寿衣都已经准备好了。"2005年12月14日,李建突然不能说话,眼睛也看不见东西,动脉血管不住地失血。当时已经几乎没有血凝,抢救的时候李建的血顺着透析管不断地渗出,混合着孙亮的泪水,不断地滴在他的鞋和裤子上。或许是因为孙亮的支持,18日,当孙亮的母亲出现在李建的眼前时,"妈",李建竟然能开口说话了,她奇迹般地有了反应。

2005年12月18日,经医生全力抢救,李建的病情得到缓解。孙亮大大地舒了一口气,否则,他也许承受不了如此打击,整个人就会垮下去。尽管下一刻还将发生无法预知的不测,但孙亮与李建的心中一直充满着不可战胜的力量。

为帮助李建战胜病魔,2006年新春,孙亮开始了一次不同寻常的旅程:为自己心爱的妻子寻找肾源。此行的目的地是北京医科大学宣武医院。

2006年2月5日,孙亮与李建登上了开往北京的列车。次日早晨到达北京宣武医院后,医生立即安排李建住进肾外科病房。可两人对接下来的一系列检查仍然很担心:若指标不合格的话就无法采血,这就意味着采集血样的具体日期不能确定下来,也就是说寻找合适肾源的希望就更加渺茫。孙亮的心又悬了起来!

2月8日,医院对李建进行了血液采集。希望在最不可能的时候诞生了。2月14日,北京市宣武医院为李建找到了合适的配型。她是肾脏移植患者中非常幸运的一位。肾脏移植手术于2月14日进行。23:17,肾源到达现场。23:58一切准备就绪。"现在是2月14日的最后3分钟,我就在这里等你手术成功。"孙亮捧着玫瑰花对即将上手术台的妻子说。妻子苍白的脸上洋溢着幸福的微笑,他们同时做出代表胜利的"V"字手势。时间在悄无声息的等待中流逝。

2006年2月15日1:15,手术正式开始。在手术进行的3个小时中,孙亮一直在手术室门外不停地走动,还不时将耳朵靠在门上,仔细地听里面的动静。"我能听到她的声音,我们彼此的心是相连的。"

4:15分手术结束。李建被推出手术室。手术做得非常好,这对患难夫妻挥动代表胜利的手势宣布:"我们,胜利了!"

手术后,李建身体的指标均恢复到了正常值,但仍未脱离危险。李建觉得:此时移植了肾的效果比透析还好。孙亮高兴地对李建道:"你是幸运的,我是幸福的。"李建道:"我也是幸福的。"孙亮说:"那我们俩都是幸福的。"

可就在大家为李建祈祷平安时,不可预测的意外又发生了。7天后的早晨,主治医生把她下面导淤血的管子拔下后,她即觉得疼痛难忍。医护人员马上对李建进行全面检查,结果发现移植肾上有个约4厘米的破

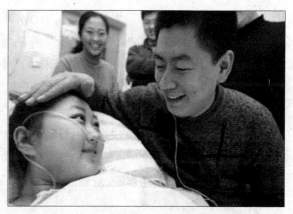

孙亮守护着手术后的李建

口,李建出现了严重的排斥反应,高烧并陷入轻度昏迷。于是,李建再次被推进手术室进行抢救。经过两个小时的抢救,李建脱离了生命危险,但危险仍然存在。又经过一个月的精心治疗,李建身体的各项指标终于趋于稳定。2006年3月20日,医生建议她可以出院休养。孙亮的心终于踏实下来:美好的生活从此真正开始了。虽然肯定会有很多困难,但他们有

勇气去战胜它。带着对新生活的向往,孙亮和李建告别了医护人员和病友离开了医院。

3月20日20:16,孙亮和李建登上了返回哈尔滨的列车。他觉得2006年的春天,对他和李建来说是真正的开始。因为这个日子是2006年北京春暖花开的时候,他们回到哈尔滨的心情,和北京的春天一样:洋溢着明媚的阳光与清新的春风。

李建从北京回到哈尔滨后,身体各项指标都很稳定。孙亮也重新进入到博士课题的研究中,他们的爱情故事仍在继续。

携手点燃新的生活 用爱与责任回报社会

生活在继续,许多困难依然要求他们携手去面对。孙亮与李建回到哈尔滨后,在学校的关怀下,他们搬进了校内的博士生夫妻间。当时李建的身体还很虚弱,照顾她的重任就落在了孙亮的肩上,洗衣、做饭、找人打针、买药……这些生活琐事,都由孙亮一个人承担。

由于李建长期受到疾病困扰,对未来生活不是很乐观,孙亮看在眼里,急在心里。他经常安慰李建,让她重新树立生活的信心,"你一定能够融入正常的生活中,过正常人的生活。你的生命来之不易,这么多人关心你、呵护你,你一定要顽强的生活,用行动体现自己的价值,回报社会,回报那些关心你、爱护你的人……"在孙亮的无微不至、耐心细致的劝导下,李建逐渐转变了生活态度,对新的生活燃起了新的希望——"不止为了自己,也为了别人"。

在照顾李建的同时,孙亮把全部精力投入到博士课题的研究中,因为他知道,现阶段只有全身心地投入到科学研究中,才是对社会、对学校最好的回报。孙亮博士课题研究的是光电信息材料——铌酸锂晶体。美国、欧盟、日本、中国都在这个领域投入了大量经费,以期望该材料能早日实现产业化。孙亮雄心勃勃、扎实地开展实验工作。李建非常支持孙亮的研究工作,成为孙亮背后坚实的靠山。孙亮的恩师赵连城院士与徐玉恒教授对他的影响十分巨大,成为他专注科研的强大动力。特别是徐玉恒教授十年如一日，把晶体当成是自己的生命与事业，多年以来，与学生同吃同住在晶体实验室。

由于晶体生长的周期很长，而且，在生长过程中，需要有人时时刻刻地盯着生长炉，炉内温度1 200多度，在这种情况下，冬天室内的温度也要30°左右，流汗寂寞不言而喻，通常要观察两天一夜。有的时候，一天一夜已经过去了，眼看马上就要长好了，此时晶体却出现了问题，一天一夜的奋战就付之东流了。"这样的事情经常发生，但他们从来没有放弃过，经过与导师反复论证，最终找到了关键工艺，成功地生长出了高质量、高掺杂的晶体！"孙亮说："当晶莹剔透的晶体从炉膛中取出时，我们像爱惜宝贝一样把它包好放好。"对于他与导师来说，晶莹剔透的晶体就是一个新生命，一个他们亲手培植的新生命！

孙亮说："这种晶体材料是传统的材料体系，有突出创新性成果不容易，这也是导师与我一直想突破的。"于是，孙亮默默地向着这个目标努力着，查阅大量资料，努力做实验，经过长期的实验和思考后，他向美国物理学会《应用物理快报》杂志提交了一篇论文，这是一本报告世界物理与材料领域研究新成果的顶级杂志，通常文章审稿的周期是3个月，可喜的是，他的文章15日后被接受。当他看到自己的成果与很多国际知名学者的成果同时出现在一本杂志上时，非常骄傲！并立即把这个消息告诉了导师，"孙亮，你是好样的！这是咱们实验室也是我们系撰写出的迄今为止质量最高的一篇文章，在这样老的晶体材料体系有

孙亮博士毕业时与李建合影

大的创新不容易呀！"导师高兴地说道。

在孙亮博士课题的整个过程中，李建经常鼓励与支持他，"身体虚弱的她，对生命与美好生活的强烈渴望深深地感染着我，在她面前一直有一种力量在支持我，那就是谁都把握不了生命的长度，但是，我们可以用努力与奋斗去把握生命的宽度！"孙亮深情地说。

在李建的支持与帮助下，孙亮没有停止奋进的脚步，而是带着信心不断创新，陆续发表了水平较高的论文33篇。其中，绝大部分被SCI与EI收录，并且以第一作者或者第二作者署名的SCI论文的影响因子累计达15.338，授权或申报国家发明专利4项，同时，一本书名为《光电信息材料——铌酸锂晶体》的著作，即将由科学出版社出版。

在学校和社会对孙亮和李建的爱和关怀下，在他们对生命的尊重和热爱中，孙亮对生命和科学有了更深刻的理解。

如今，孙亮走上工作岗位，而他的妻子李建身体已恢复健康，并又重新回到了工作岗位。我们相信，他们一定会继续努力，用自己的成绩与真爱去回报社会，回报他人。

孙亮简介 1979年生于辽宁省岫岩县偏岭镇荒沟村，中共党员。他历经坎坷，拼搏努力，2004年考入哈工大材料学院博士研究生。2005年，当他的女友被确诊为尿毒症晚期的时候，他不抛弃，不放弃，用真爱谱写了一曲荡气回肠的交响乐，感动了千千万万华夏儿女。经过长期刻苦攻关，他在晶体材料领域取得了重要研究成果，最终与很多国际知名学者的成果同时出现在了国际顶级杂志上！孙亮为学校、为国家争得了荣誉。如今，孙亮已走上新的工作岗位。

后 记

哈尔滨工业大学迎来了 90 华诞。在这 90 年的历程中,一代又一代哈工大人坚持信念、坚持追求、坚持操守、坚持责任,用自己的学养和品德弘扬了哈工大精神。本书主要记载了哈工大近年来获得全国荣誉称号的先进人物的主要事迹。他们的故事彰显了精神的力量,榜样的力量。

本书由哈工大党委宣传部、哈工大教育发展基金会和《哈工大人》编辑部联合编撰。本书在编撰过程中得到了哈工大各级领导的关心与支持。书中照片主摄影为冯健和李贵才,还采用了王若维、刘洋、校报编辑部全体记者的摄影作品及孙小滨等多位教职工、相关单位提供的影像资料。在此向所有提供资料而未留下名字或因版面所限无法一一提及姓名的师生员工一并表示感谢。

本书的立题、编辑和出版,得到了各学院、出版社及相关单位的大力支持,在这里表示由衷的谢意。

由于编辑水平所限,疏漏之处在所难免,望有关领导和广大读者不吝赐教。

编 者

2010 年 5 月 10 日